세상을 바꾸는 새로운 패러다임

우리가
공유하는
모든 것

우리가
공유하는
모든 것

2013년 2월 28일 처음 펴냄
2015년 1월 16일 2쇄 찍음

엮은이 제이 월재스퍼 옮긴이 박현주
펴낸이 신명철 편집장 장미희 기획·편집 장원, 박세중 디자인 최희윤
펴낸곳 (주)우리교육 검둥소 등록 제 313-2001-52호
주소 (121-841) 서울특별시 마포구 월드컵북로 43
전화 02-3142-6770 팩스 02-3142-6772
홈페이지 www.uriedu.co.kr 전자우편 geomdungso@uriedu.co.kr
인쇄·제본 미르인쇄

ISBN 978-89-8040-364-6 03300

*이 책의 내용을 쓰고자 할 때는 저작권자와 출판사의 허락을 받아야 합니다.
*잘못된 책은 바꾸어 드립니다.
*책값은 뒤표지에 있습니다.

이 도서의 국립중앙도서관 출판시도서목록(CIP)는 e-CIP홈페이지(http://www.nl.go.kr/ecip)에서
이용하실 수 있습니다. (CIP 제어번호:CIP2013001220)

세상을 바꾸는 새로운 패러다임

우리가 공유하는 모든 것

제이 월재스퍼 엮음
박현주 옮김

모두를 위한 밝은 미래를 만들기 위해 일하고 있는
세상의 모든 공유자들에게 바칩니다.

| 일러두기

1. 한글 전용을 원칙으로 했다. 고유명사의 우리말 표기는 국립국어원의 외래어 표기법을 따랐다. 필요한 경우 원어를 병기했다.
2. 본문에서 자주 등장하는 영어 단어 'Commons'는 우리말로 공유지, 공유재로 맥락에 맞게 번역했다. 필요한 경우 원어를 병기했다.

내가 공유지를 만나기까지

아주 오랫동안, 나는 공유지the Commons에 대해 그저 어렴풋하게만 생각하고 있었다. 공유지란 영국의 방목지나 보스턴 시내에 있는 공원, 혹은 수많은 대학 건물들 안에 있는 학생 휴게실과 관련된 어떤 것이었다. 아, 하나 더 있다. 우리 집에서 2마일 거리에 있는 캘훈 커먼스Calhoun Commons라 불리는 스트립몰도 있다.

그런데 몇 년 전, 〈예스!〉지에 실린 기사(이 책 2장에 실린 조너선 로의 〈아시아에 있는 여러 마을에서 미국의 중심가에 이르기까지〉를 보라.)를 읽던 중, 나는 "공유지"가 훨씬 더 큰 의미를 갖고 있다는 사실을 깨달았다. 국립공원에서부터 공립 도서관과 월드와이드웹, 그리고 과학 지식에 이르기까지, 우리는 생각하고 있는 것보다 공유하고 있는 수많은 것들의 혜택을 입고 있는 것이다.

당시 〈유튼 리더Utne Reader〉지의 편집장이었던 나는 다음 호에서 그 주제를 깊이 파고들기로 마음먹었다. 공유지는 세계를 보는 사람들의 시선을 바꿀 수 있는 "계시"처럼 다가왔다. 치열하게 싸우고 있는 사회정의, 생태 운동에서 공유지가 "시장the market"이 1970년대에 자본주의를 위해 수행했던 역할을 해 줄 수 있을 것이다. 대중들이 다시 한 번 진지하게 받아들일 수 있는 방식으로 익숙한 개념들을 재조명할 수 있겠다고 여겼다.

공유지는 개인적 차원에서도 내 마음을 사로잡았다. 당시 작가로 살면서, 나는 국제정치와 도시 계획에서부터 예술과 여행에 이르는 모든 것들을 다루고 있었다. 나는 정말로 다양한 새로운 주제들을 뒤쫓는 기쁨을 누리면서도, 저널리스트 특유의 주의력 결핍이라는 불치의 병을 앓고 있다는 생각에 속을 태웠다. 어떤 특정한 분야에도 온전히 전념하지 못했다. 아마존 파괴에 관해 할 수 있는 모든 걸 하겠다고 맹세한 그 순간, 갑자기 브라질 북동부의 포로forro 음악에 대해서 미칠 듯한 호기심에 사로잡히고는 했다.

마침내 모든 걸 통합해 주는 주제를 만났다. 공유지가 내 심장을 두들겼다. 도시에 사는 주민들에게 활력을 불어넣는 지역사회 단체에서부터 그 지방 특유의 요리법을 다시 사용하는 신선한 요리사들에 이르기까지, 내 흥미를 끄는 모든 사연들의 근거가 같은 곳에 있다는 사실을 깨달았다. 우리가 모두의 소유인 것들을 감사하게 생각하고 존중할 때 사람과 공간이 번성한다는 깊은 확신을 가지게 되었다.

심지어 내가 휴식을 취하며 즐기는 취미 생활마저 공유지와 연관되어 있었다. 아들에게 옛날이야기를 들려주고, 아내와 함께 도시의 인도를 따라 산책하고, 금요일 밤이면 이웃들과 새로운 맥주 탐사에 나서는 식으로 말이다. 돌멩이 스프Stone Soup이야기도, 세인트폴에 있는 셀비 대로Selby Avenue도, 인디아 페일에일India Pale Ale 맥주도 어느 누군가의 개인 소유가 아니다. 우리가 함께 공유할 문화적 자산들이다.

나는 곧 내가 시선을 돌리는 어디서나 공유지의 사례들을 발견하고 있었다. 아들이 학교에서 집으로 가져온 문답식 농담 Knock-knock jokes. 내가 온종일 가지고 노는 영어. 미니애폴리스 시내에 있는 〈유튼 리더〉 사무실 근처에 위치한 시립 공원. 우리에게 식수를 제공하는 미시시피 강. 경찰서와 소방서. 그리고 세상을 살기 좀 더 나은 곳으로 만들기 위해 지역에서, 국내에서, 국제적으로 활동하는 시민단체들에서 말이다.

내게 공유지는 삶에서 중요한 게 무엇인지 새롭게 사고할 수 있는 출발점이 되어 주었다. 공립학교, 야생동물 보호 구역, 혈액은행, 노동조합, 청년 스키 프로그램, 의학 연구소, 미술관, 사회복지 법령, 블루스 페스티벌, 자전거 전용도로, 그리고 확장자를 .org로 쓰는 사이트 들을 만들기 위해 애썼고, 오늘도 그것들이 유지되도록 애쓰고 있는 이름 없는 수많은 영웅들에게 감사하는 마음이 들었다. 공유지가 미래 세대들에게 건강하게 남겨지도록 하기 위해 내가 할 수 있는 일을 곰곰이 생각하기 시작했다. 내 행동이 성인의 경지에 이를 정도는 아니지만, 이제 다른 사람들이 버린 쓰레기를 줍고, 공청회에 더 자주 참석하고, 병에 든 물을 덜 사 먹고, 이웃들과 다양한 프로젝트에 함께하는 나 자신에게 자부심을 갖는다.

공유지는 또한 내 일에도 새로운 길을 열어 주었다. 공유지에 대해 연구하다 보니 공공장소가 처한 운명에 대해 열정적으로 관심이 생겨났다. 나는 공원, 도로, 광장, 보도, 도심지, 농산물 직판장, 동네, 현지 기업, 그 밖에 사람들이 모이는 장소들이 우리 사회에 얼마나 필수적인지 쓰기 시작했다. 그곳들은 사회생활의 가장 중요한 부분들이다. 우리를 친구로, 이웃으로, 그리고 시민으로 결합하게 하는 장소들이다. 곧 나는 1975년 이래 지역사회를 좀 더 나은 곳으로 만들려는 사람들에게 도움을 줘 온 뉴욕에 본부를 둔 단체 공공장소 프로젝트 PPS Project for Public Spaces의 스태프들과 정기적 만남을 갖게 되었다. 나중에, 네덜란드에 기반을 둔 잡지 〈오드Ode〉에 글을 쓰기 위해 〈유튼 리더〉를 떠난 후, 나도 PPS에 선임 연구원으로 합류했고 미니애폴리스에 있는 우리 집에서 활동을 지속해 나가고 있다.

본격적으로 2007년에, 공유지에 뛰어들 기회가 왔다. 현대사회에서 공유지가 갖는 중요성을 조명하는 활동을 하는 시민 네트워크인 'On the Commons'의 특별 연구원이 된 것이다. 나에게 주어진 멋진 과제는 현재 일어나는 문제점들과 관련하여 공유지에 기초한 해결책에 대한 이야기를 확산시키면서, 그 분야의 고전이라 할 《조용한 절도Silent Theft》와 《바이러스성 소용돌이Viral Spiral》의 저자 데이비드 볼리어와 함께 OnTheCommons.org에 공동 편집인으로 참여하는 일이었다. 모든 일이 제자리를 잡게 해 준 사람은 해리엇 발로와 피터 반스와 함께 그 조직의 창시자 중 한 사람인 조너선 로였다. 이 책이 나오도록 나를 지원해 준 'On the Commons'에 고마움을 전한다.

줄리 리스타우와 아나 미카, 이 두 사람이 함께 이끈 식견을 갖춘 헌신적인 팀과 작업하면서, 나는 사람들이 매일 이러한 생각들을 어떻게 행동으로 옮겨 가는지에 대한 새로운 증거를 확인했다. 그런 점에서 나는 자신들이 가진 통찰력을 이 책에 쓰도록 허락해 준 저자와 활동가들이 준 격려에 깊이 감사한다. 이 여정을 통해 얻은 가장 큰 교훈은 공유지가 단지 자연 자원, 문화적 자산, 공공장소 들을 구색에 맞게 한데 모은 것이 아니라, 더 나은 미래를 만들기 위해 다른 이들과 함께 나누고 함께 일하는 방식이라는 것이다.

나는 더 많은 사람들이 알게 될수록, 공유지가 우리 지역사회와 지구의 미래에 필요한 변화를 만들어 내는 수없이 많은 운동들의 도화선이 될 것이라고 확신한다.

'On the Commons'의 동료들에게 깊이 감사한다. 그들이 없었더라면 이 책은 나올 수 없었을 것이다. 해리엇 발로는 이 책이 필요하다는 구상을 하고 여러 가지 면에서 이를 가능하게 해 주었다. 피터 반스는 제목과 수많은 멋진 생각들을 떠올리도록 영감을 주었다. 데이비드 볼리어는 공유지에 관한 자신의 폭넓은 지식을 아낌없이 나누어 주었고 없어서는 안 될 조언들을 해 주었다. 줄리 리스타우는 자신의 통찰력과 무한한 재능 하나하나를 전부 동원해 나를 도왔다. 아나 미카는 전 과정에서 흔들리지 않는 단호함과 날카로운 의견을 제공했다. 알렉사 브래들리, 데이브 만, 브래드 리히텐슈타인, 캐스린 마일런, 조너선 로 그리고 공유지라는 새로운 분야에 대한 생각을 끊임없이 확장해 온 수많은 다른 사람들에게 감사한다. 또한 사진을 찾는 데 면밀

함을 보여 준 바딤 라브루시크, 결정적으로 중요한 아트 컨설팅을 해 준 마샤 마이섹, 뛰어난 편집 능력을 발휘해 준 마르크 파브루에게, 그리고 우리에게 자신들의 통찰력과 의견들을 싣게 해 준 기고자들에게 감사한다. 하지만 부족한 모든 점들에 대한 책임은 전적으로 내게 있다.

미네소타 주 미니애폴리스에서
2010년 6월
제이 월재스퍼

공유지는 미래를 위한 새로운 이야기를 준다

개럿 하딘이 〈공유지의 비극〉이라는 유명한 논문을 내놓은 것은 1970년에 있었던 '첫 번째 지구의 날First Earth Day in 1970'보다 2년이 앞선 시점이었고, 이는 그 당시의 어떤 어둡고 절망적인 분위기에 꼭 맞았다. 폴 에를리히가 순전히 사람들의 숫자에 압도된 세상을 맬서스주의로 설명한《인구 폭탄The Population Bomb》을 막 출간한 시점이기도 했다. 그 침울한 상황에서 하딘의 이론은 우리에게는 자연 자원에 대한 우리의 욕망을 통제할 희망이 없음을 "입증하는"또 하나의 나쁜 소식이었다. 아무도 대양이나 대기를 소유하지 않기 때문에 물고기를 잡고, 오염을 시키면서 우리가 그것들을 망각의 상태로 몰아가는 건 불가피한 일이다. 하딘이 몇 가지 제안을 내놓았지만, 그가 단 제목은 우리가 각본이 바뀔 수 없는 비극을 목격하는 중이라고 한마디로 말해 주고 있었다.

기묘하게도, 그의 주장은 십 년 후, 레이건 시대의 열광적인 민영화 분위기에 아주 잘 맞아떨어졌다. 아무도 하늘이나 바다를 소유하지 않는다고? 좋아, 그렇다면, 그걸 팔아 보자!

이것만이 그것들을 관리하는 유일한 방법이라는 이론에 따라 물고기를 잡을 권리에서부터 아이들 놀이터에 이르기까지 모든 것을 민영화하는 데로 세상은 질주했다. 문제는 사회, 해결책은 개인이었다.

하딘의 논거가 들어맞지 않았던 한 가지는 사실관계였다. 적어도 모든 게 다 맞아떨어지지는 않았던 것이다. 오랜 세월에 걸쳐 공동체들은 사적 소유권 없이도 모든 종류의 자원들을 어떻게든 지켜 왔다. 미국과 영국에서는 200년간 이루어진 인클로저와 대기업화가 이것을 되살리기 더 어렵게 만들었다. 하지만 세계 곳곳에서 목초지와 숲과 개울 대부분이 오랫동안 풍습과 집단적 지혜의 깊은 전통에 의지하여 공동체의 통제 아래 유지되어 왔다. 심지어 미국에도 고전적 사례들이 있어서, 미국 서부에서 아마도 유일하게 지속 가능한 수계인 뉴멕시코의 관개용 수로 시스템, 그리고 법이 아니라 오랜 풍습에 의해 물고기 남획을 방지하는 메인 주의 바닷가재 어장이 있다.

그리고 〈공유지의 비극〉이 등장한 지 몇 년이 지나자, 그 전망을 이것저것 피상적으로 살펴보는 것만으로도 하딘의 침울한 이야기가 잘못되었음이 증명되기 시작했다. 예를 들어, 나는 이 책의 독자들 중 다수가 오늘 아침 자신들이 사는 지방의 현지 공영 라디오 방송을 켰을 거라고 장담한다. 공영 라디오 방송국이 작동하는 방식은 이렇다. 광고 없이 무료로 방송을 내보낸다, 그런 다음에 사람들을 구슬려 연 2회 그 대가로 기부를 하게 한다. 어떤 은행에 그것을 사업 계획으로 제출하면, 그 은행은 그저 코웃음 치고 말겠지만 공영 라디오는 최근 수년간 방송 산업에서 가장 빠르게 성장하는 분야가 되었다. 그리고 이제 우리는 인터넷에서 자유 콘텐츠들이 폭발적으로 증가하는 것은 말할 것도 없고 소출력 FM과 지역사회 라디오 방송도 갖고 있다.

나는 삶의 대부분을 작가로 살아왔다. 이 일은 나를 가장 기분 좋게 하는 것 중 하나다. 그것은 내가 만들어 내는 모든 게 마지막에는 우리가 뭔가를 수월하게 나눌 수 있다는 생각에 기여하는 기관인 도서관으로 가게 된다는 점이다. 다른 무수한 사례가 있고, 그것들은 우리가 평소에 가장 관심을 갖는 우리 생활의 일부이다. 이윤을 창출하지 않기 때문에 대차대조표에 드러나지는 않지만, 이런 것들은 만족감을 창출하고 있다.

우리가 함께 나누는 이런 것들을 공유재Commons라고 부르는데, 공유재는 간단히 말해 우리 모두에게 속한다는 의미이다. 공공물－담수, 자연보호 구역, 방송 전파－와 같은 자연의 선물일 수도 있고, 인터넷, 공원, 예술적 전통이나 의료 서비스처럼 사회의 창의적 산물일 수도 있다. 하지만 오늘날 우리 공동의 자산은 이기적이고 사적인 목적으로 그걸 파괴하거나 차지하려는 욕심에 굶주린 사람들에게 위협받고 있다.

가장 중대한 공유지는 아마도 현재 가장 심하게 공격받고 있는 바로 그것이다. 가장 난해한 문제들을 함께 힘을 모아 풀어 나갈 수 있는지 아니면 대재앙으로 무너지고 말 것인지가 우리에게 시험으로 닥쳐 있다. 우리의 대기는 사실상 사유화된 지 오래되었다. 석탄, 석유, 가스 사업자 들이 하늘을 소유하도록 허용해 오면서, 그 사업에 따른 불가피한 부산물인 탄소가 하늘을 가득 채우게 되었다. 200년간 이것은 거의 무해하다고 여겨졌다. 이산화탄소가 큰 문제를 일으키지 않을 것 같았다. 하지만 20년 전, 우리는 지구온난화의 영향을 이해하기 시작했고, 이제 매달 유명한 과학 저널들이 그 피해가 얼마나 막대한가에 대해 새로운 증거를 우리에게 제시한다. 북극이 녹아내리고 있고, 호주는 불타고 있으며, 대양의 피에이치 지수는 빠르게 떨어지고 있다.

어떻게든 다가오는 재앙을 피하려면, 우리는 이 대기라는 공유지를 되찾아야 한다. 우리는 우리가 거주하는 이 행성이 독보적으로 가지고 있는 중요한 특성 - 우리의 삶을 가능하게 해 주는 공기라는 얇은 외피 - 인 대기를 공동으로 소유하고 보호할 방법을 찾아내야 한다. 이토록 중요한 것을 엑손모빌을 비롯한 기업들에게서 되찾는 일은 우리 시대 가장 중요한 정치적 사안이다. 제안된 몇 가지 해결책들은 창의적이다. 특히 공유지 이론가 피터 반스를 위시한 사람들이 내놓은 생각은 우리가 하늘을 공동으로 소유해 하늘의 저장 공간을 화석연료 산업에 빌려 줌으로써 실현되는 이윤을 공유한다는 것이다. 물론 그것이 현실화되려면 우리는 그 저장 공간을 시급히 그리고 극적으로 줄여나가야만 할 것이다. 반스의 배출 총량규제 계획cap-and-dividend plan(8장의 〈기후변화에 대한 공유지 해법〉을 볼 것.)은 그것을 경제적으로, 그리고 정치적으로 가능하게 할 방법을 하나 제시한다.

하지만 이 방법을 포함하여 필요한 다른 프로젝트들이 성공하려면, 먼저 우리가 묶여 살고 있는 지적 주술에서 풀려나야 한다. 지난 수십 년간은 모든 경제적 자원을 민영화하는 것이 무한한 부를 만들어 내는 길이라는 전제에 지배되어 온 세월이었다. 부자들이 소수가 될 뿐이라는 사실을 빼면, 확실한 게 뭐란 말인가? 그리고 그 와중에, 그들은 전 세계의 불평등을 극적으로 증대시켰을 뿐 아니라 북극을 녹였다. 제이 월재스퍼는 이 책으로 최고의 일을 해내고 있다. 그것은 뺨을 얼얼하게 하는 상쾌한 손찌검, 혹은 마법을 깨는 키스이다. 어느 쪽이건 간에, 이 책을 읽고 나면 이 세계를 논객들이나 경제학 교수들의 진땀 나는 꿈 속에 존재하는 세상으로가 아니라, 훨씬 더 실제 그대로 인식하게 될 것이다. 공유지는 만약 우리가 지금 우리에게 밀어닥치고 있는 문제점들을 해결하고자 한다면 반드시 복구되어야 할 우리 인류 이야기의 중대한 부분이다. 이 이야기는 깨우침을 주면서 동시에 힘을 북돋아 준다. 그리고 우리가 꼭 들어야 할 이야기이다.

빌 맥키번

차례

3장 • 오늘날의 공유지 이야기

4장 • 지속해 온 모든 것들

1장
공유지란?

공유지란 과연 무엇인가?

제이 월재스퍼

공유지에 오신 것을 환영합니다.

친숙하지 않은 이 용어는 수세기에 걸쳐 늘 우리 곁에 있어 왔다. 공유지Commons는 "공유하는 것"이라는 뜻을 가진 오래된 단어이지만, 그 쓰임은 새롭다. 이제 이 단어는 더 분별력 있고, 더 안전하며, 더 즐거운 미래를 상징한다.

공유지는 맑은 공기부터 야생동물 보호 구역까지, 그리고 사법제도에서 인터넷에 이르기까지, 모든 이에게 속하는 귀중한 자산을 말한다. 어떤 것은 자연이 우리에게 제공한 것이고, 또 다른 것은 독창적인 인간 협력의 산물이다. 공유지 중 어떤 것들은 위키피디아처럼 완전히 새로운 것이기도 하며, 세상 모든 언어에 있는 다채로운 낱말이나 명언처럼 아주 오래된 것도 있다.

다른 이들을 위해 충분히 남아 있는 것이라면 누구든 공유지를 사용할 수 있다. 바로 이것이 자연 자원 같은 한정된 공유지가 지속 가능하게 그리고 공정하게 관리되어야 하는 이유이다.

다른 형태의 수많은 공유지는 자유롭게 사용 가능하다. 예를 들어, 오늘날의 힙합 가수들과 인기 록 가수들은 오래전의 소울 가수들, 재즈 가수들, 블루스 연주자들, 가스펠 가수들, 힐리빌리 뮤지션들과 민요 작가들의 작품을 "사용한다." 그리고 우리는 그로 인해 풍요롭다. 이것이야말로 공유지의 가장 위대한 힘이다. 공유지는 모든 인간이 공유하는 유산이며, 사람들이 그 부를 사용하는 만큼 가치가 증대한다.

적어도 이런 점이 공유지가 민주적, 문화적, 기술적, 의학적, 경제적, 인도주의적 진보를 촉진하면서 역사 전반에 걸쳐 작용해 온 방식이다. 그러나 이러한 자연스러운 공유의 순환은 이제 공격을 받고 있다. 시장경제가 모든 것의 가치를 측정하는 기준이 되면서, 더욱 많은 사람들이 공유지를 그들의 사유재산으로 만들고 있다.

우리가 잃어버린 부

우리가 잃어버리고 있는 사례 하나를 보도록 하자. 기하급수적으로 상승하는 보건 의료 비용에 관한 오늘 자 신문 헤드라인만 봐도 된다. 수백만 명이 의존하고 있는, 광범위하게 처방되는 수많은 약품들은 주로 정부 보조금을 받아 제조되었다. 그러나 국비 지원으로 개발된 약품을 팔 수 있는 독점적인 권리는 거의 아무런 부담 없이 제약 회사로 넘어갔다. 그것은 세금으로 개발한 약에 우리가 과도한 금액을 지불하고 있다는 것을 의미한다. 그리고 수많은 가난한 사람들이 그들의 생명을 구해 줄 치료에 접근할 수 없다는 것을 뜻한다.

우리는 훨씬 더 부조리한 사례를 사람들이 생각하기에 아무런 논쟁거리가 되지 않을 것 같은 주제인 요가에서 볼 수 있다. 정신적인 수련으로 수세기에 걸쳐 발전하면서, 어떤 새로운 요가의 동작이나 기술은 자동적으로 누구나 사용할 수 있는 전통으로 통합되었다. 1978년에 시작하여 현재 비벌리힐스에 근거지를 두고 활동하는 비크람 초우두리라는 인도인은 어떤 오래된 하타 요가 동작들을 자신이 창안한 비크람 요가로 저작권 등록을 했다. 그리고 현재 그는 똑같은 기술을 가르치고 있는 다른 요가 연습실들을 소송으로 협박하고 있다.

좋은 소식도 있다. 우리 주변의 사람들이 공유지를 되찾고 있다는 것이다. 도서관을 개방하도록 요구하는 이웃들은 주변의

우리 모두의 것인 하늘, 땅, 공원, 과학 지식 그리고 인터넷.

공원을 개선하거나 공립학교를 위한 새로운 기금을 마련한다. 도심에서 습지 배수 및 유독성 폐기물 투기와 싸우고 있는 환경 보호 운동, 가난한 지역사회에 인터넷을 제공하거나 우리의 정보 권리를 제한하는 기업에 도전하는 디지털 활동가들, 전통적인 감각과 희망을 자식들에게 심어 주는 원주민들이 있다. 그리고 사람들이 아이디어를 공유할 수 있는 새로운 메커니즘을 찾는 젊은 사회적 기업가들과 소프트웨어 엔지니어들이 있다.

이러한 사람들 모두가 스스로를 공유지 활동가로 생각하는 것은 아니다. 일부는 그 용어에 친숙하지 않을 수도 있다. 밀워키에서 시청자 제작 프로그램 TV 채널 국장으로 오랫동안 일해 온 랜 벨 와일리 국장은 한 공유지 행사에서 일어나 이렇게 말했다.

"이 대회에 참석 요청을 받았을 때, 공유지는 환경에 관한 대의를 가진 그린피스 활동가 같은 사람들을 위한 것이라고 생각했어요. 하지만 이제 알겠어요. 내가 지난 20년간 공유지를 옹호해 왔다는 걸 말이죠. 방송 매체에 대한 발언권이 사람들에게 있다고 주장하는 우리가 그저 소수에 불과한 게 아니라는 걸 깨달았어요. 우리들 모두가 훨씬 더 큰 어떤 것의 일부이고, 그것이 내가 이 일을 계속할 힘이 됩니다."

모든 사람이 공유지라는 단어를 받아들일 필요는 없다. 중요한 건 사람들이 우리가 공유하는 것(그리고 그것을 공유하는 방식)이 우리가 개별적으로 소유하는 것만큼이나 중요하다는 것을 이해하는 일이다.

환경주의 기원과의 유사성

오늘날 공유지에 대한 관심 증가는 1960년대의 환경운동의 기원과 닮았다. 그 당시에는 생태나 환경보호 교육에 관한 어떤 담론도 없었다. 그렇지만 공기 오염, 살충제, 쓰레기, 원시림의 파괴, 야생 생물 개체 수의 감소, 이리 호湖의 죽음, 강을 오염시키는 유독성 물질, 대양을 더럽히는 기름 유출, 대도시 슬럼가 아이들을 중독시키는 유성 페인트, 시골을 집어삼키는 교외 거주지, 매립지에 산더미처럼 쌓이는 쓰레기, 땅을 황폐하게 하는 지속 가능하지 않은 경작 방식들에 대한 우려가 있었다. 환경주의라는 단어는 1970년 4월 22일, 첫 번째 지구의 날에 이르러서야 귀에 익은 단어가 되었다. 환경주의의 깃발 아래에 이슈들을 한데 모으면서, 그때까지 관련이 없는 것으로 여겨졌던 주장들 사이에 연관성이 강조되기 시작했고 다음 몇 해 동안 기대하지 않았던 환경운동의 성장을 추동했다.

공유지는 현대사회에서 소유권의 본성과 협력의 중요성에 대하여 사람들이 생각하는 방식을 고치게 하는 새로운 종류의 운동이며, 다양한 형태의 공익에 관심을 가진 사람들을 결집시켜줄 하나의 동일한 약속을 제시한다.

새로운 사고방식, 새로운 생활 방식

공유지는 무엇이 잘못되었는지 이해하기 위한 철학적이고 정치적인 틀뿐 아니라, 문제들을 해결할 수 있는 수단도 함께 제공한다. 지역사회에 활력을 회복시키고 열린 공간을 보호하려는 지역 활동가들은 토지 신탁을 시작하는데, 이것은 사적 소유나 정부 관리와는 구별되는 지역사회 소유권의 한 형태이다. 인터넷에 정통한 사람들은 사적 이익을 위해 장벽을 치면서 공유된 자원을 허물려고 하는 기업들에 도전하기 위하여 인터넷의 협력적인 특성을 활용한다. 세계 곳곳에서 마을 주민과 도시 거주자들이 물은 공유지이며 어느 누구에 의해서도 팔릴 수 없고 고갈될 수 없으며 통제될 수 없다고 주장한다.

이러한 종류의 노력들은 공유지의 의미를 우리가 소유하는 어떤 것을 넘어 더 큰 관념으로, 즉 '우리가 함께 사는 방식'으로 확장시키고 있다. 공유지에 관한 탁월한 역사가인 피터 라인보우는 공유하는 것들을 보호하고 강화하기 위한 우리의 노력들을 묘사하기 위하여 "커머닝commoning"이라는 단어를 만들었다. 그는 이렇게 말한다. "공유지가 단지 물질적 자원이라기보다는 하나의 활동이라는 점을 강조하고 싶습니다. 커머닝은 공유지의 본질적인 사회적 요소를 살려 줍니다."

국제 무대에서 공유지에 관한 주요한 이론가로 꼽히는 데이비드 볼리어는 그 용어를 사회적 원동력으로 정의했다. 그는 영국의 정치 저널인 〈리뉴얼Renewal〉에 이렇게 썼다.

"어떤 지역사회가 공평한 접근, 사용 그리고 지속 가능성을 특별히 고려하여 협력적인 방식으로 자원을 관리하기로 결정하게 되면, 공유지는 언제라도 생겨납니다. 공유지는 오랫동안 시장 문화의 그림자로 드러나지 않게 지속되어 오던 현재 부상하고 있는 사회 형태입니다."

해박한 경험을 가진 지역사회 조직가인 줄리 리스타우와 알렉사 브래들리는 많은 사람들이 시장 정신인 경쟁적인 기질을 완전히 내면화하고 있어서, 어떤 협력적인 행위도 운명적으로 실패할 거라고 믿고 있다는 것을 발견한다. 사람들은 심지어 함께 일할 수 있는 역량마저 상실하고 있다. 그러나 동시에, 줄리 리스타우와 알렉사 브래들리는 다른 사람들 속에서 폭넓은 희망, 관계, 그리고 회복을 향한 동경을 발견한다. "우리는 지역사회를 복원하고, 먹거리가 현지에서 지니는 특성을 다시 회복하고, 협력적인 경제를 지향하고, 우리의 삶을 우리 행성의 건강과 더 잘 조화시키려 하는 놀랄 만큼 다양한 노력들을 목격하고 있어요. 이러한 노력들은 다른 방식으로 자원을 조직하고 교류하려는 인간의 심층적인 욕구와 욕망에서 비롯되지요. 그리고 이러한 방식들은 우리가 공동소유권, 공동 협력, 그리고 공동 책무에 대한 우리의 능력을 재구성하는 것을 도울 수 있어요."

점점 더 많은 사람들이 차츰 우리가 공유지에 기초한 사회로 옮겨 가기 위한 방도를 찾고 있다. 오늘날의 삶을 특징 짓는 경쟁에 기본 초점을 둔 사회는 협력을 촉진하는 새로운 태도와 사회구조로 상쇄될 것이다. 이러한 전망은 바로 우리가 그것을 가장 필요로 하는 곳에서 출현하고 있다. 지난 30년간 깊이 새겨진 시장의 마법에 대한 신화는, 처음으로 다른 삶의 방식에 대한 필요성을 새로 만들어 내면서 지구적 금융 거품의 충격에 산산이 부서졌다.

현재의 경제적이고 생태학적인 재난에서 탈출하기 위해서는 우리 사회를 작동시키고 있는 시스템을 조금 비트는 것 이상이 필요하다. 철저한 개편, 즉 우리의 문화를 머리끝에서 발끝까지 이끄는 핵심 원리들을 뜯어고치는 패러다임의 전환이 요구된다. 이러한 역사적 순간에, "나me"만큼이나 "우리we"가 중요해지는 사회의 공유지에 대한 전망은 더 나은 세상에 대한 희망의 등대로 반짝인다.

Commons Sense

왜 우리는 오늘날 공유지를 보호해야 하는가?

공유지는 우리의 역사이기 때문이다.
공유지는 미래를 위한 우리의 최선의 희망이기도 하다.

공유지에 대한 생각과 현실은 둘 다 적어도 18세기 이래로는 쇠퇴해 왔다. 왜 하필 지금, 21세기 초에, 우리는 그것들을 애써 소생시켜야 하는가?
간단하게 답하면 이렇다. 그래야 하기 때문이다.
우리에게 많은 혜택을 가져다주고는 있지만, 시장경제는 폭주하는 트럭처럼 작동한다. 시장경제는 (시장을 유지하는 공유지를 고갈하는 것을 중지하기 위하여) 언제 멈춰서야 하는지에 대해 알려 주는 내부 메커니즘을 가지고 있지 않다. 달리 말하면, 우리는 수세기 동안 두둑한 공유지 은행 계좌에 얹혀살아 왔지만, 현재 그것이 바닥나고 있다는 것이다. 내일을 위해 필요한 뭔가를 가지려면, 우리는 얼마간의 예금을 붓기 시작해야 한다.
우리의 낡은 '영토 확장론Manifest Destiny'이 공유지를 잘게 조각냈다면, 우리의 새로운 사명은 공유지를 재건하는 것이다. 우리는 지구를 보호하고, 우리의 삶의 질을 높이고, 불평등을 줄이고, 그리고 우리 아이들에게 더 좋은 세상을 남겨 주기 위하여 이 일을 해야 한다.

피터 반스

공유지를 만날 수 있는 곳

오픈 소스에서 춤 스텝에 이르기까지,
도처에서 찾아볼 수 있다.

- 공기와 물
- 인터넷
- 공원, 도서관, 차도와 인도
- 우리의 DNA
- 혈액은행, 무료 급식소, 12단계 프로그램(중독자들의 회복을 돕는 프로그램), 박물관, 비영리단체
- 춤 스텝과 유행
- 사회보장제도, 기상청, 경찰의 보호와 여타 필수 서비스
- 낚시, 사냥
- 방송 전파(라디오, TV, 휴대전화)
- 크리스마스, 핼러윈, 유월절, 라마단, 참회 화요일Mardi Gras 그외 모든 전통 명절들
- 카드놀이, 돌 차기 놀이와 축구
- 생물 다양성
- 납세자 기금 의료, 과학 연구

- 위키피디아
- 로빈 후드, 아테나, 인어 공주
- 스시, 피자, 타말레와 가족 조리법
- 점프 슛, 기모노, 부기 공식, 하임리히 응급법
- 공교육, 대중교통과 여타 공적 서비스
- 오픈 소스 소프트웨어
- 재담, 우화, 속어, 기담
- 대양, 남극대륙, 우주 공간

박물관에서 보낸 하루

킴 클라인

미래에 관한 전혀 다른 두 개의 전망

박물관에서의 하루 : 시나리오 1

당신은 한가롭게 인도를 따라 걷다 박물관 바로 맞은편 길모퉁이에 다다른다. 신호등이 빨간불로 바뀐다. 차들이 쌩쌩 달린다. 신호등의 보행자 단추를 누른다. 곧 신호가 바뀌고 당신은 길을 건널 수 있다.

걸으면서, 상쾌한 가을 공기를 깊게 들이마신다. 당신은 시내가 공기 오염 문제로 골치를 앓고 있다는 것을 알고 있다. 그러나 오늘은 맑고 화창하다. 박물관은 화요일에 무료 입장이다. 당신은 금주 작업 스케줄을 변경하고 박물관에 올 수 있어서 기쁘다. 계단을 올라 회전문을 통과한다. 박물관 안으로 향하기 전에 화장실에 들른다. 화장실은 말끔하고 청결하며, 환경 친화적 저속 수세식 시설이다. 칸막이에서 나와 비치된 세면대에서 비누로 손을 씻고, 역시 비치된 종이 수건으로 닦는다. 화장실에서 나와 식수대에서 물을 마신 후, 당신은 상쾌한 기분으로 기대감을 안고 전시실로 향한다.

박물관에서의 하루: 시나리오 2

당신은 시에서 인도를 관리하기 위해 위탁한 기업이 운영하는 기계에 전자 카드를 대고, 개찰구를 통과하여 박물관으로 이어지는 인도에 들어선다. 당신이 찬 벨트에 있는 GPS 장치는 당신이 20블록을 걸을 때마다 1달러를 징수한다. (이러한 감시 장치는, 새로운 광고 전략에 따르면, "당신의 안전을 지키는" 장점을 가지고 있다. 왜냐하면 범죄를 당할 경우에 버튼을 누르면, 경찰이나 응급차가 당신을 쉽게 찾을 수 있기 때문이다.) 도심처럼 교통량이 많은 행정구역에서 인도를 이용하려면, 추가 요금 2달러를 내야 한다. ("혼잡을 예방한다"고 전자 카드 광고는 선전한다.)

박물관 바로 맞은편 길모퉁이에 도착하여 25센트를 넣는다. 보행자 신호가 작동한다. 조급한 차량들이 다시 달리기 전에, 10초 안에 거리를 건너야 한다. (25센트를 더 넣으면 20초를 쓸 수 있다). 몇몇 10대들과 여성 노숙자들은 돈을 내지 않고 건너면서, 자신을 인도 밖으로 내던질지도 모를 사설 안전 관리 요원들을 경계한다. 모든 사람이 매달 전자 카드 요금을 지불할 수 있는 것은 아니다. 그래서 그들은 개찰구에서 슬그머니 인도로 내빼거나 질주하는 차량들을 따라 차도를 걷는다. 길을 건너다 사망한 사람 수는 시가 2년 전 기업들에 보행자 권리를 공매한 이후, 네 배가 되었다.

다양한 이름의 브랜드 명이 선명하게 새겨진 산소마스크를 착용한 사람들이 당신을 지나쳐 간다. 아직까지 당신은, 외출 시 쉽게 소모될 수 있는 가벼운 탱크에 담긴 "신선한 공기"를 구입하지 않는 쪽을 택하고 있다. 무료 공기가 그렇게 위험하다는 것을 수긍하지 못했기 때문이다. 사실, 오늘 공기는 상쾌하고 깨끗한 것 같다. 박물관 입장권은 화요일에는 반 가격이고, 갭Gap에서 쇼핑할 때 받는 특별한 쿠폰을 가지고 있을 경우에는 14달러면 된다. 그 대신 전시실 도처에서 흘러나오는 갭 광고를 참아야 한다. 정가를 지불하는 날에는 광고가 훨씬 적다.

일단 박물관에 들어가면, 당신은 화장실 사용료로 3달러를 지불하고, 자동으로 급수량이 정해진 곳에서 비누와 종이 수건으로 손을 세척한 비용으로 다시 1달러를 내야 한다. 미리 계획했다면, 당신은 거리의 간이 화장실을 이용했을지도 모른다. 그곳은 1.75달러면 되지만 세척대가 없다. 1달러를 더 들인다면 자동판매기의 물수건을 이용할 수 있다. 급수대를 찾는다면, 당신은 결국 그것이 얼마나 헛된 일인지 깨닫는다. 병에 든 물은 화장실 매장을 운영하는 가게에서 6달러에 판다. 하지만 당신은 이미 충분히 소비를 했다. 여전히 갈증이 나지만, 당신은 결심을 굳히고, 전시관을 향해 터벅터벅 걷는다.

이것은 새로운 공산주의인가?

데이비드 볼리어

> 그렇지 않다. 공유지는 사람들의 삶에 깊이 뿌리박힌 협력의 전통이다.

많은 사람들이 공유지에 관해 언급하는 데 어려움을 겪는다. 왜냐하면 공동의 노력들을 토론할 적당한 어휘가 부족하기 때문이다. 공유하기, 협력, 공동으로 관리되는 자원들에 관한 어떤 이야기도 마르크스, 레닌, 마오쩌둥, 그리고 스탈린을 떠올리게 한다.

공유지를 이해하기 위한 첫 번째 관문은 일반적으로 공유지는 정부와 관련이 없다는 점을 파악하는 것이다. 정부가 유용한 도움 - 법, 정보, 편리 - 을 제공할 수 있지만, 공유지는 오히려 사람들이 하나의 공동체로서 자체에서 쓸 자원을 직접 스스로 만드는 지역사회에서처럼, 직접적으로 그들 자신의 자원들을 책임지면서 스스로 만들어 가는 것이다.

이러한 실천은 사람들의 삶에서 오랜 전통을 가지고 있다. 그렇지만 많은 경우에 "우리 인민들"이 국립공원, 사회 안전, 랜드 그랜드 칼리지, 국립 기상청, 공중 보건청, 그리고 훨씬 더 많은 모든 종류의 공유지에 대해 정부가 청지기가 되어 줄 것을 요구하는 것 또한 사실이다.

지금 벌어지는 공유지 운동은 공산주의를 복권하려는 시도가 아니다. 공산주의는 공유지보다 국가와 자본을 더 좋아하는 낡고 비실제적인 체제이다. (예를 들어, 소비에트연방에서 수십 년간에 걸쳐 환경이 악화된 사실이 증명하는 것을 보라.) 이 체제는 통치에 필요한 보완책(가능한 가장 낮은 수준의 통제)이 중요함도, 현지 상황에 따른 사람들의 실제적인

오늘날의 보통 사람들은 마르크스보다는 그루초 Groucho를 따른다.

다양성에도 관심이 없다. 공산주의와 심지어 오늘날의 사회주의조차 제대로 공유지에 기초해 있지 않다. 왜냐하면 그들은 국가 중심적인 경제 목표를 달성하기 위하여 중앙화된, 계층화된 관료 제도에 의존하기 때문이다.

반면에, 원형적인 공유지는 탈중심적인 참여와 의사 결정을 가능하게 하는 차원에서 작동하는 경향이 있다. 그리고 일반적으로 투명성, 사회정의, 그리고 다른 시장 밖의 가치들을 보호하기 위해 구축되고, 일반적으로 중앙화된 관료 제도의 권위에 공명하거나 혹은 하지 않을 수도 있는 자격 있는 전문가의 권위에도 귀속되지 않는다. 원형적인 공유지는 공동 자원들을 보호함으로써, 일반적으로 참여자들의 현장 지식, 개인적 현실 참여 그

메이저리그 실천

미식축구연맹NFL, 미국농구연맹NBA, 그리고 메이저리그 야구에서 작동하는
공유지를 보라.

공유지와 연관된 관념들, 특히 부와 경제에 관한 관념들이, 이국적이고 실행 불가능하게 들리는
가? 그렇다면, 미식축구연맹, 미국농구연맹, 그리고 메이저리그처럼 미국에서 사랑받는 전국적
기구들에서 유사한 방침에 따라 경기 운영이 이루어지고 있다는 사실을 생각하라.
각 리그는 팬들에게 공정하고 흥미 있는 게임을 선사하기 위하여 가장 부유한 팀으로부터 가장
가난한 팀에게로 자금을 이동시킨다. 그리고 이 세 스포츠에서 시행하는 신인 선수 선발 제도는
패한 팀들에게 가장 훌륭하고 젊은 선수들을 영입할 특혜를 준다.
공화당원 칼럼니스트이자 열렬한 야구 팬인 조지 월조차, 이렇게 그 논리의 타당성을 이해한다.
"그 목적은 팀들에게 동등한 수입을 보증하는 것이 아니라, 각 팀이 그 수입을 현명하게 사용할
경우, 각 팀이 주기적으로 승리할 가능성을 충분히 주기 위한 수입을 보증하는 것이다."
공유지에 오신 걸 환영한다. 자, 시작하자!

조너선 로

리고 지역사회의 규범을 집행할 능력을 높이기 위한 수단으로써
가능한 한 광범위하게 권력을 분산시킨다.

새로운 시대를 위한 새로운 언어

우리가 지난 30년간 흥했던 극단적 자본주의와 그동안 통제를
벗어난 개인주의적 윤리 너머를 본다면, 자유를 억누르지 않은
채 공유지를 관리해 온 성공적인 오랜 역사가 있음을 이해하기
시작할 것이다. 실제로, 진화 과학자들은 인류라는 종이 신뢰와
호혜주의에 기초한 안정된 공동체를 건설하고 협력하는 위대한
능력을 가졌기 때문에 살아남았고 진화해 왔다는 것을 분명하게
주장한다.

새롭게 출현하고 있는 공유지 운동은 이러한 과거를 복구하고

있다. 낭만적으로 보자는 것이 아니다. 말 그대로 우리 유전자에 새겨져 있을 협력적 본성을 우리가 살고 있는 현대사회의 현실에 적용하자는 것이다. 우리는 공유지를 재발견하고 재발명할 필요가 있다. 이것은 20세기의 공산주의나 다른 거대 규모의 관료적이고 권위주의적인 실패들과는 완전히 다른 사상이다.

이 운동에 참여하려면 가축을 키워야 하는가?

공유지라는 단어에 대한 질문들

우리 모두가 공유하는 것들에 대한 증대하는 정치적 관심을 묘사하는 용어로, 모든 사람이 공유지라는 단어를 선택하는 것은 아니다. 여기 그 용어에 대해 내가 들었던 약간의 반대 의견들이 있다.

– "아주 신소리는 아닐지라도, 그 단어는 너무 평범하다. 사람들은 공유지 같은 중요한 어떤 것을 묘사하는 데, 그런 평범한 단어를 원하지 않는다."
– "너무 영국적이다. 나는 뉴욕 시에 산다. 여기서는 그렇게 많은 방목을 하지 않는다."
– "너무 시대에 뒤떨어졌다. 그 단어를 들으면, 나는 벤 프랭클린이나 그와 같은 누군가의 재현을 견뎌야 한다는 생각이 든다."
– "너무 전원적이다. 작은 양 한 마리를 데리고 어딘가로 가야 할 것 같은 느낌이 든다."

킴 클라인
kimkleinandthecommons.blogspot.com

오늘날의 공유지 지지자들에게
양은 그저 선택 사항이다.

2장

왜 지금 공유지인가?

아시아에 있는 여러 마을에서
미국 중심가에 이르기까지

조너선 로

> 공유재를 지키는 일은 우리 모두를 풍요롭게 한다.

내 아내는 서구에 있는 전문가들이 "개발 도상에 있는 developing" 나라라 부르는 데서 자랐다. 아내가 살던 마을의 사회생활은 주로 망고 나무 주변에서 이루어졌다. 저녁이면 사람들은 거기 모여 이야기를 나누었다. 아내의 가장 훈훈한 어린 시절 기억은 저녁 늦도록 숨바꼭질을 하면서 놀았던 것, 그리고 그 사이 부모들이 한담을 나누던 것이다.

나무는 모임 장소 이상이었다. 그것은 근본적 의미에서 – 비록 경시되고 있지만 – 경제적 자산이었다. 이웃 사이에 긴밀한 유대, 정보 네트워크, 아이들의 활동 공간, 그리고 세대 간의 가교를 만들어 냈다. 노인들은 일상적 흐름의 한 부분이 될 수 있었고, 아이들은 오늘날 미국에서 거의 자취를 감춘 어떤 것 – 항상 바로 가까이에 있는 부모들 곁에서 체계적이지 않고, 경쟁적이지 않게 놀이하는 환경 – 을 체험했다.

"개발된developed" 나라에서, 우리는 그러한 경험을 제공하기 위해 별 긍정적인 효과도 없는 지역 주민 센터에서부터 아이들

영화에 이르는 모든 것들에 돈을 수천 억 쓴다. 그런데도 이런 지역사회를 연구하는 전문적인 경제학자들은 그런 장소들을 저발전 국가가 처한 안타까운 상태로 여긴다. 그들은 "근대화"를 강조할 텐데, 그것은 그 나무가 무료로 제공하는 것의 대용물을 사기 위해 사람들에게 돈을 쓰게 하는 것을 의미한다.

그것이 바로 공유재에 관한 이야기로, 일반적으로 머리에 그려지는 시장과 국가 밖에 있는 삶의 한 축을 의미한다. 공유재는 어디에나 있지만 좀처럼 눈에 띄지 않는, 숨겨진 경제이다. 생태학적이면서 동시에 사회적인, 그러한 삶의 기초적인 지원 시스템을 제공하는 것이다.

공유재는 우리 삶의 기초가 된다. 상무부나 아마존닷컴이 없는 삶을 상상할 수는 있어도, 공용어나 깨끗한 물이 없는 삶은 상상이 가지 않는다. 이것은 막중한 책임을 수반한다. 영국 철학자 에드먼드 버크가 말했듯, "우리는 임시 소유자들이다." 따라서 우리는 "그것을 상속을 끊거나 상속받은 재산을 훼손할 수 있는 우리의 권리로 여겨선 안 된다."

그런데도, 공유재에 관해 논할 합의된 언어가 없을뿐더러, 이를 지켜 줄 법적 근거도 없다. 그래서 공유재는 끊임없는 침해와 몰수, 남용의 대상이 된다. 그 결과는 발전이라는 통계학적 환상인데, 이는 복지라는 더 중요한 계산이 하락하는 현실을 은폐하는 화폐 거래의 증가일 뿐이다. 그늘을 주는 나무는 에어컨에 밀려나고, 평온함은 약국의 진정제에 자리를 내준다. 공식 지표가 "경기"가 호전되고 있음을 보여 줄 때조차, 우리 모두는 더 가난해진다. 그리고 삶의 더 많은 부분들이 돈이 요구되는 영역으로 떠밀려 가기 때문에, 가난한 사람들 스스로 가장 위축되어 간다. 돈을 가장 적게 가진 사람들은 결국에는 훨씬 더 뒤처지게 된다.

공유재의 네 가지 특징

공유재는 비공식적인 규칙과 구조로 운영된다.

산책을 하려고 계약을 맺을 필요는 없다. 대양을 항해하는 데서 임대차계약서나, 이웃에 도움을 요청하는 데 보험 증서가 필요하지 않다. 적절한 표현법을 쓰려고 로열티를 지불할 필요가 없고, 아이들에게 동화를 들려주려고 자격증을 따지 않아도 된다. 그런데 어떤 공유재를 지키기 위해 때로는 새로운 법률과 변호사가 필요한 경우도 있다.

공유재는 대체로 무료이고 광고할 필요가 없다.

시장경제는 항상 "재화"와 "용역"을 우리 면전에 들이민다. 반면에, 공유재는 사용되기를 기다리며 그냥 그곳에 있을 뿐이다. 발명되거나 창조되기보다는 발굴되는 경우가 많다. 헤엄칠 만한 깊은 곳이 있으면, 사람들이 그걸 찾아내게 된다. 사회적 공유재는 자연적으로 생겨난다. 보도가 줄넘기를 할 수 있는 공간이나 길거리 시장이 되고, 도심 빈민가에 버려진 낡은 소파가 마을의 망고 나무 역할을 한다.

공유재는 운 좋게 우연히 발견되는 자원이다.

공유재는 시장경제와는 다르다. 시장경제는 인간 관심사 가운데 - 돈 버는 일이라는 - 한정된 범위에 사로잡혀 있고, 기업의 대차대조표에 나타나지 않으면 무엇이든 무시하는 경향이 있다. 그에 반해, 공유재는 광범위하게 사람들을 참여시키고, 여러 단계의 긍정적 효과를 창출한다. 오픈 소스 소프트웨어는 무료로 자기의 시간과 재능을 제공하는 협력자들의 비공식 네트워크를 만들어 낸다. 근린공원은 애완견을 동반한 산책자들, 체스 두는 사람들, 야구 하는 사람들, 아이를 둔 부모들로 이루어진 공동체를 형성한다.

공유재는 문화를 꽃피우게 해 준다.

문화는 공유재에서 번성한다. (구애받지 않고 자유롭게 정보를 얻는) 중국 식당의 메뉴와 상표 등록이 된 품목들로 이루어진 맥도널드의 메뉴를 비교해 보라. 언어야말로 근원적인 공유재 가운데 하나로, 사람들이 아무런 사례나 보상 없이 단어와 표현들을 보태면서 날이 갈수록 더 풍부해진다.

공유재도 정부·시장과 어울릴 수 있다

여기서 중요한 것은 공유재를 낭만적으로 보거나 공유재면 다 되는 것으로 보아서는 안 된다는 것이다. 정부가 그렇듯, 어떤 일들은 시장이 매우 잘 해낸다. 보다 중요한 것은 우리 삶에서 공유재를, 그리고 그 공유재가 수행하는 필수적인 역할을 시

COMMONERS 공유자들

우와!
달이 완전히
얼룩덜룩해!

그러게 말이야…
문산토Moon-Santo 기업이
달의 몇 구역에 대한
개발 허가권을 따냈잖아…

아무도 자기네 기업 비밀을 염탐할 수
없도록, 저들이 소등을 했어…
그다지 로맨틱하진 않지?

그래도
네 마음은
여전히
내 거지?

내 좌심실에 대한
일부 탐사권만
빼고는 그렇지…

래리 고닉

장 - 정부 또한 마찬가지다 - 이 몰아내지 못하도록 막는 일이다.

공유재는 공공 부문과 동일하지 않다. 실제로 과거 공산주의 국가들의 경험에서 보인 대로, 국가는 시장만큼이나 효과적으로 공유재를 파괴할 수 있다. 체코의 극작가이자 대통령이었던 바츨라프 하벨이 설득력 있게 설명했듯, 국가가 사회적 공간의 구석구석을 점령하면서 공동체 의식은 시들어 간다.

거꾸로, 적정한 규모로 시장을 정비하면 실제로 공유지를 강화할 수 있다. 예를 들어, 동네 커피숍이나 도심의 매장들은 공동체를 이루는 데 매우 중요하다.

공유재를 되찾는 첫 단계

공유재는 공적인 것과 사적인 것 양자 모두와 공통된 특성을 갖고 있다. 공유재는 다른 '차원'의 재산인데, 따라서 사유재산처럼 법적 보호가 필요하다. 이것은 매우 중대한 요점이다. 시장은 자연의 활동이 아니다. 자연 발생적으로 생겨나지 않을 뿐 아니라, 신의 힘으로 그 운명이 결정되지도 않는다.

정부가 만들어 낸 법적·제도적 구조 - 화폐 시스템, 은행과 유가증권 법률들, 저작권과 특허권, 해외에서의 원유 생산을 위한 군사적 보호 및 기타 등등 - 를 제거하고 나면, 현대 시장경제는 존재할 수 없다.

시장이 소도구들을 정교하게 배치하는 것을 필요로 한다면, 공유재가 어떤 도구들을 필요로 한다는 것 역시 놀랄 일이 아니다. 지역사회의 공공 방송 전파와 비영리 방송국들에 더 많은 방송 시간이 주어져야 한다. 청각적·시각적 환경을 채우고 있는 상업적 광고에 대한 제한이 필요하다. 시대에 뒤진 토지 사용 제한법, 전통적인 도심의 사회적 공유지를 침식하는 스프롤현상에 대한 보조금 제도도 개편되어야 한다.

목록을 작성하려면 끝이 없다. 그러한 조치들이 더 많은 정부 개입을 의미하지는 않는다. 오히려 덜 기업적인 개입, 지역사회가 번성하고 사람들이 자신들의 관점을 추구할 수 있는 보다 경제적이고 사회적인 공간을 의미한다. 그러한 조치들은, 시장 근본주의자들의 주장과 달리, 재산권을 침해하지도 않는다. 오히려 재산권을 보호하게 된다. '공동' 재산권을 말이다.

재산권에 대한 참신한 생각

재산권은 양심적인 사람들이 참여하는 별개의 수많은 싸움을 연결해 주는 줄이다. 오염은 단지 건강을 위협하는 데서 그치지 않는다. '공동' 재산권에 대한 침해이기도 하다. 스프롤현상은 토지와 에너지의 비효율적 이용에 그치지 않는다.

사회적 공유지를 격감시키는데, 고속도로와 쇼핑센터로 이루어진 경관에서 사회적 공유지가 번성하기란 좀처럼 힘든 일이다. 영리를 추구하는 분위기가 유년 시절을 덮치면서 생기는 문제는 단지 비만이나 주의력 결핍증만이 아니다. 거기에는 문화 공유지 – 젊은이들이 듣고 배우는 이야기들 – 에 관한 좀 더 중대한 문제들이 수반된다.

수십 년간 자유 지상주의적 권리가 이른바 정부에 의한 사유재산의 "강탈"에 맞서 투쟁을 벌여 왔다. 이제 우리 모두에게 속하는 것들을 되찾기 위해 싸워야 할 때이다.

이슬람 전통

환경보호론자들은 마호메트가 확립한 공유지 소유권의 견해를 부활시킨다.

역사를 한번 훑어보기만 해도, 미래 세대를 위해 공유지를 지키자고 주장했던 ─ 로빈 후드에서 인디언 추장 조셉, 그리고 간디에 이르기까지 ─ 수많은 영웅들의 이름이 떠오른다. 공유지와 연관될 것 같지 않은, 역사에 등장하는 하나의 이름이 있는데, 바로 마호메트이다. 그러나 이슬람 세계의 거룩한 예언자는 모두를 위한 특별한 경관을 보존하고자 했다. 오늘날, 무슬림 환경주의자들은 이런 전통을 되살리기 위해 애쓰고 있다.

지방의 족장들의 소유로, 히마hima(아랍어로 "보호된 장소")라 불리는 일정한 땅을 따로 떼어 놓는 전통이 고대 중동에 있었다. 하트포드 신학교에서 이슬람학과 기독교 ─ 무슬림 관계를 연구하는 톰 베르데에 따르면, 마호메트는 "히마를 사적인 거주지에서 공적 자산으로 바꾸어 모든 지역사회의 구성원들이 공유하고 소유하게 했다. 그것은 신이 내려 준 자연 세계의 청지기로서의 그들의 의무와 일치한다."

17세기에, 마호메트는 알-마디나Al-Madinah 지역, 현재의 성도 메디나를 "성소"로 선언했다. "그곳의 나무는 자를 수 없고, 짐승은 사냥하지 못한다." 토지소유권에 관한 근대적 신념에 전통이 희생되기 전까지, 대부분의 히마는 20세기까지 유지되었다.

현재 중동의 환경주의자들은 위험에 처해 있는 지역의 삼림지, 목초지, 습지대, 방목지를 보호하기 위해 히마 사상에 호소하고 있다. 2004년에 '레바논 자연보호 협회'는 지역 주민들을 도와 언덕 마을 에벨 에스-사키Ebel es-Saqi에 최초의 새로운 히마 두 군데를 세웠다. "히마는 지역사회에서 매우 긍정적인 효과를 지녀 왔다."고 인근 마을의 이장인 카심 쇼커는 말한다. "경제[생태 관광을 통해]를 발전시킬 뿐 아니라, 지역 주민들이 땅의 가치를 깨닫게 하고 그 땅의 생물 다양성에 더 큰 관심을 갖게 해 줍니다."

제이 월재스퍼

공유지는 비극이 아니다

제이 윌재스퍼

엘리너 오스트롬이 2009년에 노벨상을 받으면서
공동 소유권cooperative ownership이 환경 파괴를 초래한다고
주장하는 이론들은 명성에 손상을 입게 되었다.

인디애나 대학의 교수 엘리너 오스트롬이 노벨 경제학상을 공동으로 수상한 2009년에 이르러서야 공유지가 좀 더 널리 받아들여지게 되는 길을 가로막고 있던 가장 큰 장애물이 무너져 내렸다.

77세인 오스트롬은 세계 곳곳의 지역사회에서 목초지와 숲, 관개용수 그리고 어업 같은 공동 자원들을 어떻게 장기간에 걸쳐 공정하고 지속 가능하게 관리하는지를 입증하는 연구를 수십 년에 걸쳐 해 왔다. 그녀의 연구에 대한 노벨상 위원회의 인정은 사실상 "공유지의 비극"에 관한 인기 있는 이론들에 대한 답변이다. 이 이론들은 무한한 자원들을 파괴와 고갈로부터 지키는 유일한 길은 사유재산뿐이라고 주장한다.

이러한 생각은 야생 생물학자인 개럿 하딘이 1968년 〈사이언스〉 지에 쓴 소론에 의하여 대중화되었다. 토지를 공유하는 경우에 사람들이 그것을 손상시키는 것은 불가피하다는 것이 그의 주장이었다. 그러나 나중에 하딘은 견해를 수정했다. 자신은 땅

을 관리하는 데서 지역사회의 적극적 참여와 운영에 관한 규칙이 없는 상황 – 당연히 그런 경우는 공유지가 아니라는 의미이다 – 을 언급하고 있었다는 것이다.

협력적인 행위를 옹호하는 학자에게 세계에서 가장 신망 있는 경제학상이 수여되었다는 사실은 우리가 직면한 사회문제 및 환경문제 해결을 위한 체계로서 공유지의 정당성을 크게 끌어올린다. 오스트롬의 작업은 또한 부와 복지를 창출하는 데서 민영화와 시장

여성 최초로 노벨 경제학상을 수상한 엘리너 오스트롬은 케냐, 네팔, 스위스, 터키, 로스앤젤레스에서의 공유지에 관한 성공적인 사례들을 조명한다.

에 대한 대안이란 존재하지 않으며, 혹여 있더라도 거의 없는 거나 마찬가지라는 현재의 경제학 정통파의 신념에 도전한다.

오스트롬은 한 사례를 들어, "어떤 숲의 현지 이용자들이 장기적 관점을 갖고 있을 때는, 행동 규칙을 만들어 내면서, 서로의 토지 사용을 더 잘 감시하는 경향을 보입니다."라고 말한다. "그것은 통상의 시장 이론이 미치지 않는 영역입니다."

인생에는 재산권 말고도 더 소중한 것이 있다

콜롬비아 대학의 경제학자이자 역시 노벨상 수상자이기도 한 조지프 스티글리츠는 이렇게 말한다. "보수주의자들은 재산권

공유지를 관리하는 원리 여덟 개

엘리너 오스트롬이 말하는 공유 자원들을 보호하기 위한 가이드

1. 그룹의 경계를 명확히 정하라.
2. 공유재 사용을 관리하는 규칙들을 현지의 요구 및 형편 들에 조화롭게 만들어라.
3. 규칙에 영향 받는 사람들이 그 규칙들을 수정하는 데 참여할 수 있다는 것을 보증하라.
4. 규칙을 결정하는 지역사회 구성원들의 권리가 외부 권위에 의해 침해받지 않는다는 것을 분명히 하라.
5. 구성원들의 활동을 감시할 수 있는, 지역사회 구성원들에 의해 수행되는 체계를 개발하라.
6. 규칙 위반에 대한 제재를 단계적으로 실행하라.
7. 분쟁 해결을 위해서는, 이용하기 쉽고 비용이 적게 드는 방법을 제시하라.
8. 가장 낮은 수준에서부터 완전하게 상호 연결된 시스템에 이르기까지, 각 층위의 조직들에 공유 자원을 관리하는 책임을 지우라.

엘리너 오스트롬

을 주장하기 위해 공유지의 비극을 활용했습니다. 그리고 '바로 그 경제적' 효율은 사람들이 공유지에서 내팽개쳐질 때 달성됩니다. …… 오스트롬이 입증한 것은 재산권에 의지하지 않으면서 공유지의 사용을 관리하는 사회적 통제 메커니즘의 존재입니다."

1968년부터 수여되기 시작한 그 상의 역대 수상자들이 밀턴 프리드먼 같은, 규제받지 않는 시장에 대한 열렬한 옹호자들이었다는 것을 감안하면, 노벨상 위원회가 오스트롬을 선정한 것은 의미심장한 일이다. 1976년 프리드먼이 노벨 경제학상을 수상하면서 1980년대 경제학의 전부나 다름없던 시장 이론이 부상하는 것을 부채질했다.

우파 사상가들이 사유재산만이 파멸을 막아 줄 유일한 실천 전략이라고 주장하면서 공유재를 유지하는 방식으로 자원들을

공유할 수 있다는 전망을 비웃는 반면, 오스트롬의 학문은 그것이 사실과 다르다는 것을 보여 준다.

오스트롬은 "우리가 무시해 온 것은 시민들이 할 수 있는 일, 그리고 관련된 사람들의 실질적인 참여가 갖는 중요성입니다."라고 말한다.

이에 대한 중요한 사례가 스위스의 한 마을에서 이루어진 현장 조사이다. 그곳 농부들은 사유지에서 농작물을 재배하기도 하지만 소들을 방목하기 위해 공동 목초지를 공유한다. 이 사례는 공유지의 비극을 증명하는 완벽한 모델로 보일 수도 있겠으나, 오스트롬은 실제로 방목이 지나치게 이루어지는 문제점이 발생하지 않는다는 것을 발견했다. 이것은 겨울 동안 목초지가 감당할 수 있는 숫자보다 더 많은 소를 방목하는 것이 누구에게도 허용되지 않는다는 공동의 합의가 마을 주민들 사이에 있기 때문인데, 이 규칙은 1517년까지 거슬러 올라간다. 케냐, 과테말라, 네팔, 터키, 로스앤젤레스의 조사에서 오스트롬은 "공유지 관리"에 관한 유사한 실제 사례들을 보여 주고 있다.

오스트롬은 노벨 경제학상을 수상한 첫 번째 여성인데, 이 사례는 오스트롬이 많은 남성 노벨상 수상자들과 달리 개인화된 시장 선택에 주목하는 설명을 하기보다는, 우리의 경제적 장치 economic arrangements에서 사람들 간의 관계가 갖는 역할을 강조했다는 일부 논평자들의 언급을 뒷받침해 준다.

오스트롬이 경제학자가 아닌 정치학자로서 훈련되었다는 사실 또한 주목할 만한데, 이는 경제학에 대해 새로운 관점으로 접근한다는 점을 설명하는 데서 훨씬 더 유용해 보이는 요소이다.

예일 대학의 경제학자 로버트 실러는 두 영역으로 분리된 사고를 하나로 결합할 기회로서 그녀의 노벨상 선정을 환영했다. "경제학은 그동안 너무 고립되는 길을 밟아 와서 시장의 효율성과 자율 규제 능력이라는 견해에 사로잡혀 있다. 우리의 사고도 함께 탈선의 길을 걸어왔다."

엘리너 오스트롬은 공유지의 중요성을 인정하는 데서 항상 분명한 입장을 취해 왔다. 그녀는 인디애나 대학에 본거지를 둔 국제 공유지 연구 협회International Association for the Study of the Commons가 설립되는 데 힘썼다. 오스트롬이 노벨상 수상자로 선정된 것은 공유에 기초한 사회의 출현에서 하나의 이정표로 남을 것이다.

아프리카에서 바라본 입장

엘리너 오스트롬의 연구는 협력적 문화의 가치를 다시 확인한다.

2009년 오바마 대통령의 노벨 평화상 선정은 그 타당성 시비로 많은 시간을 보냈다. 그에 반해, 다른 노벨상 수상자인 엘리너 오스트롬은 거의 주목받지 못했다. 나는 이렇게 중요한 상에 오스트롬이 선정된 일이, 오바마의 국제적 신망에 대해 아프리카인인 우리가 느끼는 집단적인 자긍심에도 불구하고, 오바마 대통령에 대한 인정보다 아프리카의 빈곤에는 더 의미심장한 일이라고 말하고 싶다.

1960년대 이래, 아프리카에서 토지 자원들의 지속 가능한 사용을 보증한 우세한 정책 처방은 일반적으로 점유되고 있던 토지의 개인 사유화였다. 이러한 조치는 주로 '공유지의 비극' 이론을 따르는 신고전파 경제학자들에 의하여 추진되었다.

이제 이러한 공유 자산의 개인 사유화가 예상했던 경제적 이익도 낳지 못했고 환경에 유리하지도 않았다는 것이 증명되고 있다. 케냐에서 농장 설립으로 토지의 개인 사유화가 격심하게 진행된 마사이 지역 세 곳 가운데 한 곳인 카지아도Kajiado에서 광범위한 연구 작업을 수행한 네델란드 학자 마르셀 루텐에 따르면, 방목하기에 적합한 토지의 양이 1982년과 1990년 사이에 40퍼센트 넘게 감소했다. 그리고 이것은 제멋대로의 환경 파괴는 말할 것도 없고, 그 지역에 빈곤의 증대를 초래했다.

오스트롬의 연구는 공유지가 비극이기는커녕 올바른 제도를 마련하면 철저히 관리될 수 있다는 것을 말해 준다. 오스트롬의 경제 이론을 활용하면, 공유 자산 운영의 잠재력을 살려 내게 될 것이다. 공유 자산 운영은 적절히 사용된다면, 아프리카에서 좀 더 사람을 중심에 두는 발전을 보장하는 데 기여할 것이다. 그러한 전환이 취약한 지역사회들과 개인들을 지금 바로 그들의 존재를 위태롭게 하고 지구 차원의 식량 안전을 위협하는 저지되지 않는 시장과 환경 재앙에서 보호해 줄 것이다.

코리르 싱웨이

케냐 경제학자 코리르 싱웨이는 오바마보다 오스트롬이 노벨상을 수상한 것이 아프리카에 좀 더 의미 있는 일이라고 말한다.

협력을 위한 새로운 언어가 필요하다

조너선 로

어디에나 공유재가 있지만
여전히 눈에 띄지 않은 채로 남아 있는 것은 우리에게
공유재에 대해 논할 단어들이 남아 있지 않기 때문이다.

우리의 정치 생활, 경제생활에서 언어는 과묵한 정치 위원 commissar이다. 우리가 말할 수 있는 것들 – 우리가 생각할 수 있는 것조차 – 은 주로 우리가 사용 가능한 언어에 의존한다. 심리학자이자 철학자인 윌리엄 제임스는 언젠가 이렇게 말했다. "이름이 없는 것들에 주목하기는 어렵다." 그것이 우리의 공적 삶에서 공유재에 대한 토론이 그토록 적은 한 가지 이유이며, 공유재에 대한 자각이 그토록 적은 이유이기도 하다.

수많은 신문, 수많은 인터넷 뉴스에, 비즈니스 섹션은 있지만 공유재 섹션은 없다. 라디오 방송에 '장터Marketplace'라는 쇼 프로그램은 있지만, '일상사Commonplace'라는 쇼 프로그램은 없다. 주식시장 소식은 전파를 타지만, 공유재 상태에 관한 일상 정보가 그에 상응할 만큼 주어지지는 않는다.

시장경제에 관한 어휘는 어디에나 있다. 가치, 이익, 부, 이자, 상품, 그리고 시장 그 자체(단어의 본래적인 의미에서 시장은 실제로 하나의 공유재이다.) 같은 그러한 기초 용어들은 시장에 관한 함축적 의미들로 가득 채워져 있다.

어떤 기업의 소유권을 논의할 때 우리가 사용할 수 있는 단어들과, 하늘이나 대양이나 공원에 대해 모든 사람이 지니는 지분에 관한 토론에 사용할 수 있는 단어들을 비교해 보면 된다. 공유재에 관한 어휘는 없다. 거의 같은 이유로, 공유재에 관한 역사도 없다시피 하다. 승리자들만 이야기하기 때문이다. 아메리카 원주민들이나 유럽의 농부들이라면 다르게 기호화된 어휘들로 세상에 관한 다른 해석을 주었을지도 모른다.

우리는 언어를 통해 파악할 수 없는 것들은 주목하려고조차 하지 않는다. 하지만 새로운 언어가 주어지면, 새로운 통찰력을 갖게 된다.

출현하고 있는 희망의 어휘

제이 월재스퍼

이 책 말미에 실린 사전에서 뽑아낸, 공유재에 관련된 새로운 언어 사례 몇 가지를 이곳에 옮겨 놓았다. 더 이상 단순한 명사가 아니어서, "공유에 기초한 해법"이나 "공유에 기초한 사회"의 형태로, 형용사로도 되고, 심지어는 동사가 되기도 한다.

공유재Commons
우리가 공유하는 것들. 우리 모두에게 공평하게 속하고, 미래

세대를 위해서도 유지되어야 하는 자연의 창조물이기도 하고
사회의 창조물이기도 한 것들.

공유에 기초한 사회Commons-based society
그 사회의 경제, 정치 문화 그리고 지역사회의 삶이 가지각색
의 다양한 공유를 장려하는 것을 중심에 둔 사회.

공유에 기초한 해법Commons-based solutions
사람들이 자원들을 협력적으로 그리고 지속 가능하게 관리할
수 있도록 해 줌으로써 문제점들을 개선하는 독특한 쇄신책과
정책들.

공유자들Commoners
최근 들어 사용되는 표현으로, 어떤 특정한 공유재를 사용하
는 사람들, 특히 공유재를 재생하고 회복시키는 데 참여하는
사람들.

커머닝Commoning
공유된 자원들을 관리하고 공유재를 회복시키는 과정에서 공
유자들이 활용하는 사회적 실천들을 나타내는 동사. 역사가
피터 라인보우에 의하여 대중화된 용어.

공유재를 되찾기 위한 전 지구적 차원의 호소

세계 사회 포럼에서 제출된 선언문

브라질 벨렘Belem에서 열린 2009 세계 사회 포럼은 세계 곳곳에서 13만 3천 명의 참가자들이 모여 "공유재의 개념을 심화하기 위하여 세계 모든 시민들"에게 호소하는 선언을 입안했다. 여러분은 웹사이트(bienscommuns.org/signature/appel/index.php?a=appel.)에 가면, 공유재 재생 운동을 위한 서명에 참여할 수 있고, 선언의 본문을 볼 수 있다. 아래 글은 일부를 발췌한 것이다.

"인류는 전례 없는 사유화 운동으로, 그리고 삶의 가장 기초적인 요소들인 자연, 문화, 인간 노동, 그리고 지식 그 자체의 상품화로 인해 고통을 받고 있다. 무수한 영역에서, 기업들은 우리의 공동 유산에 대해 소유권을 주장하고 있다. 시장 인클로저의 비참한 결과들을 우리의 훼손되는 생태계에서 볼 수 있다. 토양과 생물 다양성의 침식, 지구적 기후 변화, 식량 주권의 감소 등. 더 많은 시민들이 이러한 현실을 깨달을 때, 사회, 즉 인권, 민주적 참여, 포용과 협력을 존중하는 사회에 대한 새로운 전망은 생겨난다."

2009 세계 사회 포럼에서 시작된, 이 선언의 서명자들은 모든 시민들과 조직들이 그들 스스로 지구와 인간의 공동 유산 그리고 미래 세계를 되찾도록 호소한다. 공유에 기초한 관리 — 참여적이고 협력적인, 그리고 투명한 — 가 지속 가능하고, 공정하고, 그리고 생기를 주는 세계를 만드는 데 최선의 희망을 제공하는 길임을 우리가 입증하자.

이 선언은 세계 모든 시민들에게 공유 개념을 심화하고, 선언이 존중하는 다양한 접근법과 경험들을 공유하자고 호소한다. 공유재를 회복시키기 위하여 많은 다양한 방식을 조직하자.

돌보는 사람들을 보호하자

제이 월재스퍼

> 비록 우리가 거의 혹은 전혀
> 지불하지 않고 있을지라도, 돌보는 일은
> 현대사회에 값으로 계산할 수 없을 만큼 소중하다.

우리는 우리 사회와 경제를 유지해 주는 사람들로 이루어진 공유에 기초한 거대한 조직의 일부인, 현대 생활의 숨은 영웅 가운데 한 사람일 수 있다. 나는 지금 아이들을 기르는 부모들, 부모를 돕는 친구와 가족들, 나이 든 친척과 이웃을 돌보는 사람들, 지역사회에서 수행되어야만 하는 일을 하는 자원봉사자들, 그리고 누군가를 돌보는 모든 이들을 말하고 있다.

"우리의 경제 체계에서, 셀 수 없다는 것은 과소평가된다는 것입니다." 매사추세츠 대학 경제학 교수 낸시 폴브레의 말이다. "우리는 시장가격의 비율에 의하여 노동생산성을 측정하는 회계 시스템을 물려받았습니다. 이러한 회계 시스템은 무급 노동의 가치를 무시하고, 애정과 책임감에 의해 일부 동기가 부여된 유급 노동의 가치를 저평가합니다."

낸시 폴브레는 이러한 모든 돌봄caregiving 노동에 화폐적 가치를 부여하는 것은 불가능하다면서도, 주류 경제학자들조차 이러한 노동이 작동하지 않고서는 모든 것이 거의 즉시 무너진다는 것을 알고 있다고 말한다.

우리 경제의 가장 중요한 섹터

"새로운 경제나 첨단 기술 섹터에 대해 떠드는 대신, 우리 경제의 돌봄 섹터의 문제들을 설명해야 합니다."라고 폴브레는 말한다. "이러한 섹터는 충분한 보수를 받지 못하는 노동인 아이양육, 노약자 돌봄, 간호와 가르치기는 물론이고 가족과 지역사회 내에서 제공되는 무급 노동도 포함하고 있습니다."

이러한 노동은 여성들에 의하여 균형에 맞지 않게 과도하게 제공되며, 바로 그 사실이 그러한 노동이 과소평가되는 이유를 부분적으로 설명해 준다. 사람들을 양육하고 돌보는 기술을 필

오늘날에도 전통적으로 여성에 의하여 수행되었던 돌봄 노동은 충격적이게도 저임금이다.

요로 하는 유급 노동조차-아마 틀림없이 우리 사회에서 가장 중요한 직업들일 텐데-같은 수준의 교육과 노동 경험, 그리고 개성이 수반되는 동등한 일자리들과 비교해 볼 때 심각할 정도로 저임금이다.

그것이 아이 돌봄 센터와 노인 돌봄 프로그램의 고용 회전율이 해마다 40퍼센트를 유지하는 이유이다. 또한 수많은 헌신적인 교사들이 일이 덜 빠듯한, 더 나은 보수를 찾아 불과 몇 년 후에 교실을 떠나는 이유이다. 그리고 간호사 한 세대가 이제 막 은퇴하고 있는데도, 갈수록 스트레스가 늘어 가는 이러한 직업을 찾는 젊은이들이 줄어드는 데 대한 우려가 점점 증가하는 이유이기도 하다.

공유재의 다른 양상들처럼, 돌봄 노동은 지치고, 고갈되고, 소모될 수 있다. 돌봄 노동에 대해 지불하지 않거나 아주 적게 지불하기 때문에 당연히 우리는 돌봄 노동의 자원들이 무한하다고 여긴다. 하지만 대가가 있다. 낸시 폴브레가 말하듯, "돌봄 노동에 더 나은 가치를 부여하는 법, 그리고 돌봄 노동을 보다 평등하게 나누는 법을 이해하지 못한다면 우리는 관대한 돌봄 노동이 쇠락하는 것을 보게 될 가능성이 큽니다."

공유재의 값어치는 얼마나 되나?

피터 반스

> 미국만 놓고 보더라도,
> 공유재의 값어치는 개인 재산 전체보다 더 크다.

자연 자원들

2002년에 로버트 코스탄자와 폴 서턴은 미국 경제에서 자연 생태계가 공헌하는 금액을 2조 달러로 추정했다. '생태계 서비스'에 대한 그들의 계산은 야생 동식물로부터 얻는 식량, 기후 조절, 쓰레기 흡수 작용, 담수 보급, 토양 형성, 영양분 순환, 수분 작용, 원료, 그 밖에도 많은 것들을 포함하는 인간이 자연 생태계로부터 얻는 혜택을 나타낸다.

2조 달러가 자연이 미국 경제에 해마다 공헌하는 것을 나타낸다면, 미국의 자연 자산의 잠재적 가치는 무엇인가? 여기에 답하는 하나의 방식은 해마다 생태계의 서비스를 자연 자산을 '재료'로 해 생산된 '소득'으로 취급하는 것이다. 그러면 이 소득은 '평균 가격/지난 50년에 걸쳐 공적으로 거래된 주식 소득 비율(대략 17:1)'로 곱해질 수 있고, 추정된 자연 자산 가치는 34조 달러에 달한다.

어쨌든 이러한 계산은 과소평가된다. 왜냐하면 그것은 대체 불가능성irreplaceability이라는, 자연의 독특한 측면을 무시하기 때문이다. 기업 X가 파산하면, 그것의 유용한 자산들은 다른 기업에 의하여 잠식될 것이다. 그렇지만 자연 생태계가 사라지면, 그것은 쉽게 대체될 수 없다. 그래서 34조에 정해지지 않은 규모의 대체 불가능성이라는 액수가 더해져야 한다.

사회적 자산

지역사회와 문화적 자산들의 가치는 자연 자산의 가치보다 연구가 이루어지지 않았다. 그렇지만, 몇 가지 사례들을 검토하면서 그 헤아릴 수 없는 가격표의 의미를 알 수 있다.

누구에 의해서도 소유되지 않는 인터넷은 1990년대 초 이래로 미국 경제에 엄청난 기여를 해 왔다. 그것은 수많은 새로운 거대 기업들(그중 몇 가지만 꼽아 봐도, 구글, 아마존, 이베이)을 산출했고, 현존 기업들의 판매고와 효율성을 높였으며, 교육, 문화, 정보 교환을 늘렸다. 이 모든 것은 값어치가 얼마나 될까?

시스코 시스템Cisco System과 텍사스 대학은 인터넷이 2000년에 8천 300억 달러의 수입을 발생시켰다는 연구 결과를 발표했다. 인터넷의 자산 가치가 그것이 해마다 발생시키는 수입의 17배라면, 14조 달러에 달하는 가치가 추정된다.(2000년 이후, 엄청나게 증가했음에 틀림없다.)

또 다른 귀중한 사회적 자산은 주식시장, 법률, 그리고 미국인들이 주식을 쉽게 거래하게 해 주는 통신 매체들의 복잡한 시스템이다. 이렇게 사회적으로 창조된 '유동성 자금'이 주식시장 자본화의 30퍼센트를 차지한다는 것을 감안하면, 2006년에 그 가치는 대략 5조 달러에 달한다. (만약 그렇게 많은 주식이 소유자가 미국인 전원인 뮤추얼 펀드에 투자된다면, 보통 가구는 4만 5천 달러 더 부유해질 것이다.)

영리 경제 밖에서 작동하고, 그래서 공유재의 일부가 되는 비영리적 문화 활동 역시 미국 경제에 수조 달러를 불어넣는다. '예술을 위한 미국인들Americans for the Arts'의 2002년 연구는 비영리적이고 문화적인 활동들이 가구 수입에서 890억 달러와 세금 수입에서 240억 달러를 포함하여, 해마다 1천 340억 달러의 경제적 가치를 발생시킨다는 것을 밝혀냈다. 여기에 17을 곱하면 미국인의 문화 자산 가치는 2조 달러를 넘어선다.

이 세 가지 사례만으로도 대략 20조 달러가 추가된다. (과학적이고 기술적인 지식, 법률적이고 정치적인 시스템, 대학들, 도서관들, 회계 방식들, 그리고 수송 기반을 포함하여) 다른 사회적 자산들의 긴 목록은 우리의 사회적 자산이 그 규모에서 자연 자산의 가치와 비교할 만하다는 것을 말해 준다.

미국 내 공유재에서 제공된 자연 자산과 사회 자산 각각에 34조 달러를 합산하면, 개인 재산 전체(주식, 채권, 부동산 등등)보다 더 많아진다. 개인 재산은 2007년에 미국 인구 조사국에 따르면 58조 달러에 달한다. 이는 우리의 공유재와 개인 재산 사이에 두 가지 중요한 차이점이 있다는 것을 말한다.

여러분이 다른 사람의 지갑에서 10달러를 훔친다면, 싸움에 휘말릴 것입니다. 그러나 여러분이 어떤 사람과 그의 자손들이 공동 소유한 공유재에서 수십억 달러를 훔친다면, 그 사람은 알아차리지도 못할 수 있습니다.

월터 힉켈, 전 알래스카 주지사

●우리의 개인 재산은 공유재 자산의 희생을 대가로 (재산권, 기업, 로비스트 등으로) 탁월하게 조직되어 확장된다. 반면에, 우리의 공유 자산은 형편없이 조직되어 있고, 사적 취득에 취약하다.

●대체로 극소수가 소유한 우리의 개인 재산은 그 소유자에게 현금 배당금을 지불한다. 모두가 소유자인 공유 자산은 그렇지 않다.

'우리'라는 힘

줄리 리스타우, 알렉사 브래들리

> "나me"에서 "우리we"로 전환이 실현될 가능성은
> 사람들의 열망에서 나온다.

수많은 지역사회 프로젝트 경험을 통해, 우리는 현대사회가 시장 정신에 얼마나 깊이 젖어 있는지를 알게 된다. 시장 근본주의가 대다수 미국인들이 세상을 바라보는 렌즈로 남아 있는 한, 지역사회에서 위협에 맞닥뜨린 실제 공유재를 되살리기 위한 노력은 말할 것도 없거니와, 사람들이 공유에 기초한 사회를 계획하는 것조차 매우 어려울 것이다.

이러한 깨달음 속에서, 우리는 어떻게 하여 사람들의 사회적, 정치적, 심지어는 개인적 의식마저 사회를 조직하는 유일한 효율적 체계로서 시장에 대한 믿음에 길들여지는지 검토해야 하고, 공유에 기초한 사고들을 도입하기 위한 출발점의 세부 항목들을 찾아야만 한다. 미국 중서부의 시민 단체 성원들과 지역사회 조직가들이 함께 모인 일련의 공유재 워크숍에서 발견한 몇 가지 중요한 요소들이 아래 있다.

우리는 우리가 먼저 인식하지 못하는 어떤 것을 보호하지는 못한다. 보이지 않고 이름을 갖지 못한 것들은 거의 아무런 반대

없이 고갈되고 전용될 수 있다. 이러한 것들을 공유재로 확인하고 이름을 붙이는 일은 그들에게 중요성, 가치, 그리고 합법성이라는 새로운 의미를 부여한다.

워크숍에서, 우리는 수많은 공유재 상실이 거의 눈에 띄지 않은 채 이루어져 왔다는 사실에 주목하고, 다음과 같은 의문을 제기했다. 무엇이 사람들로 하여금 공유재를 볼 수 있게 해 주는가? 공유재 안에서 우리의 관계나 이해관계를 표현하기 위하여 우리는 어떤 언어를 필요로 하는가? 이것은 어떻게 해서 시장 패러다임이 인간 창의력의 절정으로 우리에게 받아들여져 왔는지에 관해 토론하도록 자극한다. 그리고 그것은 어떻게 사람들에게 세상에 대한 대안적인 견해를 제공할 것인지에 대한 탐구로 이어진다.

공유재 되찾기

모든 사람은 공유재와 관계를 맺으며 공유재의 안녕에 이해관계를 갖는다. 우리는 먼저, 우리 모두에게 속한 것들이 있다고 선언하고, 그다음으로 우리 자신을 우리 주변에 있는 다양한 모든 공유재들의 보호자, 지지자, 심지어 공동의 창조자로서 간주하면서 공유재에 대한 권리를 주장한다. 이것은 환경 자원, 지역 사회 기구, 온라인 운동, 그리고 사회적 성취 들을 포함한다.

'우리we'라는 정신은 공유재의 심장에 존재한다. 그것은 우리 모두가 내면에서 깊이 인식하고 있는, 되살리고자 하는 힘이다. 그러나 우리는 이 '우리'로부터 분리되어 있음을 느낀다. 우리의 일상 세계는 다른 작동 지시에 의해 굴러간다. 나I, 나me, 나의 것mine, 이것은 나의 성공, 나의 건강, 나의 생존이다. 우리는 협력적인 상상력의 가능성이 막혀 있음을 느낀다. 우리는 '우리'를, 즉 공유재를 재발견하려고 갈망하는 집합적인 무의식을 공유하고 있다.

패러다임

현대 문명이 아주 오랫동안 인간 사회의 중심이었던 공유 생활방식으로부터 얼마나 멀리 표류해 왔는지를 깨닫는 것은 불쾌한 일이다. '우리'라는 의식은 공격받아 왔으며, 조금씩 무너져 왔으며, 잊혀 왔다. 물론 다시 과거로 되돌아갈 수는 없다. 하지만 우리가 무엇을 잃어버렸는지, 그리고 그것이 지금 우리에게 어떤 영향을 미치고 있는지 고찰하는 것은 중요하다.

"패러다임 전환"이라는 말을 대중화시킨 과학사가 토머스 쿤은 패러다임을 "일정한 공동체에 의하여 공유된…… 논쟁의 여지가 없는, 무의식적으로 수용된 진리들의 집합으로서 신념, 가치, 기술 등등을 전부 갖춘 완전한 배열"로 정의한다. 계속해서 그는 더 이상 우리에게 기여하지 못하는 깊숙이 박힌 낡은 패러다임의 신념에서 벗어나기 위하여 전환을 필요로 하는 극적인 사상 혁명으로 설명을 이어 간다.

이러한 사고를 시장에 기초한 사회와 현재 출현하고 있는 공유에 관한 사상에 적용한다면 어떤 일이 일어날까?

한 워크숍에서, 참여자들은 우리가 공유재로부터 일탈하게 되는 방식을 묘사하는 방식으로 식민화colnonization라는 개념을 생각해 냈다. 우리의 문화는 시장 패러다임에 흠뻑 적셔져 있다. 소비자, 소유권, 사적인 것, 값어치, 그리고 이윤이라는 개념은 우리가 우리 자신, 서로에 대해 맺고 있는 우리의 관계, 그리고 우리가 부닥치는 모든 것에 대하여 생각하는 방식을 특징짓는다. 그것은 관계를 맺고 의미를 발견하는 다른 모든 방식을 대신한다.

식민화는 한 집단을 또 다른 집단이 총체적으로 경제적·사회적·문화적 지배를 하는 것을 뜻한다. 그것은 자연스럽게 거대한 규모의 도둑질과 억압을 정당화하는 신념 체계-하나의 패러다임-를 주입한다.

시장 패러다임은 사람들의 삶에 가해진 손해를 불가피한 것으로 정당화하고, 또 다른 방식으로 살 가능성을 순진하고 낭만적인 것으로 물리쳐 버린다. 공유재는 시장 패러다임의 힘 아래서 끊임없이 서서히 무너져 가고, 우리의 시야에서 결국은 사라져 간다. 시장 패러다임의 완전한 지배를 받아들이는 가운데, 사람들은 공유재가 지탱해 주는 그들 자신의 일부를 무의식적으로 포기하고 만다.

상상력 = 희망

공유재 패러다임이 점차 시장 패러다임을 능가하면서, 현재의 삶을 위한 근본적인 구조가 된다면, 어떤 일이 일어날 것인지 상상해 보자. 쉽지는 않다. 우리의 습관적인 사고로부터 도약이 요

지역사회 정원 만들기는 사람들이 함께하면서 생기는 보람을 함축해서 보여 준다.

구된다. 또한 우리가 사회의 진정한 변화를 추구하지 못하도록 막고 있는 억제된 우리의 상상력에 균열을 수반한다.

하지만 우리는 사람들이 그들의 가족, 지역사회, 그리고 나라에 관한 이야기에서뿐만 아니라 그들 자신의 삶에서 공유재 경험들을 확인하고 가치를 부여하는 것을 발견해 왔다. 공유재는 (비록 대체로 잊혀졌다 할지라도) 상상할 수 있는 현실이며, 단지 이론적인 개념에 그치지 않는다. 공유재 관점을 쾌히 받아들일 수 있는 우리의 능력을 다시 일깨우는 것은 가능할 듯하다.

공유재 패러다임의 잠재력을 탐색하는 일은 단지 정책과 프로그램을 공식화한다는 의미뿐 아니라, 우리의 감정과 기억을 발굴한다는 의미도 있다. 기억하는 일은 우리가 어떻게 살아가고 어떻게 번영을 이룰 수 있는지에 관한 새로운 이야기를 발굴하기 위해 잃어버린 정보를 찾아내는 데서 사용할 수 있는 첫 단계의 일이다. 종종 말해지듯, 우리는 과거로 돌아갈 수는 없지만, 미래를 위한 새로운 방향을 수립하기 위하여, 과거를 발판으로 삼고 복구하고 이용할 수 있다.

낡은 이야기에 도전하기

낡은 시장 패러다임이 우리에게 무엇이 가능한지 또 무엇이 가능하지 않은지에 대해 알려 주는 것들을 이해하고 있어야만, 새로운 공유재 패러다임이 출현할 수 있다. 머릿속에 넘쳐 나는 이 낡은 이야기에 관해 자주 생각하지는 않는다 하더라도 그러한 낡은 이야기는 우리의 전반적 사고에 놀라울 만큼 견고한 통제를 결코 풀지 않고 있는데, 그 방식들은 다음과 같다.

- 우리의 가치는 경제적 상태에 의하여 결정된다. 미래에 대한 희망은 더 많은 재화와 용역을 구입하기 위하여 더 많은 돈을 버는 것에 속박되어 있다.

- 사회에는 최고의 승자들과 안타까운 패자들이 있기 마련이다. 승자들은 정정당당하게 부를 획득했다. 살아오면서 자신의 기대를 충족시키지 못했다면, 그 잘못은 주로 자신에게 있다.

- 우리는 모두 혼자서 살아간다. 경쟁은 사회를 움직이는 유일

하게 효율적이고 합리적인 방식이다. 따라서 성공하고자 한다면, 도움을 기대하지 마라. 노력하면 해낼 수 있다.

- 소득이 낮은 사람들이 책임을 물어야 할 대상은 대체로 자기 자신이다. 그런 사람들을 경계해야 한다. 그들은 다른 사람이 가진 것을 원하면서도 기꺼이 일하려 하지는 않는다.

- 정부의 경제 개입은 받을 가치가 없는 사람들에게 보상을 해 주는 경향이 있다. 그 때문에 사회 전체가 약화된다.

- 무한한 경제성장은 강한 경제의 척도이다.

- 경제적 활력은 환경적으로 건강한 것보다 더 중요하다.

- 검약과 환경보호는 사실상 우리의 미래에 중요하지 않은 시대에 뒤떨어진 덕성이다.

- 어느 누구와도 당신의 봉급이나 경제적 지위에 대해 말하지 마라. 어떤 상황에서도 부적절한 행동이다.

이러한 낡은 이야기는 우리를 고립시키고, 수치스럽게 하고, 두렵게 한다. 그리고 가장 중요한 점은 우리를 침묵하게 한다는 것이다. 우리는 문제에 대한 공통의 해법을 찾기 위하여 다른 사람들과 연대하지 않는다. 우리는 사물들이 존재하는 방식에 도전하지도 못하고, 변화를 만들기 위해 다른 사람들과 결합하지도 못하는 무력감을 느낀다.

새로운 이야기 찾아내기

느리지만 꾸준하게, 공유재와 연관된 멋진 생각들이 세계 곳곳에 있는 작은 그룹들 사이에서 뿌리를 내리고 있다. 이 모든 것들로부터, 우리를 미래로 안내하는 새로운 이야기의 탄생을 목도한다. 그것은 어느 정도 다음과 같이 요약될 수 있다.

- 우리는 낡은 시장 패러다임이 우리를 규정하는 것보다 더 남을 배려할 줄 알고 나눌 줄 아는 좋은 사람들이다.

- 거의 모든 면에서, 시장에 기초한 사회는 약속을 이행하지 못했다. 부를 축적한 "승자"들조차 대체로 행복감이나 성취감을 체험하지 못한다. 그들은 계속해서 더 많은 돈을 필요로 한다. 그리고 나머지 사람들은 불안해하고, 지치며, 불안정하고, 서로가 단절된 느낌으로 남겨진다.

- 낡은 경제 이야기는 우주의 자연적인 질서가 아니다. 우리는 우리를 분리시키기보다는 하나로 모아 주면서 모두를 지켜주는 경제를 창조하기 위하여 협력할 수 있다. 우리는 장시간 일하거나, 의미 없는 노동을 하거나, 가난한 사람들을 위협으로 여기지 않은 채로 안심할 수 있다.

- 정부와 시장이 공유재를 줄이기보다는 늘리는 방식으로 작동한다면, 우리의 삶에 긍정적인 공헌을 할 수 있다.

- 대다수가 이 사회에서 가치 있는 역할을 할 수 있으며, 아무도 경제로부터 추방되어서는 안 되며, 빈곤 속에서 살아가도록 강요받아서도 안 된다.

- 자연환경을 복구하고 지구를 살리는 데 필요한 조치들은 지역사회를 실질적으로 강화해 줄 것이고, 우리 삶의 가치를 떨어뜨리기보다는 끌어올릴 것이다.

- 모두에게 골고루 돌아갈 만큼은 충분하다. 빈곤의 반대는 부가 아니라 충족이다.

- 우리 모두에게 속하는 수많은 귀중한 자산들이 있다. 따라서 공평한 세상을 만들기 위해서는 그것들이 지속 가능한 방식으로 사용되어야 한다.

사람들의 근원적인 갈망에 다가가기

하지만 이렇게 밝은 공유재의 미래는 결코 보장되어 있는 게 아니다. 사유화가 급격하게 속도를 높이면서 사람들의 삶에서 공유재를 체험하는 양이 줄고 질이 떨어지게 되었다. 그리고 현실의 삶이 공유재와 긴밀한 연관을 맺지 못하고 멀어질수록, 공유 관점에서 사고하고 공유가 21세기에 관련된 어떤 것에든 이르게 된다고 믿는 능력마저 쇠퇴하고 있다.

하지만 오늘날, 세계에서 공유재가 줄어들면서, 끊임없이 공유재는 우리 안에서 갈망으로 살아나고 있다. 그 갈망은 우리를 지탱해 주는, 사람들 및 자연 세계와 좀 더 깊은 유대 관계를 맺고자 하는 충족되지 않는 요구이고, 삶에는 사고파는 것 이상의 무언가가 있다고 말하는 우리 의식의 깊은 곳에서 나오는 끈덕진 외침이다.

랍비 어윈 쿨라는 이것을 인간이 가진 우주적 속성이라고 설명한다.

"우리의 갈망들은 삶을 생성한다. 욕망은 생명을 준다. 우리는 가장 심오한 의문들의 대답을 찾기 위하여 그것을 얻으려고 애쓴다. 가장 근원적인 갈망을 발견할 때, 삶은 구원과 행복을 찾는다. 고생과는 상관없이, 우리의 동경은 축복의 길이 된다."

실케 헬프리히

전 대륙에 있는 공유자들을 연결하기.

실케 헬프리히가 세계 여행에서 배운 게 한 가지 있다면, 그것은 공유재들의 비교 문화적 매력이다. 독일에 소재한 하인리히 뵐 협회Heinrich Boll Foundation의 멕시코시티 사무실에서 1999년부터 2007년까지 소장으로 일한 헬프리히와 그녀의 동료들은, 2006년에 라틴아메리카와 북아메리카, 그리고 유럽의 공유자들이 다 함께 모이는 최초의 중대한 국제회의를 열었다.

그 행사는 시골 농부, 자유 – 문화 옹호자, 유전자 조작 곡물 반대자 들이 공유재에 관한 공유된 시각을 벼릴 수 있는 보기 드문 모임이었다. 그들 대부분이 파괴적인 신자유주의적 무역 정책, 공적 서비스의 민영화, 정부 보호의 규제 완화로부터 개인적으로 고통을 당하고 있었다. 그들의 지역사회도 사람들의 생계와 지역의 생태계를 죽이는 토지와 농작물의 사유지화를 겪고 있었다. 그러한 환경에서, 공유재에 관한 언어는 완전히 뜻이 통한다.

라틴아메리카와 유럽에서 일하면서, 헬프리히는 공공재common good의 전략적인 가치를 강조한다.

"다섯 개 기업이 음악 산업에서 저작권의 90퍼센트를 통제합니다."라고 헬프리히는 말한다. "어떤 분야를 고찰하든지 간에, 우리는 집중이라는 현상에 직면합니다. 지배의 집중, 돈의 집중, 그리고 권력의 집중. 이러한 집중의 과정은 공유지의 생명력과 다양성에, 그리고 공유지에 대한 모든 사람의 이용 권리에 직접적인 영향을 미칩니다."

지금은 자신이 태어난 독일에 살면서, 헬프리히는 공유지에 관해 논하는 일이 가진 전략적 가치를 설명하기 위하여 활동가, 학자, 기업인, 그리고 정치인 들과 접촉한다. 또한 선구적인 공유지 이론가, 최전선의 활동가 들과 만나면서 유럽 도처를 여행한다. 그녀는 독일어로 된 블로그 www.commonsblog.de에서 공유지 발전에 관한 가장 최근의 소식을 게시하고 있으며, 2008년 《누가 세상을 소유하고 있는가? 공유지의 재발견》을 출간했다.

공유지가 헬프리히에게 이치에 와 닿은 것은 유산자와 무산자, 소유자와 비소유자, 그리고 공적인 것과 사적인 것에 대한 고전적 구분을 넘어서게 해 주기 때문이다. 헬프리히에 따르면, "공유지는 잃어버린 세 번째 요소에 관련되는데, 그것은 바로 활동적인 참여자, 공동 소유자, 그리고 지역사회의 시민으로서의 사람들, 그리고 우리 모두가 다 함께 공유하는 자원에 대해서도, 서로에 대해서도 책임감 있는 관계를 맺는 사람들이다."

데이비드 볼리어

사회적 관습의 힘에 접속하자

행복한 사회를 창조할 때 법보다 비공식적 규범이 더 잘 적용된다.

사회적 관습은 우리 삶에서 강력한 힘이며, 우리의 행동을 변화시킬 때 법보다 더 효과적인 경우가 많다. 대부분의 사람들은 자신이 저지른 제한속도 초과에 대해서는 거의 신경 쓰지 않으면서도(그것은 분명히 불법이다.), 종업원에게 팁을 적게 주는 구두쇠로 여겨지는 것은 싫어할 것이다.(그것은 완전히 합법적이다.)

조너선 로는 사회적으로 중요한 목적을 달성하기 위하여 이러한 공유재 형식을 활용하자고 제안한다.

"정부가 좀 더 좋은 연비를 가진 신차로 자기의 낡은 차를 바꾸는 사람들에게 감세 혜택을 주는 대신, 가솔린 소비가 일정한 양만큼 줄어들 경우 모든 사람들에게 환불을 해 주면 어떨까? 우리가 연료 소비가 많은 이웃의 SUV 차량들을 다른 방식으로 바라보게 된다면, 결국 그들도 마찬가지로 그렇게 될 것이다."

"공유에 기초한 이러한 접근은, 현재의 개인적인 보조금들과는 달리, 우리가 모두 함께한다는 자각을 강화할 것이고, 우리에게 좀 더 보탬이 되도록 작용할 것이다."

제이 월재스퍼

3장

오늘날의 공유재 이야기

7월 15일

제이 월재스퍼

상호 의존성 선언

식당으로 걸어 들어가 보자. 종업원이 곧바로 물 한 잔을 가져올 것이다. 이 행위에서 우리는 물이 우리 모두가 공동으로 소유하는 생명을 주는 자원으로 인식되고 있음을 알 수 있다. 우리가 목을 축일 수 있도록 물 한 잔을 제공받는 것은 자연스럽고 당연한 일이다.

독립 기념일 주말에, 나는 이 상호 의존성interdependence의 전통을 떠올렸다. 우리 가족은 아내의 가족 농장에서 휴가를 보내고 있었다. 그곳은 아이오와 주와 미네소타 주가 만나는 접경에서 북쪽으로 2마일쯤 떨어져 있다. 7월 15일 매우 이른 아침, 나는 구역을 한 바퀴 돌기 위해 자전거에 올랐다. 중서부 시골에서의 측정으로 보면, 그 구역은 4마일을 가는 상쾌한 여정이었다. 태양이 옥수수 밭에서 황금빛으로 빛나고, 자갈을 깐 오솔길을 따라 키 큰 풀들 사이로 나비들이 날아다니는, 아름다운 아침이었다. 나는 동쪽에 보이는 높이 솟은 곡물 창고를 길잡이별로 삼아, 계속해서 페달을 밟았다.

마침내 그 곡물 창고가 서 있는 200년쯤 된 아이오와의 작은 마을 레이크Rake에 도착했을 때, 나는 예상보다 훨씬 더운 날에 생각보다 훨씬 멀리까지 달려왔다는 것과 물 한 병을 챙겨 오는 것을 깜빡했다는 사실을 깨달았다. 나는 바싹 목이 탔다. 혀가 마치 여름 볕에 버려 둔 낡은 천 조각처럼 느껴졌다.

　나는 물 한 잔을 얻으려고 주유소나 식당, 혹은 아이스크림 가게를 찾아 돌아다녔다. 그러나 연휴 주말에 그렇게 일찍 문을 연 가게는 없었다. 마침내 전에는 주유소였다가 어떤 회사 건물로 바뀐 곳에서 탄산수 자동판매기를 발견했다. 아, 살았다!

　지금 나는 병에 든 물에 반대하는 모든 환경 정의와 사회정의를 외치는 주장들을 잘 알고 있으며 절대적으로 동의한다. 병에 든 물은 공유재 사유화의 강력한 상징이다. 하지만 그 시점

아이오와의 시골로 떠난 아침 한나절 동안의 자전거 여행이 우리가 공유하는 것들에 대해 감사하는 마음을 새삼스럽게 일깨워 주었다.

에, 나는 위험하다고 느낄 정도로 목이 말랐다. 나는 오아시스를 발견한 사막의 방랑자처럼 자동판매기를 향해 내달렸다. 지갑을 열고 감격스럽게 1달러를 투입했다. 그런데 기계는 나의 첫 번째 지폐를 거부했다. 그리고 두 번째 지폐도 거부했다. 심지어 빳빳한 새것이었는데도 말이다. 세 번째 것은 거의 넣자마자 뱉어 냈다. 네 번째 것 또한 마찬가지였는데, 그게 내가 가진 마지막 지폐였다.

그다음, 내가 뭘 했겠는가? 내 일차적 충동은, 그 기계를 넘어뜨리고, 자전거의 핸들을 이용해 그걸 부수어 연 다음, 탐욕스러운 기업 세력에 맞서는 영웅적인 저항 행위에 나서 마을 모든 사람들에게 물병을 공짜로 나누어 주는 것이었다. 그러나 곧바로 그 웅대한 계획으로 인해 그 기계보다는 내 자전거가 더 막대한 피해를 입게 되리라는 것을 깨달았다. 엉망으로 망가진 자전거를 밀면서 장인의 농장으로 걸어서 돌아가는 지루하고 무더운 여정이 되리라는 것도 쉽게 알 수 있었다.

물 한 잔에 담긴 시민의 덕성

물은 공짜라는, 미국인의 훌륭한 윤리를 떠올린 것은 바로 그때였다. 아무나, 심지어 땀투성이 외지인일지라도, 청량한 물 한 잔을 거부당할 리는 없을 테니까 말이다. 레이크에 사는 관대한 사람들은 시민적 미덕의 표지로서 자부심을 느끼면서 내게 물한 잔을 제공할 것이다. 얼음을 띄워 줄 수도 있고, 어쩌면 레몬 한 조각까지 얹어 줄지도 모른다고 나는 상상했다.

단 한 가지 문제점이 있다면 나른한 토요일 이른 아침에 거리가 완전히 버려졌다는 것, 바로 그것이었다. 그리고 나는 모르는 사람의 현관문을 두드릴 만큼, 특히 사람들이 아직 잠옷 바람일 가능성이 매우 큰 상황에서 공유재 이론을 실험할 만큼 준비가 되어 있지는 않았다.

공유재를 발견하는 것은 현미경의 발명과 비슷하다. 갑자기 우리는 거기에 쭉 있었던 것을 볼 수 있다.

제이 윌재스퍼

몇 분간 페달을 밟으며 시내를 돌던 중, 드디어 여행을 떠나려고 차에 짐을 싣고 있던 한 남자를 발견했다. 그러나 그 사람은 내가 시선을 끌기도 전에 다시 안으로 들어가 버렸다. 나는 그 구획을 네 바퀴나 돌면서 여전히 열려 있는 트렁크에 실은 다른 가방과 함께 그가 돌아오기를 희망했다. 그러나 그는 딴 일을 하느라 여념이 없었다. 우정 넘치는 작별 인사일 거라고, 나는 그렇게 추측했다.

몸에서 힘이 빠지기 시작하는 느낌이 들었다. 전략상의 전환이 요구되는 시점이었다. 공원은 항상 음료수대가 있다는 판단이 들었다. 따라서 음료수대를 찾아내는 일이 새로운 탐험 목표가 되었는데, 그 목표는 30초 만에 달성되었다. (레이크는 매우 작은 시가지였다.) 공원은 노먼 록웰이 그린 삽화를 아이오와에 옮겨 놓은 것 같은 모습—귀엽고 장난기 어린 아이들이 빠져 있을 뿐이었다.—을 띠고 놀이 시설과 잘 보존된 피크닉 시설을 갖추고 철길 가까이에 있었다. 하지만 음료수대는 보이지 않았다. 어, 그런데 잠깐! 피크닉 시설 측면에 문 두 개가 보였다. 저건 필시…… 그렇지! 화장실이었다. 자전거가 바닥에 넘어지도록 내버리고 전속력으로 달리면서, 나는 요사이 수많은 공공장소들이 그렇듯 레이크의 화장실도 잠겨 있거나 고장이 - 우리 시대의 공유지의 비극이다. - 났을지도 모른다는 걱정이 들었다. 다급하게 문을 열었다. 세면대가 보였다…… 다행히도. 실내에서는 새로 칠한 페인트 냄새가 났다…… 다행히도. 수도꼭지를 돌렸다. 살았다! 나는 수도꼭지에서 한 움큼씩 물을 받아 연거푸 게걸스럽게 벌컥벌컥 삼켰다.

밝은 햇빛 속으로 다시 걸음을 옮기면서, 나는 피크닉 시설 한편에서 부식된 오래된 금속 현판을 보았다. 그것은 피크닉 시설을 복원할 때 도움을 준 주립 환경 보호 위원회와 함께 문화유산 보존과 여가 서비스 부서를 기념하는 것이었다.

정부는 어디서 공유재와 조화를 이루는가?

공유재를 유지하고 지지하는 데서 정부의 역할은 공유에 기초한 사회를 만드는 데 관심이 있는 사람들이 함께 모일 때마다 떠들썩한 주제가 된다. 부상하고 있는 이 운동에 속한 일부 사람들은 자유로운 시민 조직들에서 좀 더 많은 희망을 볼 수 있기를 바라면서, 공유 자산들을 관리하기 위하여 국가가 지원하는 노력들을 회의주의적인 시각으로 바라본다. 다른 이들은 시민 단체들에 의존하기보다는 오히려 공유재에 대한 정부 감독을 많은 경우 실질적인 전략으로 바라본다. 누구도 공유재에 대한 완전한 정부 통제를 옹호하지 않으며 결코 그럴 리 없다. 논쟁은 간단히 말하자면, 정부와 지역사회 책임의 경계가 가장 바람직하게 그어지는 지점에 관한 것이다.

이 경우 이렇게 말하고 싶다. 이들 정부 기관이 레이크 시를 도와 피크닉 시설을 유지할 수 있게 했다는 것과 그리하여 몇 년이 흐른 후 내가 갈증을 해소할 수 있었다는 것이 아주 기쁘다고 말이다. 공원 보수를 위한 자금을 마련하기 위해 레이크의 주민들 스스로 기금 행사를 열거나 자선 복권 판매를 했을 수도 있다. 하지만 누구도 장담할 수 없다. 그렇지 않은 곳들이 수없이 많고, 나는 현재 음료수대가 말라 있고 화장실 문이 영영 잠겨 있는 곳들을 아주 많이 보고 있다.

자전거에 올라 다시 미네소타로 향하면서, 나는 문화유산 부서가 여전히 남아 있는지 궁금해지기 시작했다. 단 한 번도 들어 본 적이 없었던 것이다. 열광적인 민영화와 전국 곳곳의 지역 사회들에 대한 지원을 지속해 줄 연방 예산 삭감 바람이 수년간 몰아치는 가운데서 과연 살아남을 수 있었을까? 농장에 돌아와서 텀블러로 세 잔이나 연속해서 물을 들이켠 다음, 나는 인터넷에서 유산 보존 협회를 검색했다. 내가 가진 의혹은 들어맞았다. 로널드 레이건이 1980년대 초에 폐지한 것이다. 그러나 25년 후, 그 웹사이트는 그 부서의 공적을 기억하는 사람들이 올린 찬사들로 가득 차 있었다.

스스로를 자랑스럽게 보수주의자라고 불렀던 레이건 같은 정치인이 "보존과 유산" 활동에 전념하는 프로그램을 공격했다는 것은 슬프게도 역설적이었다. 그러한 가치들은 해마다 독립 기념일이면 축하하는 전통적인 미국 정신의 중요한 부분이다.

그러나 레이크의 피크닉 시설은 오늘도 여전히 말끔하게 페인트칠이 되어 있고 또 수돗물을 공급하면서 좋은 상태를 유지하

고 있다. 정부, 자원봉사, 혹은 공동으로 대처하는 어떤 형태를
통해서건, 공유재의 이러한 작은 전초기지는 유지되고 있다. 우
리는 주립 환경 보호 위원회(역시 그 안내판에서 기리고 있는)나
레이크의 지역 정부나 4 - H 어린이 혹은 고되게 일한 시민 개인
들에게 감사해야 할지도 모른다.

　　그러나 공을 누구에게 돌리든 간에, 나는 시원한 물 한 잔을
들어 올리며 건배하고 싶다. 고맙습니다. 그리고 공유재여, 영원
하라!

필리핀의 빨래하는 날

마을 사람들은 공동체 생활을 약화시키는 "발전"을 경멸한다.

필리핀에서 시골 개발 사업을 하는 내 처남은 자신이 발견한 놀라움에 대해 말했다. 그것은 산
골 마을에서 작동하고 있는 새로운 물 시스템이었다. 프로젝트는 두 단계로 이루어졌다. 먼저
물을 공동의 저장소로 퍼올리고, 다음으로 연결된 파이프를 통해 물을 각자의 집으로 보급한다.
그 시스템은 사람들이 미국인이나 유럽인처럼 집에서 세탁하는 방식이 편리하다고 높게 평가하
리라는 가정하에 만들어졌다. 그러나 두 단계가 완비된 후에도, 마을 여성들은 옷을 빨기 위해
계속 공동 빨래터를 이용했다. 여성들에게 빨래는 단순한 집안일이 아니었다. 그것은 사회적 행
사였다.

이 마을 여성들은 그들이 하는 노동에서 친목을 다지는 부분이 없어지는 것을 원하지 않았다.
이러한 경우에 현대적인 편리함은 고독을 뜻할 수도 있다.

조너선 로

북필라델피아의 어떤 정원

제이 월재스퍼

예술가 릴리 예는 어떻게 이웃들이
상처 입은 지역사회를 일으켜 세우도록 도왔는가.

릴리 예는 북필라델피아에 새로운 정신을 일으켰다. 그녀가
활동을 시작한 1989년에 북필라델피아는 레이거노믹스와 함께
유행병처럼 마약이 만연하면서 도심 슬럼가에 큰 타격을 입은
상태였다.

생활고와 싸우는 아프리카계 미국인 이웃들 사이에서 변화를
일으키기에 릴리 예는, 어떤 면에서도 결코 적합해 보이지 않는
인물이었다. 사회 사업가도 도시 기획가도 아니었으며, 경제 발
전 전문가도 아니고, 돈 많은 자선가나 정치적 영향력이 막강한
로비스트도 아니었을뿐더러, 기업 임원도 아니었다. 그녀는 타
이완에서 사회적으로 저명한 가족의 일원으로 성장했다. 펜실베
이니아 대학에 가려고 미국에 왔고, 결국 필라델피아 대학 예술
학부 교수가 되었다. 북필라델피아의 험악한 거리들은 아시아,
아이비리그, 예술 학부 출신이라는 배경을 가진 사람이라면 누
구에게나 달의 뒤편만큼이나 낯선 풍경이었음에 틀림없다.

어느 날, 릴리 예는 그 지역에 있는 친구의 댄스 연습실에 방

문해 그곳 상태를 보고 충격을 받았다. 2차 대전 말기의 폭격 맞은 도시들의 사진을 떠올리게 하는 흉물스러운 건물들과 잡석들이 여기저기 널려 있는 공터들…… 그녀는 어디서부터 손을 대야 할지 알 수 없었다.

하지만 그녀는 뭔가 해야만 할 일이 있다고 느꼈고, 손수 쓰레기를 치우기 시작했다. 이것은 바로 "이 정신 나간 중국인 여인네"가 뭘 하려 하는지 궁금해하는 현지 아이들의 눈길을 끌었다. 오래지 않아 아이들의 부모들 또한 그녀를 지켜보게 되었고 예는 자신의 삶에서 가장 중요한 예술 프로젝트에 필요한 협력자들을 만났다는 것을 깨달았다. 그녀가 그 지역으로 끊임없이 되돌아갈 때면, 이웃들의 숫자는 점점 늘어나 함께 공터를 치우고, 벽화를 그리고, 예술 공원을 만들어 가면서, 날로 발전하는 그녀의 계획에 동참했다.

예술과 인간애가 넘치는 마을

그로부터 20년, 이 지역은 여전히 가난하지만 미래를 위한 희망의 원천이 가득한 '예술과 인간애가 넘치는 마을'로 보인다. 그것은 작은 예술 공원이 손에 잡히는 부흥의 상징이 되었다는 것이다. 예술 공원은 과거에 방치되어 있던 120군데가 넘는 공터들을 망라해서 벽화, 조각 공원, 모자이크, 꽃밭, 지역사회 정원, 운동장, 공연장, 야구장, 미술 연습실로, 그리고 심지어 나무 농장으로까지 변신을 이루었다.

그 마을을 '세계의 멋진 공공장소 프로젝트'에 추천한 캐서린 매카시는 "지역사회 전체가 공간 활용에 참여한 것처럼 보인다."고 평했다. "우리가 공원 중 하나를 찾으러 거리를 따라 걷는데, 옆에서 걷고 있던 한 남자가 공원 가는 길을 가르쳐 주면서 공원의 역사에 대해 알려 주었어요. …… 그리고 그곳이 자신이 속한 지역사회의 일부임을 자부심이 가득한 목소리로 이야기하더군요. 우리는 조각난 타일과 거울로 만들어진 벤치에 앉았어요. …… 건너편에 앉은 여인네들이 웃으며 손을 흔들어 주었어요. 숨바꼭질을 하던 아이들이 달려와 우리더러 숨겨 달라고 했어요. …… 낯선 곳에서 그보다 더 환영받는 느낌을 받은 적은 없었던 것 같아요."

인근의 건물 여섯 동은 마을의 예술 프로젝트를 위해 작업 공간으로 수리되었다. 데이케어 센터가 세워지고 버려진 집들은 고쳐졌다. '함께 하는 번영'이라는 새로운 마을 운동은 북필라델피아의 경제적 가능성을 진작시키려는 시도이다.

매년 주민들은 연례 연극 축제를 고대한다. 현지의 젊은이들이 직접 쓴 극본이 연극으로 상연되기를 바라는데, 그중 몇 개는 나중에 애틀랜타, 뉴햄프셔, 멕시코, 아이슬란드 같은 먼 곳에서도 공연된 몇몇 작품도 포함되어 있다. 가을에는 쿠젠가 파모자 Kujenga Pamoja, ("우리가 함께 세운다"는 의미의 스와힐리어)가 열린다. 그 축제는 직업 훈련 프로그램에서 일하면서 여름을 보내고 있는 청소년들을 위해 정성 들여 마련한 성인식으로 마무리된다.

〈예스!〉지와의 인터뷰에서 릴리 예는 "내가 깨닫게 된 것 중 하나로 가장 설득력 있는 이야기는 우리가 …… 우리 눈앞의 환

경을 바꿀 때, 우리 인생에 변화가 시작된다는 것입니다."라고
말했다.

예의 견해는, 마을 프로젝트를 위한 모자이크를 만드는 데 참
여하여 마약을 끊은 제임스 "빅 맨Big Man" 맥스턴의 말에 의해
뒷받침된다. 맥스턴은 기초적인 벽돌 공사 기술과 창조적으로
모자이크를 만드는 훈련을 지역의 아이들 수백 명에게 가르치
는 일을 계속했다. 2005년에 세상을 떠나기 전, 그는 "스스로를
믿도록 가르침을 준" 예에게 공을 돌리며, "나는 22년간 마약에
중독되었던 마지막 끝에서 현실로 되돌아갈 길을 찾고 있던 지
역사회의 길 잃은 영혼이었으며, 가족으로부터도 단절되어 있었
다."고 회상했다.

'예술과 인간애가 넘치는 마을'은 북필라델피아 주민들이 자

'예술과 인간애가 넘치는 마을'의 한 모자이크 작품 앞에 선 릴리 예의 모습. '예술과 인간애가
넘치는 마을'은 도심 빈민가에 새로운 희망을 가져다준 마을 프로젝트이다.

신이 사는 집에 대해 가지고 있던 사고방식도 변화시켰다. 지역이 사람들이 모일 수 있는 안전한 공공장소들로 되어 가면서, 마을 자체의 정신과 의미가 저절로 자라났다. 나아가 다른 사람들이 오늘날 그 지역을 바라보는 눈을 변화시켰다. 펜실베이니아 예술 협회 회장 필립 혼은 그것은 "'이 지역 사람들에게는 뭔가 문제가 있다.'에서 '이 지역 사람들에겐 아무런 문제가 없다.'로 지역사회에 관한 인식을 변화시켰습니다."라고 말했다.

지역사회를 세우는 예술

마을 프로젝트를 지역 사람들의 손에 맡기고, 현재 릴리 예는 '맨발의 예술가들Barefoot Artists'을 세웠는데, 콩고, 케냐, 조지아, 중국, 에콰도르, 타이완, 이탈리아, 그리고 코트디부아르에서 분투 중인 지역사회들을 돕기 위해 '예술과 인간애가 넘치는 마을'의 경험을 활용하고 있다. 그녀는 '르완다 치유 프로젝트the Rwanda Healing Project'의 설립자로서 르완다에서 많은 시간을 보내 왔다. 프로젝트를 통해, 대량 학살을 초래한 내전으로 산산이 찢어진 지역사회에서 평화와 아름다움을 회복시키기 위하여 어린이들과 함께 일한다.

북필라델피아에서의 활동을 돌아보며, 예는 상기한다. "상처, 가난, 그리고 도심가의 범죄를 볼 때마다, 한편으로는 변화와 재생에 필요한 엄청난 잠재력과 만반의 태세가 보입니다. 우리는 마음에서 우러나오는 예술 형식을 창조하고 있고, 사람들 삶 속의 슬픔과 고통을 생각합니다. 예술은 기쁨, 아름다움, 그리고 사랑을 표현하기도 합니다. 이러한 과정은 참다운 지역사회의 토대를 놓습니다. 그 안에서 사람들은 가족들과 다시 결합하고, 의미 있는 활동에 의하여 지탱하고, 서로의 돌봄으로 성장하고, 그리고 더불어 자기네 아이들을 기르고 가르칩니다. 그럴 때 우리는 사회 변화가 일어나는 것을 목격하게 됩니다."

블랙 파워는 그린 파워와 잘 맞는가?

마르셀루스 앤드루스

경제학자 마르셀루스 앤드루스와
돈, 권력, 인종, 그리고 공유재

나는 여기저기 순회하며 떠도는 경제학자이자 인문학자이고, 웨슬리, 버나드, 뉴욕 시립 대학에서 오랜 기간 가르친 경력을 가진 교수다. 그 길 가운데 분명히 흑인 운동을 배경으로 가졌지만, 경제적 삶과 정책에 관한 견해는 녹색 경향을 갖게 되었다.

나는 경제 정의에 관한 관심 때문에 지속 가능성의 경제학에 매료되었다. 먼저 아마티아 센, 파샤 다스굽타, 그리고 인도의 경제적 변화의 드라마에 고취된 다른 수많은 눈 밝은 이론가들의 저작을 읽었다. 그리고 다음으로는, 자연 자본

버나드 대학의 교수 앤드루스는 평등과 지속 가능성 사이에 존재하는 긴장을 탐구한다.

에 가치를 부여하면서, 그것이 현재 세대와 미래 세대 사이에서의 효율적 균형뿐 아니라 윤리적 균형을 가져오는 방식으로 사용될 때 수반되는 문제들이 얼마나 복잡하고 큰 규모인지 알게 되었다.

인종으로 갈라진 사회에서의 기회와 위험

다른 무엇보다도 경제학은 복지의 분배에 관한 학문이다. 시장 시스템은 상품, 자원, 권력에 대한 접근을 지불 능력을 가진 사람들에게 한정하면서 작동한다. 내 생각에 공유재 사상은, 특히 인종으로 갈라져 피부색에 따라 기회에 대한 접근과 안전을 분배하는 방식과 관련해 다 닳아빠진 합의를 가진 사회에서는 기회와 위험이 가득 차 있는 것 같다.

허리케인 카트리나는 세상 사람들에게 미국에 사는 흑인들이 부모의 무릎에서 배우는 게 무엇인지 보여 주었다. 그것은 사회에 "공유재"는 없다는 것인데, 공유 자원이나 공유 공간의 실상이란 게 사회의 권력 구조에 비하면 아무것도 아니기 때문이다. 우리의 경제 시스템과 자연의 리듬 사이의 불균형이 만들어 낸 기후변화라는 공유재 위기는 시장과 정치에서 중요시되는 이들과 그렇지 못한 이들의 생활과 살림에 아쉽게도 너무도 심각한 불평등의 위기가 되어 가는 듯하다. 뉴올리언스가 소모품처럼 버려진 것은 가난과 무기력, 그리고 아프리카의 유산이라는 검은 오점을 지니고 있었기 때문이다.

마찬가지로, 효율적이고 현명하게 우리 행성의 자원들을 관리하기 위한 수많은 여타의 제안들에 대해서 나는 (취약하고 보잘 것없고 쓰고 버릴 수 있는) 따돌림당하는 사람들이 가격 결정이나 집단적 환경 위기의 관리를 두고 벌어지는 협상에서 아무런 협상력도 갖지 못한다는 근원적 인식을 떨쳐 내지 못한다. 이론 상으로는, 모든 사람이 온실가스 배출의 감소로 이익을 얻는다. 그러나 약자들은 영원히 강자들과 – 심지어 진보적인 녹색 권력과도 – 다르고 하위에 놓인다. 그들은 여전히 대상으로, 자선이나 심지어는 재분배적 정의의 대상으로 남는다. 그 약자들이 유색인종일 때는, 자비는 약간의 가학성을 드러내면서, 빈약해지고 인색해진다.

미국 권력의 녹색화Greening

분할된 사회에서의 모든 권력이 그렇듯, 그린 파워는 지배자와 피지배자의 요구에 균형을 잡아 줄 것이다. 그러나 그린 파워 – 과학적이고 특별히 생태적이면서 경제적인 이성을 갖춘 공적 혹은 민간 권력의 사용 – 는 엄밀히 말해 자제심과 균형 감각이 치열하기 때문에 다른 권력 형태들보다는 훨씬 더 인도적인 것 같다. 실제로, 그린 파워는 환경 위기를 평가하고 관리하는 보다 나은 방식을 구축하고, 그렇게 함으로써 자연 자본의 파괴를 완화시킨다.

그러나 자원에 대한 개인, 가족, 혹은 각 집단의 접근, 그리고 그로 인해 초래된 발전의 불평등한 규율은 사회의 정치적 실상에 의하여 형성된다. 우리는 정해진 피부색, 계급, 지역, 종교,

그리고 언어를 가진 가족의 성원으로, 지역사회 구성원으로 세상에 태어나면서, 자원과 권력의 지렛대에 접근할 권리를 물려받거나, 아니면 무기력의 심연으로 들어가는 기회를 물려받는 것이다.

보다시피, 나는 시장과 기술에 의하여 추진되는 전 지구적 경제에서 지속 가능성과 평등 간의 관계 설정을 두고 쉽지 않은 싸움을 벌이고 있다. 이제 경제 혁신과 사회 혁신으로 자본주의를 좀 더 깨끗하고 생태적으로 살아 있도록 개조해야 하는 이 경제체제는 한편으로는 사회적 유산과 인종적 유산의 메커니즘이 용납될 수 없는 방식으로 정치적 힘과 사회적 힘을 강화하겠다고 위협하는 곳이기도 하다. 미국 흑인이라는 자각에 의해 단련된 나로서는, 그런 파워가 미국의 인종차별을 뛰어넘는 공평한 공유로 나아갈 것 같지 않다는 사실을 고려하면서 공유지 경제학에 대해 생각한다.

스스로를 공유자라 부르는 이유

해리엇 발로

매일 나는 미니애폴리스에 있는 집을 나서 대기 오염 방지법 the Clean Air Act에 의하여 오염이 방지된 공기 속을 걷는다. 모든 사람을 위한 세금으로 만들어진 보도를 걸을 때, 내 기분은 근처에 있는 넓은 가로수 정원의 아름다움에 들뜬다. 그 그늘 아래 앉아 쉬는 일은 결코 없을 사람들이 심은 나무들이 내 발걸음에 그늘을 드리운다. 나는 우리들 모두의 것인 공중파로 비영리 서비스 방송을 내보내는 라디오에 귀를 기울이며, 공원의 호수 주변을 한가로이 산책한다. 공원은 19세기에 시민 의식이 높은 시민들이 해안선 개발을 막아 내서 조성되었다. 지금까지 언급한 다른 것들과 마찬가지로, 그 공원도 우리들 각자가 책임져야 할 하나의 공유지다.

나는 공공 도서관에 자주 간다. 도서관은 나를 포함해 문을 통과해 들어오는 누구에게나 무료로 개방된 세상의 지적, 문화적, 과학적 정보의 보고이다. 직업상 나는 꾸준히 새로운 지식을 충전해야 한다. 그런 내게, 최상의 도구는 인터넷이다. 도서관과 인터넷 역시 공유지다.

집으로 돌아가는 길에 나는 함께함으로써 운임을 절약하고자 하는 현지 생산자들이 만든 공적 기구인 농부 가게farmers' market에 들른다. 우리 지역의 향토 음식 협동조합에서도 똑같은 기운이 퍼져 있는데, 여기서는 (다른 수천 명과 더불어) 나도 소유자다. 지역사회에서 운영하는 극장과 시민 행사에서도 유사한 분위기가 흐른다. 이들 공유에 기초한 기구들은 우리에게 필수 서비스를 제공하는데, 그중 가장 중요한 서비스는 즐거움이다. 공유재 안에서 살아가는 삶은 단지 문화적, 경제적 부에만 한정되지 않는다. 기쁨도 중요하다.

세계 사회 포럼의 공동 설립자인 브라질 사회학자 칸디두 그지보우스키는 "정의를 위해 일하고 싶다면, 우리는 공유재를 위해 일해야 한다."고 조언한다. 자연에서, 그리고 우리 선조들에게서 온 귀중한 선물을 미래 세대를 위해 지키고 복원하는 것은 공유자로 살아가는 사람에게 가장 숭고한 특권 중 하나이다.

홈타운 챔피언

데이비드 볼리어

캘리포니아의 한 마을 주민들이 함께 힘을 모아
지역사회를 발전시키는 모습

여러분이 캘리포니아의 포인트 레예스 스테이션Point Reyes Station－포인트 레예스 국립공원과 접해 있는 작은 마을－에 있는 토비의 사료 곳간을 지나가게 된다면, 조너선 로를 우연히 만나는 행운을 얻을 것이다. 로는 자신이 공유재 사무소라 이름 붙인 토비의 커피 매장에서 많은 시간을 보낸다. 건초 더미와 닭 사료 부대에 둘러싸인 채, 마을 사람이라면 누구나 허물없이 훼방을 놓는 것도 개의치 않으면서 노트북에 글을 쓰고 인터넷 서핑에 열중한다.

토비의 가게는 포인트 레예스 스테이션 지역사회의 맥을 짚어보기에 적절한 장소다. 동물 사료와 건초를 사러 목장주들이 트럭을 타고 도착한다. 바로 옆 우체국에서 편지를 수령한 후 잡담을 하러 들르는 주민들도 있다. 부모들은 커피 잔을 쥔 채 아이들과 함께 볼일을 본다. 여행객들은 작은 마을의 풍경 속에 앉아 햇볕을 쬔다.

하지만 로는 낭만적 기질을 가진 시골 사람이 아니다. 그는 정력적으로 활동하는 환경에서 많은 시간을 보냈다. 1980년대에는 〈크리스천 사이언스 모니터Christian Science Monitor〉와 〈워싱턴 먼슬리Washington monthly〉 같은 영향력 있는 간행물의 전속 작가였다. 노스 다코다의 브라이언 도건 의원(당시 상원 의원)을 도와 의회에서 일한 적도 있다. 로는 또한 조세 개혁을 비롯한 다른 문제들을 다루며 랄프 네이더와 다년간 함께 일하며 보냈다.

전국을 아우르는 정치와 정책 수립 분야에서 오랜 기간을 보낸 후, 로는 현재 사회 복구와 관련해서 가장 중요하지만 경시되고 있는 원천 중 하나인 마을에 집중하고 있다. 또 한 사람의 지역 주민인 엘리자베스 바넷과 함께 일하면서, 로는 고향의 공유지를 부활시키기 위한 새로운 방식을 탐구하고 있다.

다른 종류의 사회적 변화

워싱턴에서 보낸 시간을 통해, 로는 정치적 권리가 신선한 아이디어 – 그게 아니라면, 최소한 낡은 아이디어를 대신할 신선한 꾸러미 – 에 의하여 소생하는 것을 목격했다. 공유재는 그에게 다른 종류의 사회 변화로 나아갈 수 있는 하나의 세계관으로서 강한 호기심을 불러일으켰다. 그는 "레이건 시대를 겪으면서, 나는 시장 근본주의의 매력을 보았습니다."라고 말한다. "시장 근본주의는 자유에 대해, 창의적 에너지를 동원하는 것에 대해, 그리고 관료제 없이 직접 행하는 것에 대해 말합니다. 주로 논쟁일지라도, 그것은 효과가 있습니다. 좌파에서 일하는 사람들은 그런 게 전혀 없습니다."

로는 시장 문화의 작동과 과잉에 관해 30년 넘게 연구해 왔다. 그의 생각은 지금도 여전히 시기적절한 1995년 평론지의 커버 스토리 기사 내용으로 요약된다. 주류 경제학의 둔한 계산법, 특히 GDP에 관해 평론지 〈애틀랜틱The Atlantic〉에 공동으로 기고했던 기사, 'GDP는 올라가는데, 왜 미국은 쇠락하는가?'는 경제학자들이 경제성장을 진보나 행복과 동일시하는 태도를 고찰했다. 그는 솔직하게 단순한 의문을 제기한다. '패스트푸드와 비디오게임이 확산되는 것이 손수 만든 식사와 친구들과의 사교보다 더 진보로 여겨진 이유는 무엇인가?'

결국 이런 사고의 흐름이 로로 하여금 공유재를 진부한 경제학의 해독제이며, 현대사회를 위한 적극적이고 대안적인 전망을 세우는 방법이라 생각하도록 이끌었다. 언론과 사회운동에서 다년간 활동을 통하여, 로는 법과 경제학이 어떻게 하여 일반적으로 화폐로 규정되는 협소한 영역 밖에 놓여 있는 것들에 주의를 기울이지 못하게 되는지 이해하게 되었다. 그에게, 공유재는 인간 경제에 대해 말하고, 기업적 시장이 충족시키지 못하는 필요에 대해 말할 수 있는 새로운 틀을 제공했다. 언론인으로서 재능과 정치적 식견을 갖춘, 로는 공유재의 존재와 중요성에 주목한 가장 중요한 초기 대변자 중 한 명이다.

하나의 공동체에 공유지를 세우기

3년 전, 바넷은 어떻게 하면 포인트 레예스 스테이션과 이웃하고 있는 마을에서 생성 중에 있는 공유 문화를 발전시킬 수 있을지 방법을 찾아보겠다는 생각으로 로를 만났다. 바넷은 오랫동안 살아온 현지 주민으로, 남편 루퍼스 블런크는 인근의 마을 중 하나인 인버니스Inverness에 있는 숲이 우거진 언덕 꼭대기에 그들이 살 집을 지었다. 부부는 함께 닭을 키우고, 큰 정원을 가꾸고 과일 나무들을 재배하면서, 아이들을 집에서 가르친다.

포인트 레예스 스테이션의 중심가, 운동은 바로 이곳에 있다.

바넷은 요가를 가르치고, 다양한 지역 활동에 참여한다.

우선 바넷과 로는 공유 개념에 대해, 그리고 그것이 어떻게 포인트 레예스 스테이션에 적용될 수 있는지 토론하기 위해 거실을 비롯한 여타 공간들에서 일련의 모임을 조직했다. (그 읍내는 이름난 풍경으로 둘러싸여 있지만, 부분적으로는 그 이유 때문에 마을 자체 내에 공동의 사회적 공간들에 대한 요구가 대수롭지 않게 여겨졌다.) 곧, 다른 지역사회 구성원들과 함께, 그들은 종일 워크숍을 조직해 마을 곳곳을 걸어서 다니며 사회적 공간의 가능성을 분석했다.

"그렇게 걸어 다니면서 사람들은 자신들이 그저 수동적으로 행동하게 된 사람들이 아니라 적극적 행위자로서 스스로의 지역사회를 바라볼 수 있는 힘과 용기를 얻었어요."라고 바넷은 회상한다. 그날의 열정이 서부 마린 공유지West Marin Commons-WMC의 탄생을 재촉했는데, 그 이름은 포인트 레예스를 비롯해 이웃해 있는 마을들이 속한 마린 카운티라는 조용한 시골 변두리의 이름을 따라 붙여졌다. 선언문을 따라, 그 그룹은 "공유 공간들 및 그 안에서 일어나는 삶을 보존하고 강화하기 위하여, 그리고 자원의 공유, 환경보호, 배움을 위한 사회적 기반을 만들어 내기 위하여" 노력한다. 이러한 목표들이 빈곤이나 기후변화 같은, 위협적인 지구적 문제들을 지역적 규모로 설명하는 방식으로도 자연스럽게 이어지는 것은 당연하다.

행동으로 뛰어들기

곧이어 자원봉사자들이 포인트 레예스 스테이션의 많은 프로젝트에서 활동에 착수했다. 그들은 유기농 식품 대형 매장인 토말레스 식품 회사 뒤편의 오래된 리버리Livery 건물 잔디밭에, 토종 캘리포니아 농작물로 대표되는 정원을 만들었다. 그 정원은 방문객들과 주민들이 주변의 국립공원과 주립 공원에서 찾으려 애썼던 그 지역의 자연 역사를 가르칠 기회를 제공했다.

정원에는 또한 재생 목재와 토말레스 만으로 떠내려온 나무를 활용하여 지역의 한 아티스트가 세운 울타리, 나무 그늘 정자도 생겼다. 중심가 뒤편의 메사 로드를 따라, 잔해와 잡목으로 뒤덮여 있던 곳에서 통행 우선권을 되찾기 위하여 그들은 지역 상공회의소 및 카운티와 함께 일했다. 그리고 토종 식물로 조경을 했다. 이제 부모들은 길 건너편에 있는 아이들 놀이터로 안전하게 유모차를 밀고 갈 수 있다. 전에는 차도를 이용해야만 했었다.

현재 서부 마린 공유지는 작은 공원이나 조칼로zocalo(멕시코의 대부분의 마을마다 있는 중심적인 회합 장소)를 만들기 위하여 마을에 빈터를 요청하고 있다. (라틴계 남성들은 웨스트 마린의 주요 참여자들이다.) 그런데 포인트 레예스 스테이션의 이러한 노력은 사유재산이 공유재로서 기능하기 위하여 공적으로 소유되거나 지역사회 조직에 의해 소유될 필요는 없다는 것을 보여 준다. 로는 "포인트 레예스의 가장 좋은 공유지들 중에는 사적 소유도 있다."고 말하면서, 중심가의 보빈 빵집 바깥에 있는 벤치와 토비 소유의 커피 가게를 예로 드는데, 그곳에서 단골들은 판매용 야외 가구에 앉아 쉰다.

사료 곳간의 소유자, 크리스 자코미니는 모금 행사와 지역사회 행사에 이용할 수 있는 장소를 마련한다. 로는 "크리스는 여기서 공유지의 수호성인이에요."라고 말한다. "공유성commonness은 사유재산에 배어드는 기운이죠. 공적인 것과 사적인 것이 늘 대립하는 문제만은 아닙니다."

'자신이 직접 만들자Do-It-Yourself' 윤리의 재조명

공유지를 정부나 공공 섹터의 다른 이름일 뿐이라고 이해하는 사람들에게, 서부 마린 공유지가 포인트 레예스 스테이션의 작은 정부 구성 때문에 부분적으로 함께 일했다는 것을 언급하는 것은 중요하다. 그 마을은 카운티로 편입되지 않은 지역이다. 정부는 선출된 대표 한 명이 구성하는데, 그 사람이 마린 카운티의 자문 위원이 되고, 언덕 양편의 넓은 영역을 포괄하는 구역 소속이 된다. 마을 협회가 지역 발전 제안들을 검토하지만, 그것 말고는 DIY라는 지역사회 특성이 주로 지배적이다. 시정 토론에 필요한 공식 매체가 거의 없는 마을에서, 서부 마린 공유지는 지역사회가 성장할 수 있는 장소, 공간, 사회적 기반 설비를 갖추기 위하여 노력하고 있다. 토비의 가게에서 매 분기마다 열리는 댄스 파티는 지역적 삶의 메트로놈이 되고 있다. 그것이 지역사회를 다시 움직이게 해 주는데, 약간의 즐거움을 갖는 것이 나쁜 영향을 주지는 않는다.

애디론댁 산맥의 가장 작은 영화관

D. 메건 힐리

> 텅 빈 극장이 어떻게 붐비게 되었을까?

뉴욕 주 북부의 인디언 레이크Indian Lake 극장의 토요일 밤. 차기 상영작들의 예고편이 보이면서, 갑자기 소리가 잦아들고 화면이 어두워진다. 나는 영상 기사이다. 서둘러 위층으로 올라가 바닥에 흐트러져 있는 뒤얽힌 필름 더미를 발견한다. 다시 아래층으로 내려가, 당황스러워하는 관객들에게 문제를 해결하기 위해 최선을 다하고 있다고 설명한다. 나의 초조한 심정에도 불구하고, 놀랍게도 모든 사람이 환호를 보내며 용기를 준다.

애디론댁 산맥에 있는 인구 2천 명이 사는 작은 마을 인디언 레이크의 중심가에 위치한 그 극장은 2년 동안 문을 닫고 있었다. 그래서 관객들은 그 장소를 다시 찾게 된 것에 감사한다. 그리고 기꺼이 사정을 헤아려 준다.

극장이 2006년에 문을 닫자, 지역 주민들은 최신 히트작을 보지 못하게 되었을 뿐 아니라 서로를 만날 수 있는 마음에 드는 장소를 상실했다. 게다가, 극장이 문을 닫으면서 마을의 경제와 문화가 나빠졌다. 많은 지역 상인들은 극장의 상실이 사업에 불리하게 영향을 미쳤다고 말한다. 아이스크림 가게와 호텔에서부터 지역 레스토랑과 특산물 가게에 이르기까지, 사람들은 먹고, 쇼핑하고, 친구를 만나는 것 말고도 영화를 보기 위해 마을을 찾았다.

지역사회를 위한 사랑방

그 지방 도처의 여러 마을들에 사는 일군의 시민들이 2007년 가을에 모였다. 그들은 극장을 사서 다시 열고, 비영리적인 지역사회의 무대와 상영관을 위한 계획을 마련했다. 그 계획에 대한 소문이 애디론댁 산맥을 건너 퍼져 나가면서, 많은 사람들이 후원하겠다며 기부금을 보내왔다. 최종 수지 타산 결과를 지켜보

인디언 레이크 극장은 최근에 애디론댁에 있는 비영리단체를 위한 기금을 마련하기 위하여 많은 사람들이 참석한 가운데 타이타닉 파티를 열었다.

는 일뿐만 아니라 지역사회의 의미를 강화시키는 것을 사명으로 하는 지역사회의 이사회가 현재는 운영을 관리한다.

극장에는 유급 이사가 있고, 젊은이들은 티켓과 팝콘을 팔면서 돈을 번다. 자원봉사자들은 인디언 레이크 극장이 학교 음악회와 극장 공연, 공적 회합, 그리고 심지어 마을 설립 150주년을 기념하기 위한 매직 랜턴 공연 같은 다른 행사들을 주최할 수 있도록 여타의 업무들을 맡는다. 극장은 이제 과거 어느 때보다 더 지역의 공유지 이상이 되었다.

극장을 구하기 위한 노력을 조직하는 데 앞장섰던 해리엇 발로는 "극장은 지역사회를 위한 일종의 사랑방이고, 협력과 협동의 귀한 기회를 제공합니다. 무엇보다도 극장은 사람들을 행복하게 합니다!"라고 말한다.

4장

지속해 온 모든 것들

공유지 파괴의 간략한 역사

피터 반스

토머스 페인으로부터 밥 돌에 이르기까지,
사람들이 우리의 것들을 지켜왔는가?

태초에는 거의 모든 것이 공유지였다. 인간들은 여기저기 공유지를 돌아다니며, 필요를 충족하기 위해 사냥도 하고 채집도 했다. 다른 종들처럼 우리도 영토를 가졌지만, 그것은 개인의 것이 아니라 부족 공동의 것이었다.

십만 년 전 농업이 시작되었고, 그와 함께 항구적인 정주와 사유재산이 등장했다. 지배자들은 왕족들에게 땅의 소유권을 인정했다. 군대 지도자들이 정복한 땅을 지휘관들에게 나누어 주는 경우가 종종 있었다.

사유재산이 늘어남에도 불구하고, 많은 땅이 여전히 공유지로 남아 있었다. 로마 시대에 물줄기, 해안선, 야생 생물, 공기는 공동의 재산res communes, 모두가 이용 가능한 자원으로 명시적으로 분류되었다. 중세에는 왕과 봉건 영주가 종종 강과 숲, 야생 동물에 대한 권리를 주장했는데, 그러한 권리 주장들은 주기적으로 비난에 처하고는 했다.

17세기에, 영국 철학자 존 로크는 공유지와 사유재산 사이에 균형을 찾으려 했다. 그는 신이 "인류에게 공동으로" 대지를 주었지만, 일부 사유재산은 인간들이 일하도록 고무하기 때문에 정당화된다고 믿었다. 비결은 적절한 균형을 취하는 것이었다. 사람들은 사유재산을 획득할 수 있어야 하지만, 그것은 어느 한계까지여야 한다. 그 한계를 설정하기 위해서는 두 가지가 고려되어야 한다.

첫째, 사람들이 노동을 통하여 생산할 수 있는 것보다 많아서는 안 된다.

둘째, 다른 사람들을 위해 "충분히 그리고 공유지로도 충분할 만큼" 남아 있어야 한다.

이것은 그 시대 영국의 관습법에서도 일관되었다. 예를 들어, 지주들이 자신들의 용도로 하천과 강의 물을 댈 수는 있으나, 다른 사람들이 이용 가능한 물의 공급량을 줄일 수는 없다고 주장했다.

균형을 찾으려는 로크의 노력에도 불구하고, 영국 공유지 대부분은 후에 울타리가 쳐졌는데, 말하자면 사유화되었다. 지역 지주는 의회의 도움을 받아서 마을 땅들을 울타리로 구획 지었고, 그것들을 사적 자산으로 전환시켰다. 그러자, 가난해진 소작농들은 도시로 흘러들어가 산업 노동자가 되었다.

미국 독립을 위해 설득력 있게 이야기한 팸플릿 집필자인 토머스 페인은 이러한 변화를 지켜본 목격자였다. 공유지의 사유화가 소수에게 이익을 주고 다른 많은 사람들의 권리를 박탈하는 것을 보면서 페인은 구제책을 제시했다. 사유화를 파기하는 것이 아니었다. 그는 사유화가 경제적 진보를 위해 불가피하다

고 생각했기에, 공유지 상실에 대한 보상을 제시했다:

로크처럼, 토머스 페인도 자연은 신이 모든 사람에게 준 선물이라고 믿었다. "두 종류의 재산이 있다."고 그는 말한다. "첫째로, 자연적 재산, 혹은 우주의 창조자가 우리에게 준 것. 지구, 공기, 물 같은 것이다. 둘째로, 인공적인 혹은 획득된 재산이다. 이것은 인간의 발명품이다." 그가 말하길, 후자에서, 평등은 불가능하다. 그러나 전자에서, "모든 개인들은 정당한 생득권birthright을 가지고 있다." 이러한 생득권이 사유화에 의하여 손상되고 있었기 때문에, 그 상실에 대한 보상이 있어야 했다. 페인은 두 가지 기능을 할 "자연 기금"을 제안했다.

사유재산 체계의 도입에 의한 사람들의 자연 유산 상실에 따른 보상의 일부로서, 21세가 되면, 모든 사람에게 총 15파운드를 [지불하라]: 그리고 또한 지금 살아 있는 모든 사람에게 50세까지, 그리고 다른 사람들도 그 나이에 도달할 때까지, 생애 동안, 1년마다 총 10파운드를 지불할 것.

150년 후, 미국은 페인이 권고했던 것의 일부를 실현해 줄 국가 기금을 만들었다. 우리는 그것을 사회보장 연금이라고 부른다. 이제 나머지 부분을 채택해야 한다. 그러나 - 공유지의 사유화가 보상을 요구한다는 - 그것의 기본이 되는 원리는 페인의 시대와 마찬가지로 우리 시대에도 적절하다.

미국에서 공유지의 운명

유럽인이 정착한 후 미국은 공유지와 관계를 발전시켜 나갔다. 미국의 경우에 공유지는 원주민과 멕시코로부터 빼앗은 광대한 대지를 포함하고 있다. 토머스 제퍼슨 같은 일부 미국인들은 공유지를 작은 땅을 가진 농부들과 지주들이 번영하는 국가를 세울 수 있는 대지로 이해했다.

이러한 철학은 1785년의 토지령, 택지 법, 모릴 랜드 그랜드 칼리지 법, 그리고 개간 법 같은 법률로 이어졌다. 그러한 법률들을 통해 정착민들에게 가족 단위 땅덩이가 할당되었고, 사람들을 교육할 학교에 재원을 댔다. 시어도어 루스벨트로 예를 들 수 있는 수많은 미국인들은 원시림과 아름다운 풍광 때문에 이러한 땅들을 소중히 아꼈고, 따라서 국립공원, 야생 생물 보호 구역, 원시림 구역의 설치로 이어졌다.

그럼에도 불구하고, 다른 미국인들은 우리의 공유 자산을 개인 재산 확보의 수단으로 바라보았다. 그들은 정부 관료들에게 값을 매길 수 없는 토지를 철로와 광업 그리고 목재 이해관계자와 투기자에게 거저 주다시피 내주도록 로비를 하고 뇌물을 주었다.

오랜 기간 동안 공유지를 사적으로 전용했던 모든 것을 회계 처리를 통해 계산한다면 – 토지만이 아니라 다른 귀중한 자원들까지 – 수조 달러에 달할 것이다. 줄거리는 거의 항상 똑같다. 어떤 공유지가 상업적 가치를 획득하게 되면, 누군가는 그것을 차지하려고 한다. 옛날에는 그것이 정치적으로 긴밀히 연결된 개인들을 의미했다. 오늘날에는 그것은 정치적으로 강력한 힘을

RKB가 소개하는, **'녹슨 소음기 현인'**

근대가 오기 전에는, 사람들은 생계 수단을 "공유지"로부터 얻었다.

아무도 개인으로서는 공유지를 소유하지 못했다. 하지만, 모두가 무상으로 자신이 필요한 것들을 취했다.

대양, 호수, 강 그리고 하천에는 물고기들이 넘쳐 났고, 포획에는 대가가 없었다.

숲은 자가 보충이 이루어지는 식량의 보고, 건축 재료와 수공예품의 보급 기지였다.

초원과 목초지는 우유, 섬유, 가죽과 고기를 제공하는 반추동물을 키워 냈다.

사람들이 필요 이상을 취하려는 욕망에 저항하는 한, 공유지는 산업시대 이전까지 인간의 생활에 필요한 모든 것을 제공했다.

켄 아비도르

가진 기업들을 의미한다.

예컨대, 1995년에, 의회는 미국인들이 아날로그에서 디지털 TV로 전환할 때가 되었다고 판단했다. 새로운 방송 주파수가 필요했다. 의회는, 공중파가 우리 모두에게 속하는 것이 사실인데도 이전에 아날로그 주파수를 무료로 제공받았던 바로 똑같은 미디어 기업들에게 새로운 주파수를 무료로 기꺼이 제공했다.

공화당 상원의원들을 이끌던 밥 돌은 그렇게 거저 주는 것에 반대했다. "의회가 거대 기업의 복지 프로그램을 만들어 내는 것은 이치에 맞지 않습니다. …… 가장 중요한 것은 국가의 숲과 같이 '방송' 주파수역이 국가의 자원이라는 것입니다. 그것은 방송은 모든 미국인이 똑같이 소유하는 것이라는 의미입니다."라고 그는 말했다. 하지만, 그럼에도 불구하고, 과거에 그랬던 것처럼 미디어 기업들에게는 무료로 공중파가 주어졌다.

이렇게 주어지는 것과 관련하여 정말로 놀라운 일은 그런 일들이 발생한다는 것보다 어찌하여 평범한 시민들이 그러한 사실들을 알지 못하는가 하는 것이다. 월터 힉켈은 "당신이 어떤 사람의 지갑에서 10달러를 훔친다면, 당신은 싸움에 휘말릴 것입니다. 하지만 당신이 그 사람이 자신의 조상들과 공동으로 소유하고 있는 공유지에서 수십억 달러를 훔친다면, 그 사람은 알아채지도 못할 것입니다."라고 말했다.

'인클로저enclosure'는 재산권이 정부에 의해 주어졌던 사건인데, 그것은 우리의 공유지가 오늘날 가파르게 줄어든 이유 중 절반이다. 다른 절반은 소위 외부화externalizing라 불리는 침해로, 자신들이 치러야 할 비용을 공유지로 넘기는 기업들 문제다. 이것의 전형적인 사례가 오염이다.

한편에서 기업들은 공유지로부터 가치 있는 것들을 취하여 그것을 사유화한다. 다른 한편에서 기업들은 공유지에 해로운 것들을 내다 버리면서도 비용을 치르지 않는다. 그 결과는 기업들에게는 이윤으로 남지만, 공유지의 소유자들인 그 밖의 모든 사람들에게는 끊임없는 손해이다.

자본주의, 논쟁에 들어서다

애덤 스미스의 눈에 자본주의가 그 모습을 드러내기 오래 전부터, 사람들은 오랫동안 자연을 약탈하고 있었다. 그러나 현대 자본주의는 그 약탈의 규모를 기하급수적으로 확대했다.

한 세기 전만 해도 땅과 자원은 넘쳐 났고, 쓰레기들을 내다 버릴 장소들도 남아돌았다. 자본 그 자체는 제한적인 요소였다. 그 때문에 다른 모든 것들에 앞서 자본을 우선시하는 규칙들과 관행들이 발전하게 되었다.

하지만 21세기에는, 더 이상 사정이 그때와 같지 않다. 경제학자 조슈아 팔리는 "우리가 더 많은 목재를 원한다면, 부족한 요소는 제재소가 아니라 나무다."라고 했다.

오늘날 세계는 자본으로 넘치고, 대부분의 자본이 투기에 몰두한다. 그에 반해, 건강한 생태계는 점점 드물어진다. 오늘날 우선권이 주어질 어떤 가치가 존재한다면, 그것은 자연 자본이다. 그러나 자본주의는 금융자본의 이윤 극대화 요구에 맞추어 굴러간다.

기업가이자 투자자로서, 나는 수세기 전 로크와 페인에 의하여 상상된 자본주의의 새로운 단계를 우리가 고안할 수 있다고 믿는다. 그 안에서 기업들과 공유지는 균형을 잡을 것이다. 하지만 우리에겐 낭비할 시간이 없다.

공유지가 지속되어 온 간략한 역사

●자연법에 의하여, 이러한 것들은 인류에게 공유지이다.
- 공기, 물줄기, 바다, 당연하게도 바다의 해안.

_유스티니아누스 법전, 535년

●이 책을 읽는 누구라도 자신이 글을 잘 쓸 수 있다면, 원하
는 경우 추가하거나 변경할 수 있다. 이것은 "좋은 사랑"에
관한 책이므로, 기쁘게 빌려 줄 수 있다. 그것을 묶어 둠으
로써 그 이름을 쓸모없게 만들지 마라. 또한 팔거나 임대해
서 돈과 교환하지도 마라.

_후안 루이스, 히타의 수석 사제, 14세기

●사회는 실제로 살아 있는 사람들과 죽은 사람들, 그리고 태
어날 사람들 사이에서 이루어지는 하나의 계약이다.

_에드먼드 버크, 영국 정치가, 1792년

●나이 든 사람들이 자신들은 결코 그 그늘에 쉴 수 없음을 알면서도 나무를 심을 때, 사회는 성숙해진다.

_그리스 속담

●자연의 선물은 인류라는 종의 공동 자산이다.

_토머스 페인

●우리가 다른 사람들의 발명으로부터 큰 혜택을 누리기에, 우리는 어떤 발명으로라도 다른 사람들을 섬길 수 있음을 기뻐해야 한다.

_유명한 프랭클린 난로에 대한 특허권을 청구하지 않았던
벤 플랭클린

●시어도어 루스벨트를 자연 보존의 영웅으로 만든 것은 펠리컨, 2천 년 된 미국 삼나무들, 그리고 고대의 형성된 암석 구조물이 미국의 미래 세대에게 속한다는 그의 확신이었다.

_조너선 로젠, 자연 작가

●매일 수백 번씩 나는 나 자신에게 말한다. 나의 내면과 외면의 삶은 살아 있거나 죽은, 다른 이들의 노동 덕분이라는 것, 그리고 내가 받아 온 만큼 똑같이 주기 위해 열심히 노력해야 한다고.

_알버트 아인슈타인

● 에드워드 R. 머로 : 누가 이 백신에 대한 특허권을 가지고 있는가요?

요나스 솔크 : 글쎄, 사람들…… 이라고 말하겠어요. 특허권! 그런 건 없습니다. 당신은 태양에 특허를 낼 수 있나요?

_1955년 소아마비 백신 발명가와의 TV 인터뷰

● 펜실베이니아의 공공의 자연 자원들은 아직 오지 않은 세대들을 포함한 모든 사람들의 공유 자산이다.

_펜실베이니아 주 헌법 1조 27항. 1968년

● 알로하Aloha(사랑)는 사람들 각자가 공동으로 존재할 수 있는 다른 모든 각자에게 중요하다는 관계성의 본질이다.

_하와이 주 법. 1986년

● 사유재산의 권리를 정당하게 획득하거나 부여받았다 해도, 전 인류에게 주어진 지구라는 독보적인 선물을 처분할 수는 없다.

_로마 가톨릭교회의 공식 교리문답, no 2403. 1992년

● 21세기를 위한 대중 철학은 개인의 의사 결정 권리보다는 지역사회에 더 많은 중요성을 부여해야 할 것이다. …… 중앙화된 국가 관료 제도로 대체하지 않으면서도, 시장의 범위와 기업의 힘을 제한해야 한다.

_크리스토퍼 라슈, 사회 비평가. 1994년

● 우리 모두가 더 잘할 때 우리 모두는 더 잘할 수 있게 된다.

_상원 의원 폴 웰스턴

● (참여적이며 협력적이고 투명한) 지속 가능하고 공정하고 활기찬 세상을 건설하는 데 필요한 최선의 희망을 제공하는 방식이 공유에 기초한 관리임을 우리가 보여 주자.

_2009 세계 사회 포럼 선언

● 공유는 주로 지역사회를 세우는 것에 관한 것이다. 그래서 활동적인 참여자들, 공동 소유자들, 그리고 지역사회의 시민들, 서로를 향한 책임감을 느끼는 사람들과 우리 모두가 더불어 공유하는 자원들과 관련되어 있다.

_실케 헬프리히, 독일 공유 운동가

● 공유는 재구성의 틀이다. 지금까지 우리는 재구성보다는 저항에 더 많은 시간을 써 왔다.

_알버토 빌라렐, 우루과이 환경 운동가

● 나는 부유한 사람이 아니지만 넉넉하게 호의를 베풀고, 넉넉하게 다른 사람들과 협력하는 것으로 이미 부자다.

_인도네시아 베예반 부족 원로

● 공유 사상은 사람들이 스스로를 이해하는 방식, 미래에 대해 생각하는 방식, 그리고 함께 더 나은 세상을 만들어 가기 위

하여 일하는 방식에 대해 영향력을 미치기 시작했다.

_줄리 리스타우, 공유 운동가

공유지는 미국적이지 않은가?

제이 월재스퍼

토머스 제퍼슨을 비롯한 건국의 아버지들은
"아니오."라고 말할 것이다.

현재 미국 내 정치적 논쟁과 관련하여 나를 당황스럽게 하는
것들 가운데 하나는 "독립"이라는 단어가 어떻게 하여 이토록
협소하게 정의되고 있는가 하는 것이다.

사람들의 경제적 안녕은 대형 은행, 정유 회사, 제약 회사, 보
험회사, 건강 유지 기구들HMOs, 그리고 여타 영향력 있는 기업
들에 의해 좌우될 수 있다. 하지만 정치적 논의에서, 독립은 대
체로 정부 규제의 부재, 혹은 모든 형태의 협력적 노력의 부재를
단 하나만을, 즉 의미한다.

〈뉴욕타임스〉의 기사가 떠오른다. 댈러스나 디트로이트처럼
명단 맨 끝에 있는 다른 도시들에 비해 4배나 적고, 카운티 내에
서 최악인 2.6퍼센트를 기록한 휴스턴 시의 비참할 정도로 낮은
재활용률에 대해, 〈뉴욕타임스〉는 헤드라인을 이렇게 뽑았다.
휴스턴 지역 주민들의 "독립적 기질"에 공을 돌린다고.

"우리는 지시 혹은 최신 유행, 과장된 것처럼 보이는 어떤 것

에 저항하는 독립적 기질을 가지고 있다."고 빌 화이트 전 시장은 말했다. (실제로 휴스턴이나 미국 내 대부분 다른 곳에서도 사람들이 재활용하도록 압박하는 법률은 없다.)

토머스 제퍼슨이 불멸의 선언서에 독립이라는 단어를 쓸 때 염두에 두었던 게 이것이 아님은 확실하다. 진정한 독립적 성향을 구현하면서, 제퍼슨은 영국 국왕에게서 13개 식민지를 해방시키기 위하여 미국과 의견을 달리하는 반대자들과 함께 일했다. 제퍼슨과 동료들이 오늘날 독립으로 통하는 의미가, 쓰레기 수거 일에 아주 약간의 수고를 더 하는 결과로 이어질 수도 있는 "새롭고 활발해 보이는" 일에 대한 제멋대로의 저항이라는 것을 보게 된다면 충격을 받을 것이다.

개인적 권리의 추구를 강조하는 존 로크를 비롯한 다른 철학자들에게 영향을 받기는 했을지라도, 건국의 아버지들은 공유

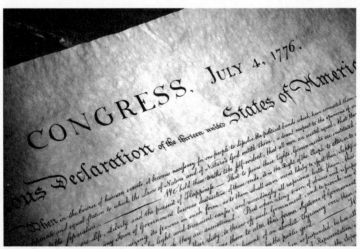

제퍼슨은 독립 선언서에서 "행복"이라는 단어를 "소유"로 대체했다.

지를 사회를 번성하게 하는 사회동학의 일부로 이해했다. 그것이야말로 제퍼슨이 로크의 유명한 어구 "생명, 건강, 자유, 혹은 소유"에 공명하여 "생명과 자유, 그리고 행복의 추구"에 대한 요구를 선언할 때 행복이라는 단어를 소유로 대체한 진짜 이유이다.

자본주의의 가장 열렬한 대변자, 애덤 스미스를 포함하여 그 시대의 누구도 시장이 모든 경제적, 정치적, 윤리적 의사 결정을 조정하는 세상을 상상할 수 없었다. 공동의 문제를 해결하기 위해 노력하는 사람들에 의하여 시장 바깥에 만들어진 사회적 유대는 그 당시에도 (그리고 지금도) 지역사회들을 하나로 묶어 준다. 휴스턴의 재활용처럼, 협력적인 노력을 거부하는 것이 미국의 건국의 아버지들 눈에 "독립적으로" 보였을 리 없다. 그것은 어리석거나 게으른 것으로 비쳤을 것이다.

빈자들에 대한 부자들의 혁명

제레미 리프킨

중세의 공유지 상실은 오늘을 사는 우리에게도
여전히 영향을 미친다.

중세 유럽의 농업이 조직되는 방식은 공동 경작이었다. 소작
농들은 각자의 경작지들을 함께 재배하는 공동 경작지로 한데
모았다. 그리고 공동 목초지는 자기들의 가축을 놓아먹이는 데
사용되었다.

이러한 마을 공유지 시스템은 명목상 감시자인 영주, 군주, 교
황이 있는 봉건적 피라미드 체제의 기저에서 600년 넘게 번성했
다. 그러던 1500년대 초, 강력하고 새로운, 정치적, 경제적 힘의
고삐가 풀려져 나왔는데 먼저 튜더 왕가의 영국에서, 다음으로
대륙이었다. 그것은 궁극적으로 마을 주민들의 공산적 공동 사
회의 생활 방식을 파괴했다.

합법적, 정치적 술책을 통해 부유한 지주들은 수많은 마을 사
람들을 가난하게 만들면서, 자기네 이익을 위해 공유지에 울타
리를 치고 사유화했다.

저명한 역사가 칼 폴라니는 "인클로저는 빈자들에 대한 부자
들의 혁명이라고 적절하게 불렀다."고 말했다.

식민주의의 서막

이러한 행위들은 산업혁명을 용이하게 했다. 그 과정에서 소작농 수백만 명이 선조들의 땅에서 쫓겨났고 새로운 산업 도시로 이주를 강요받았다. 운이 좋은 경우, 그들의 절망적인 곤경을 이용하고자 눈에 불을 켠 새로 생긴 공장에 일자리를 얻어 생계를 보장받았을 것이다.

공유지의 폐쇄 이후, 땅은 더 이상 사람들이 있어야 할 어떤 곳이 아니었다. 그저 사람들이 소유한 상품이 되었다. 관계들은 재조직되었다. 이웃들은 고용주 혹은 사장이 되었다. 사람들은 서로를, 그리고 자신들 주변의 모든 것을 돈의 관점에서 바라보기 시작했다.

유럽의 인클로저 운동은 토지, 대양, 그리고 지구의 환경을 상품화하는 전 세계적 과정이 시작되었음을 보여 주었다. 그 과정은 오늘도 여전히 지구 곳곳에서 이루어지고 있다.

우리의 경제적 무력함의 기원

이반 일리치

이반 일리치는 가난과 소비자 의존성을 추적하면서
공유지의 인클로저까지 거슬러 오른다.

공유지Commons는 중세 영어 단어이다. 사람들은 자신의 문지
방 너머에 놓여 있고 자신의 소유물은 아니지만 – 상품을 생산하
기 위해서가 아니라 가족의 생활 수단 마련을 위해 – 자신이 사
용할 권리를 주장할 수 있음을 충분히 인식하고 있던 자연환경
들을 공유지라고 불렀다. 그런데 공유지에 관한 법률은 통행권,
낚시하고 사냥할 권리, 숲에서 나무나 약용식물을 채집할 권리
를 규제한다.

공유지에 대한 인클로저는 새로운 생태학적 질서의 시작이었
다. 인클로저는 단지 목초지에 대한 지배권을 소작농에게서 영
주에게로 물리적으로 변경하는 것에 그치지 않았다. 그것은 환
경에 대해 사회가 가지는 태도가 급진적으로 변화하는 것을 분
명하게 보여 주었다. 그 전까지는, 자연환경 대부분이 사람들 대
부분이 시장에 의지할 필요 없이 생계 수단의 거의 모두를 얻을
수 있는 공유지로 간주되어 왔었다. 인클로저 이후, 기본적으로
자연환경은 "기업들"이 마음대로 쓸 수 있는 하나의 자원이 되

었는데, 기업들은 임금노동을 조직하여 자연을 소비자들의 기본적인 요구를 충족시키는가 여부에 의해 좌우되는 재화와 용역으로 변형시켰다.

멕시코시티 거리에 발생한 인클로저

이러한 태도 변화는 목초지보다 거리에 대해 생각할 경우 더 잘 설명될 수 있다. 멕시코시티의 신구역과 구구역의 차이는 얼마나 놀라운지 모른다. 멕시코시티의 구구역에서 거리는 진정한 공유지였다. 사람들은 채소와 숯을 팔기 위해 거리에 나와 앉았다. 다른 사람들은 커피와 테킬라를 마시기 위해 거리에 의자를 갖다 놓는다. 아이들은 빈민가에서 놀았고, 보행자들은 거리를 이용해 한 장소에서 또 다른 장소로 갈 수 있었다. 사람들을 위해 만들어진 거리였다. 다른 모든 진짜 공유지들과 마찬가지로, 거리는 그 자체로 그곳에 살고 있는, 그리고 그 공간을 살아 있게 하는 사람들이 만들어 낸 결과물이었다.

멕시코시티의 신구역에서, 거리는 이제 자동차를 위한 도로, 버스, 택시, 승용차, 트럭을 위한 차도가 되었다. 사람들은 거리에서 거의 허용되지 않는다. 거리는 공유지에서 자동차 이동에 필요한 하나의 단순한 자원으로 격하되었다. 사람들은 더 이상 자기 마음대로 이동할 수 없다. 교통이 사람들의 이동성을 대체했다.

인클로저는 전 역사를 통틀어 생존이라 부를 수 있는 도덕적 경제가 의존하는 자연환경에 대한 권리를 사람들에게서 박탈했다. 인클로저는 지역사회에서 자율성을 손상시켰다. 사람들은 각자 그들을 위해 생산되는 상품들에 생존을 의지하는 경제적 개인들이 되었다.

'녹슨 소음기 현인'

공유지의 경우, 18세기 인클로저 법과 함께 그 종말이 시작되었다.

근대 이전에, 잉글랜드에는 공유지들이 많았다. 가난한 사람들은 가축을 놓아먹이고, 목재를 구하고, 과일을 땄으며, 오두막을 지을 수 있었다. 임차료를 낼 필요가 없었고, 고되게 일하지 않아도 되었다.

1760년 이후, 잉글랜드 의회는 영향력이 막강한 지주들에게 공유지 600만 에이커에 대한 양도 혹은 "인클로저"를 허가했다.

가난한 사람들은 울타리를 친 토지에 무단 침입자가 되었다. "밀렵꾼들"을 붙잡기 위해 덫이 도입되었다.

거기 누구야?

WWW.ROADKILLBILL.COM

인클로저 법으로 시골 지역에 가난이 증가했고, 가난한 사람들은 석탄 광산과 새로 생긴 공장에서 일할 수밖에 없었다.

그리고 신성한 용모가 구름 낀 언덕 위로 비추어졌는가? 어두운 악마의 맷돌들 가운데 예루살렘이 여기에 세워졌던가?

윌리엄 블레이크

켄 아비도르

131

고대의 법률적 원리가
어느 때보다 더 중요하다

마크 도위

공공 신탁public-trust 원칙은 여전히 공유지 보호를 위한 강력한
도구로 남아 있다.

공공 신탁 원칙은 물 같은 공유 자원들이 사적 이해관계에 따
라 소유되기보다는 일반 대중의 이용과 즐거움을 위하여 국가에
서 맡아 두는 것을 말하는 법률적 원리이다.

이러한 공공 신탁 사상은 유서 깊은 오랜 역사를 가지고 있
다. 로마 황제 유스티니아누스가 전임자들이 물려주었지만 발표
되지는 않았던 규칙과 칙령을 모두 집약하여 통일되고 일관된
제국의 법전을 만들기로 결정한 6세기에 다시 성문화되었다. 그
중에 이런 내용이 있다. "자연법에 의하여, 공기, 수돗물, 바다,
해안, 이 모든 것들은 모든 인류에게 공유된다."

공공 신탁이 오늘날 왜 중요한가

공유지가 - 유전자 풀에서부터 우주의 가장 먼 지점까지 - 과
거에는 결코 가능하지 않았던 방식으로 사유화되고 있는 오늘
날, 공공 신탁 원칙은 역사상 그 어느 때보다 결정적으로 중요하

다. 생명체에 대한 특허, 우주 공간에 대한 무기 설치, 통신 주파수의 양도, 유년기에 대한 상업적 공격 등 거의 모든 것을 상업화하려는 충동은 공유지에 대한 새로운 수많은 위협 가운데 몇 가지에 불과하다.

1,500년에 걸친 역사 속에서, 공공 신탁 원칙은 공유지에 대한 정치적 변화와 태도에 좌우되면서 덧칠되거나 쇠퇴했다. 이 칙령은 주로 공유지의 결정적으로 중요한 한 가지 측면에 대한 공공의 이해관계를 지키기 위하여 사용되었는데, 물, 그리고 해안선이나 해변, 강변 저지대처럼 때로는 물에 뒤덮이는 땅이 바로 그때의 공유지들이었다. 그런데, 11세기에 프랑스 법률은 "공공의 대로와 소로, 수돗물과 우물, 초원과 목초지, 숲, 관목과 바위는 영주들에게 소유될 수 없다. 그것들은 사람들이 늘 이용할 수 없게 하는 다른 어떤 방식으로도 관리되어서는 안 된다."고 했다.

마침내 공공 신탁 원칙은 영국에서 공공의 땅은 실제로 왕이 소유하지만 대중들한테 맡겨 놓는다는 뜻으로 해석되었다. 영국, 프랑스, 스페인 국왕에 의하여 북아메리카와 중앙아메리카에 새로운 식민지가 만들어지면서, 공공 신탁 원칙은 당시 알려졌듯, 논쟁 없이 불문법으로 채택되었다. 공공 신탁 사상은 자유에 대한 미국의 약속과 동의어이며, 몇 개 주는 고대 법전의 일부 형식을 직접 자기네 헌법에 썼다.

펜실베이니아 주 헌법 제1조 27항을 예로 들어 보자.

사람들은 깨끗한 공기, 맑은 물에 대한 권리, 그리고 자연환경

의 자연스럽고, 보기 좋은 역사적이고 미학적인 가치의 보존
에 관한 권리를 가지고 있다. 펜실베이니아의 공적인 자연 자
원들은 아직 오지 않은 세대들을 포함하여 모든 사람들의 공
동 자산이다. 이 자원들의 수탁자로서 주는 모든 사람들의 이
익을 위하여 그것들을 보존하고 유지할 것이다.

미국 법정에 공유지가 등장하다

19세기 초기에, 뉴저지 주에 사는 가난한 집 아이들이 주 연
안과 수로를 끼고 있는 도시들과 마을의 의회 모임에 나타나기
시작했다. 참을성 있게 순서를 기다린 후, 그들은 자기네 가족의
생계가 부유한 굴 농장주들에 의해 위협받고 있다고 증언했다.
굴 농장주들이 현지 법정을 설득하여 자기네 부모들이 어디에도
구애받지 않고 식량을 얻고 있던 연안과 강어귀의 굴 양식장을
사유화하도록 했다는 것이었다. 그들의 참상이 시의원들의 동정
을 불러일으켰고, 공공 신탁 원칙에 관한 미국 최초의 주요한 시
금석이 되었다.

21년 후, 미국 연방 대법원은 공공 신탁 - 경계 표지 문제 - 에
관한 뉴저지 법정의 해석(아놀드 대 먼디)을 공공 신탁이 봉건적
원칙이 아니라는 이유를 들어 지지했다.

1892년에는, 공공 신탁을 지지하는 훨씬 더 중요한 사례 - 일
리노이 중앙 철도 대 일리노이 주 - 가 나왔다. 미국 연방 대법
원은 주 의회가 일리노이 주의 일리노이 중앙 철도 내 가항 수
역하의 토지소유권을 민간 주체에게 양도할 수 없다고 판결했

다. 이 경우 사유재산은 철도를 뜻했는데, 철도는 사실상 미시간 호의 물가와 수중에 있는 토지 – 당시 시카고 해안 전체 – 1천 에이커를 운행해 오고 있었다. 이 판결에서 법정은 비영리 신탁 자산을 매매할 수 있는 권리가 주에 있다는 것을 인정했다. 그러나 물과 그 아래의 땅은 "주에 사는 주민들에게 맡겨진 권리이다. 거기서 민간 주체의 방해나 간섭 없이, 수로 운항을 즐기고, 상업 활동을 하고, 그곳에서 낚시할 자유를 누릴 수 있다."

그러나 20세기 초에, 사유재산이 공유 자산보다 우위에 서게 되면서, 주 의회 의원들이 공유 자산들을 주의 택지 개발 업자, 쓰레기 매립지 운영자, 그리고 산업 단지에 양도하자 법정은 공공 신탁 원칙을 외면하기 시작했다. 설사 고려되었다 할지라도, 공공 신탁 원칙은 단지 상업과 항로에 장애물로 여겨지는 것들에 맞서기 위한 용도로 사용될 뿐이었다.

1970년에 완전히 새로운 시각으로 공공 신탁 원칙을 확립

로마법은 누구도 강과 호수, 바다, 혹은 공기를 소유하지 못한다는 법률적 원칙을 선언했고 이후 오랫동안 판결을 통해 이를 지켜 왔다.

한 두 가지 사건이 일어났다. 법률학자 조지프 색스는 공공 신탁 원칙이 항로와 상업의 보호 이상으로 사용될 수 있다고 주장하면서 〈미시간 법률 리뷰the Michigan Law Review〉에 경계 표지 논문을 발표했다. "지역 주민 전체를 위해 보존되어야 하는 특별한 자연의 관대한 선물"인 토지, 공기, 그리고 나머지 여타 종들을 보호하기 위하여 공공 신탁 원칙이 가역 수역 이상으로 확장되어야 한다고 썼다.

그리고 그해 4월, 2천만 명 가까운 사람들이 첫 번째 지구의 날을 기념하기 위해 거리로 나갔다. 심지어 리처드 닉슨 대통령마저 미국 유권자들이 치명적인 오염원으로부터 정부가 국가의 땅과 공기, 그리고 물을 보호해야 한다는 것을 진지하게 인식하고 있다는 사실에 주목했다.

공공 신탁 원칙은 전설적인 모노호Mono Lake 사례-오듀본 협회 대 로스앤젤레스 수자원부-에서 환경을 보호하기 위한 도구로서 확고하게 확립되었는데, 생태학적 보존을 앞으로 사유재산권에 일어날 수 있는 주요한 변화에 정당한 근거로 삼았던 것이다. 로스앤젤레스 수자원부는 호수 주변의 생태계 전체를 위협할 정도의 속도로 호수가 빠르게 줄어드는데도, 모노호에 공급수 역할을 하는 여러 지류에서 엄청난 양의 물을 퍼 올리고 있었다.

캘리포니아 대법원은, 공공 신탁 원칙을 들어, 로스앤젤레스 편이 아닌, 호수 편에서 판결했다. 판결은 어떤 자원들 안에 존재하는 공공의 이익이 장기간에 걸쳐 사적 용도로 사용되어 왔다는 사실보다 우선시된다고 주장하고, 공법jus publicum – 어떤 자원들은 아주 공공성이 강해서 사적인 소유권을 허용하지 않는다는 것 – 의 원리에 호소했다. 수자원부는 미 연방 대법원에 상소했지만, 기각되었다.

오늘날의 공공 신탁

공공 신탁의 원칙이 잠재적으로 잘못된 결과에 이용될 수 있다는 것에 주목해야 한다. 1998년 워싱턴 주에서, 제트스키 업계가 모든 바다와 한 군데 호수에서 개인화된 선박에 대해 내린 카운티의 금지령은 공공 신탁 원칙에 대한 침해라고 주장했다. '위든 대 산 후안 카운티' 사건은 결국 대법원까지 갔고, 대법원은 카운티의 금지령에 손을 들어 주었다.

지난 200년 동안, 공공의 이해가 우선되어야 하는 나라의 구석구석을 보호해 줄 도구로서 공공 신탁의 원칙을 지지하고 촉진하기 위하여 수많은 조치들이 취해졌다. 그러나 성공을 거둔 사례들 사이의 긴 시간들은 산업의 팽창과 도시 스프롤현상, 그리고 재판에서 나타나는 강력한 사유재산에 대한 선호에 비해 공공 신탁이 가진 합법적 전략이 보여 주는 매우 느린 전진을 보여 준다.

다행히도, 저명한 법률 저널에 표현된, 전체적으로 생태적 자원들을 보호하기 위해 좀 더 엄격한 원칙을 적용하고 공공의 원칙을 확장하자는 정서가 커져 가고 있고, 때때로 법정에서도 지지되고 있다. 롱아일랜드의 지방법원은 "수로를 지탱해 주는 전반적인 생태 시스템은 없어서는 안 될 필수적인 부분이며, 반드시 (공공) 신탁의 범위 안에 포함되어야 한다."고 판결했다. 몇몇 법정은 심지어 육지, 자연적인 아름다움, 문화적 가공품, 야생 생물, 역사적인 전쟁터, 도심의 공간까지도 공공 신탁으로 인정했다. 다른 곳들과 마찬가지로, 루이지애나 헌법은 항행 수역의 사유화를 금지하고 있는데, 공공 신탁에 대한 주의 해석은 또한 태양열을 포함하고 있다.

지역사회의 행동주의와 대중 교육 없이 공공 신탁 소송이 성공하기 힘들다는 것을 인식하는 것이 중요하다. 결국, 19세기 뉴저지에서 있었던 굴 전쟁은 승리하지 못했다. 시카고의 호숫가도 지켜 내지 못했으며, 모노호의 생태계도 보존되지 못했고, 다만 법정에 섰을 뿐이다. 그것들은 정부가 공공 신탁 사명을 수행해야 한다고 요구하는 '공유자들'의 대중적 저항에 앞서서 일어났을 뿐이다. 공공 신탁 법률학자 미첼 바버튼은 "그 원칙은 아주 귀중한 공적 자원이어서 법률 전문가에게 맡겨 둘 수 없다."고 말한다.

만세! 관개수로!

파울라 가르시아

> 뉴멕시코에서는 공동 용수권이 수세기에 걸쳐
> 성공적으로 지켜져 왔다.

뉴멕시코의 시골 국도를 차로 달리다 보면 아세키아acequias가 있는 골짜기를 반드시 지나게 된다. 어떤 경우에는 수세기 동안 존재해 온 관개수로들이 보인다. 알아채지 못할 수도 있지만, 눈치 빠른 사람들은 농지, 목장, 미루나무, 버드나무에 걸린 녹색 리본을 즉시 발견할 것이다. 간단한 장치이지만, 아세키아는 샘이나 하천 같은 공동의 용수지로부터 세대를 거쳐 정성스럽게 재배해 온 밭을 채우기 위해 도랑의 연결망으로 물을 공급한다. 지역사회에 기초한 이러한 관개 시스템은 수세대에 걸쳐 뉴멕시코에서 가족들을 부양해 온 삶의 전통 중심에 있고, 갓 도착한 많은 사람들이 아세키아 문화를 받아들이도록 북돋아 준다.

아세키아는 북아메리카에서 인간이 만든 공유지 가운데 가장 오래 지속되는 사례들 가운데 하나이다. 그 뿌리는 수천 년을 거슬러 올라 불모의 땅인 현재의 인도와 중동에 살고 있는 사람들에게까지 가닿는다. 아세키아라는 말은 아라비아어가 기원이며, "물 지게꾼" 혹은 "갈증을 푸는 것."을 뜻한다. 현재 미국 남서부의 아세키아는 무어인의 전통을 아메리카 인디언의 관개와 농업 기술에 결합한 것이다. 이것들은 메스티소, 게니자로, 그리고 메히카노(통틀어 인도-히스패닉으로 불린다.)의 지형, 문화, 지역사회를 형성했다.

미국에서 아세키아는 남서부의 다른 지역에서 발견되기도 하지만, 뉴멕시코와 콜로라도 남부에서 독보적이다. 이 지역에서 아세키아가 주는 활력은 부분적으로 그 지방의 공동체들의 정신적이고 물질적인 생존에 지속적으로 긴요하다는 사실에 의하여 설명될 수 있다. 많은 가족들이 작은 가축 농장, 혹은 소규모의 농원과 목장으로부터 그들 생계의 전부 혹은 일부분을 계속 얻고 있다.

훨씬 중요하게 아세키아는 자기들이 살고 있는 장소에 대한 애착, 물에서 일어난 기적들, 그리고 조상 대대로 내려오는 관행과 그것들을 미래 세대에 계속 전하려는 문화적 열망 때문에 존속되고 있다.

이들 지역사회에서 아세키아(이 말은 관개수로와 이것들을 관리하는 지역사회 네트워크를 말한다.)가 점하는 문화적 위치는 공동 사회적 뿌리에 의하여 어느 정도 설명될 수 있다. 일반적으로 아세키아는 일부는 더 늦게 미국의 한 준주로서 같은 원리에 의하여 확립되기는 했지만 스페인과 멕시코 치하에서 지역사회 불하지의 일부로서 확립되었다. 그 시스템 아래서, 재산의 공동소유권이 견고하게 확립되었으며 땅에 토대를 둔 사람들의 삶의 방식에 잘 부합했다. 각 가정이 자기네 수에르테스suertes(오늘날 소규모의 농장과 목장으로 이루어지는 부지)를 소유한 반면, 베가

수백 년 된 아세키아는 뉴멕시코 북쪽 시골 지역사회의 생명력이다.

스vegas(목초지와 습지대)와 몬테스montes(산)는 지역사회 전체가 이용할 수 있도록 남겨진 땅이었다. 철조망 울타리가 출현하기 전에는, 각 가정의 가축들은 양치기가 지켜보는 가운데 산맥과 계곡 도처에서 풀을 뜯었다.

아세키아는 오늘날에도 여전히 아세키아를 떠받치는 신념인

'물이 지역사회의 자원'이라는 공유지 세계관의 자연스러운 결과이다. 인도‒히스패닉 마을들은 남서부의 불모의 환경에서 살아남아야 하는 거대한 도전에 직면했다. 아세키아를 만들어 작물에 물을 대는 것은 지역사회를 세울 때 첫 번째 사항 가운데 하나이다. 시간이 지나면서, 이들 지역사회는 물이 삶에 본질적이며 공익을 위해 공유되어야 한다는 근본적인 원리에 기초해서 물을 분배하는 복잡한 관행을 발전시켰다. 레파르티미엔토 repartimiento 혹은 레파르토reparto로 불리는 이러한 관행은 오늘날 아세키아의 중심적인 특징 가운데 하나이다. 그것은 '물이 생명이다'라는 믿음의 일상적 구현이다. 그것은 또한 지역사회에 근거한 공유지의 살아 있는 사례이다.

아세키아를 보호하기 위한 투쟁

땅과 물에 대한 이러한 공유지적 견해는 1848년 멕시코와의 전쟁에서 정점을 이룬 미국의 서부로의 팽창에 의하여 도전받았다. 전쟁의 종결을 선언한 미국과 멕시코의 합의 내용인 과달루페 이달고 조약은 양도된 영토(뉴멕시코를 포함하여)에서 여전히 남아 있는 멕시코의 권리를 보장했지만, 메르세데스mercedes 혹은 공유 토지의 거대한 부분은 사유화 혹은 연방 차원에서 관리되는 미국 영토로 법인화되어 소유권이 이전되었다. 이러한 상실은 그 지역의 인도‒히스패닉계 사람들의 집단적 기억 속에 생생하게 남아 있다.

그러나 공동으로 소유된 아세키아는 대체로 손상되지 않았다. 1850년의 영해 수역 법은 마요르도모 mayordomo(관리인, 혹은 용수로 관리자)의 민주적 선거와 똑같은 하천 시스템으로 아세키아의 물을 공유하는 관행을 포함하여, 아세키아 관리의 기초적인 원리들을 성문화했다. 그러나 나중에 법률은 근본적인 방식에서 아세키아의 용수권의 속성을 변화시켰다.

미국 서부에서 용수권은 "부지런한 사람이 먼저다 first in time, first in right"라는 말로 요약될 수 있는 원리에 기초한다. 아세키아로 보자면, 이것은 복합적인 축복이다. 그것은 레파르티미엔토라 불리는 공유지 윤리와 충돌하는 것처럼 보이지만, 현존하는 아세키아 용수권을 위한 보호 상태를 함축하고 있기도 한다. 운 좋게도, 아세키아의 용수 공유 관습은 주 법에서 여전히 인정되고 있다.

아세키아의 관습과 전통에 따라 용수권은 소유자가 가지는 것이 아니라 토지에 배속된다. 물을 사용할 권리는 협력적 관리에 대한 책임을 다함으로써 아세키아를 양호한 상태로 유지하는 것에 달려 있다. 그러나 용수 법과 나중의 법률들은 아세키아 용수권을 양도할 수 있는 것으로 엄밀하게 정의했다. 이로써, 지역사회에 이해관계가 없는 사람들의 부재자 소유권에 취약한 아세키아가 되었다. 이것은 용수 시스템이 계속 작동하는 데 필요한 공동체적 관행을 점차 해체하는 것으로 이어질 수 있다. 넓은 의미에서, 그것은 시골의 지역사회가 시장에 기초한 시스템에 자신들이 가진 용수권을 상실할 수 있는 위험을 초래했다. 그러한 시스템은 경제적 힘이 더 큰 지역에 물을 공급하게 마련이다.

　뉴멕시코가 1912년 미국에 합병된 이후, 전통적인 아세키아 관행 대부분은 아세키아 파르시안테스acequia parciantes(관개 경작자와 용수권 소유자)가 주에 제기된 용수권 소송의 피고인으로 출두하기 시작한 1960년대까지는 무리없이 지속되었다. 그러나 그 이후 아세키아 안에 두려움과 불화가 초래되었고, 결과적으로 공동 방어를 위하여 지역 차원의 결사체를 조직하기에·이르렀다. 이러한 결사체들은 아세키아 용수 분배 관례를 방어하고, 지도 제작 - 요즈음도 계속되는 불가결한 작업 - 과정에서 실수로 인해 주가 용수권을 몰수하는 것을 예방하기 위하여 만들어졌다.

　얼마 지나지 않아, 아세키아 결사체는 물에 대한 권리를 양도하는 데 저항하기 위해 활발하게 움직였다. 농업에서부터 교외 지역 개발에 이르기까지 부족한 물 공급을 채우기 위한 압력은 1980년대에 전례가 없는 인구 성장과 주의 도시화로 인해 커지기 시작했다. 아세키아 결사체는 용수권의 명의변경과 싸우며 용수가 자기들 지역사회의 생존에 활력을 주며 주의 문화적 유산에 없어서는 안 된다는 것을 사례로 만드는 일에 적극적으로 참여했다. 결과는 복합적이었다. 그러나 그것은 자신들의 용수와 생활 방식을 방어하는 데서 지역사회가 개발자들과 용수권을 이전하려는 또 다른 사람들에게 목소리를 낸다는 것을 분명히 했다.

주 법을 통한 전통의 회복

1990년대에 아세키아는 500개가 넘는 시골의 아세키아 시스템을 대표하는 주 전체를 포괄하는 아세키아 협회the Congreso de las Acequias를 만들기 위하여 뭉쳤다. 최근에 아세키아는 전통적인 아세키아 관리 승인을 주 법에서 회복시켰으며 물이 매매될 수 있는 상품이라는 관념에 도전했다.

우리 조상들은 오로지 아세키아를 지켜 내는 데에 어느 정도 노력이 필요할지에 대해서는 상상하지 않았을지도 모른다. 그러나 공동 책임 관리라는 원칙에 대한 조상들의 헌신 때문에, 우리 세대는 지금 남서부에서 독특하게 눈에 띄는 유산을 상속받았다. 수많은 아세키아 파르시안테스가 자기들 작물에 물을 대고, 아세키아와 밀접하게 관련된 문화적, 정신적 전통을 유지하면서 이러한 풍요로운 생활 방식을 지속할 수 있다. 수없이 많은 세대에 걸쳐 남서부의 대지와 지역사회에 자신들의 희망과 에너지, 기원과 웃음, 그리고 노동으로 흔적을 남긴 사람들은 결코 망각되지 않는다.

원주민 부족의 자원은 모든 사람들의 소유인가?

토착민들과 공유지 활동가들 사이에서 일어날 수 있는 충돌

공유지에 기초한 사회의 가장 순수한 사례들은 오늘날 원주민 문화에서 발견된다. 세상을 지배하는 광범위한 사유화에 저항함으로써, 원주민들은 우리 삶에 공유지 감각을 강하게 불어넣는 방법과 관련하여 영감과 실천적 가르침을 제공한다. 이것은 공유지를 보호하고 촉진하기를 원하는 활동가들에게, 원주민들과의 동맹을 자연스럽게 만드는 것처럼 보이게 한다. 그러나 일부 원주민들과 그들의 옹호자들은 이를 경계한다.

캐나다 빅토리아 대학 원주민 협치학과 교수인 와지야타윈은 공유지 운동이 부족민 지역사회의 정의가 지켜지는 데 협조할 것을 요청한다.

캐나다 빅토리아 대학의 원주민 협치학과 indigenous governance 교수이자 와페툰안 다코다 족 인디언인 와지야타윈은 "어떤 것은 우리 모두에게 속한다고 누군가가 말하는 것을 들을 때마다, 나는 이렇게 말하고 싶습니다. '그래, 하지만 그건 우리가 다 빼앗겨 버린 다음이지.' 모두가 다 원주민 문화를 가질 수 있어야 하는 것은 아닙니다. 그것은 '우리 모두'의 것이 아닙니다."

와지야타윈은 부상 중인 공유지 운동에 질문을 던진다. "공유지에 관한 여러분의 비전이 여전히 일상적으로 우리 국가에서 설 자리를 부정당하고 있는 원주민들을 위한 정의에는 어떻게 기여하지요?"

워싱턴 주의 툴라립 부족을 위해 자연 자원과 조약상의 권리를 분석하는 프레스턴 하디슨은, 세계 곳곳의 원주민 문화들은 문화와 자원을 공유하는 데서 매우 다양하게 나타난다고 설명한다. "일부 지식은 비밀스럽고, 신성합니다."라고 그는 덧붙인다. "충분히 주목받을 만한 다른 문제들도 있습니다. 원주민 부족들이 가진 지식과 문화유산에 대해 지구 시민사회는 어떤 정당한 자격을 가지고 있습니까?" 하디슨은 "수많은 원주민 부족들이 지구적 공유지를 만들기 위한 노력을 지지하며 기꺼이 자기들의 세계관, 예술, 이야기, 음악, 그리고 실천들을 함께 나눕니다."라고 말한다. "그러나 그것이 당연한 것으로 간주되어서는 안 됩니다."라고 주의를 준다. "어떤 지식이 원주민 지역사회를 벗어나 누설되어 공적 영역의 일부로 간주되는 것을 당연히 여겨서는 안 됩니다."

제이 월재스퍼

지상의 우리 집

위노나 라듀크

위노나 라듀크는 균형 회복을 위해
원주민 문화에서 얻은 교훈을 말해 준다.

기웨디농Giiwedinong은 아니시나벡Anishinaabeg 어로 "집으로 돌아가다"를 뜻한다. 그것은 또한 "우리가 온 곳", 북쪽을 뜻한다. 이 말은 오늘날의 현대 산업사회에서 결핍되어 가고 있는 어떤 것을 뜻한다. 우리는 세상에서 우리의 거처를 발견하고 나서야 지구와의 관계를 회복할 수 있다. 오늘날 우리의 도전은 이것이다. '집은 어디인가?'

나는 보호 구역 밖에서 자란 후, 대략 30년 전, 미네소타의 하얀 지구White Earth 보호 구역으로 돌아갔다. 그것은 우리에게는 흔한 사정이다. 이 우주 안에서 하얀 지구는 나의 거처이다. 여기는 미시시피 강 상류와 레드 강이 있는 곳이다.

땅의 사람들

아니시나벡은 우리말로 우리 자신을 나타내는 이름이다. 그것은 '인민'을 뜻한다. 우리는 자작나무 껍질로 만든 두루마리에 쓴다는 표현인 '오지비게ogibige (쓰기)'에서 파생된, 오지브웨 Ojibwe 혹은 작가로 불린다. 우리 원주민의 영토와 현재 우리가 살고 있는 곳은 미국 다섯 개 주의 북쪽 지역과 캐나다의 네 개 지역의 남쪽에 있다. 우리는 호수, 강, 깊은 숲과 푸르게 우거진 대평원에 사는 사람들이다.

이제, 여러분이 미국을 살펴본다면, 그 땅의 대략 4퍼센트는 인디언 부족들에 의하여 유지된다는 것을 알 수 있다. 그러나 캐나다로 가면, 열다섯 번째 위도 북쪽에 사는 인구 가운데 대략 85퍼센트가 원주민이다. 북아메리카 전체를 보면, 대략 대륙의 1/3에서 인구 대다수가 원주민인 것을 발견할 것이다. 이들 지역에서, 원주민들은 자신들의 생활 방식과 문화적 관행을 유지하고 있다.

서반구에 있는 많은 나라 중에 원주민들이 인구의 대다수를 차지하는 곳들이 있다. 과테말라, 에콰도르, 페루, 볼리비아 등이다. 일부 남아메리카 나라에서는 원주민이 그 나라 땅의 22~40퍼센트 정도를 지배한다. 개괄적으로 말하자면, 서반구는 대부분 하얗지 않다. 원주민 부족들은 그 지식과 관행을 가진 세대와 세대에 기초하여 삶의 양식을 존속시키고 있다.

전 세계적인 규모에서 봤을 때 대략 5천 개 정도의 원주민 소수민족이 있다. 소수민족은 토지, 문화, 역사, 영토, 지배 제도를 공유하고 있는 토착민들의 집단이다. 원주민을 어떻게 정의하느냐에 따라 달라지겠지만, 오늘날 지구상에 대략 5억 명 정도가 있다고 한다. 나는 원주민이라는 용어를 수천 년 동안 자기들의 삶의 방식을 계속 유지하는 사람들을 말하는 것으로 정의한다. 2007년에 마침내 유엔은 세상에서 우리가 지닌 독특한 지위를 인정하면서 유엔 원주민 권리선언을 통과시켰다. 미국, 캐나다, 뉴질랜드, 오스트레일리아 이렇게 네 나라가 이것을 반대했다. 그러나 뉴질랜드는 최근에 그 선언에 서명했다.

토착민들은 근본적으로 균형의 상태를 믿는다. 우리는 모든 사회와 문화적 관행들이 지속 가능하기 위하여 자연법과 조화를 이루어 존재해야 한다고 믿는다. 우리는 또한 지속 가능한 사회를 유지할 때, 문화적 다양성이 생물학적 다양성만큼 본질적이라고 믿는다. 토착민들은 수천 년 동안 지속 가능하게 지구상에 살아왔다. 나는 여러분에게 토착민의 삶의 방식이 유일하게 지속 가능한 삶의 방식임을 제시한다. 그 본질을 검토해 보면 알겠지만, 토착 의식들 대부분이 균형의 복원과 관련되어 있다. 세계와의 관계에 대해 재차 긍정하는 것이다. 균형을 회복한 다음 균형을 유지하는 것, 그리고 세계에서 우리에게 주어진 역할에 경의를 표하는 것, 이것이 우리가 바라는 바이다.

따라서 보호 구역에서 야생 벼를 수확할 때, 나는 항상 아세마asemaa(담배)를 드린다. 왜냐하면 우리가 어떤 것을 획득할 때, 우리는 스스로를 우리에게 바치는 그 혼령에게 항상 감사해야 하기 때문이다. 우리는 수확할 때 매우 주의한다. 인류학자들은 이것을 호혜주의라고 부른다. 얻을 때는, 항상 주어야 한다는 것을 의미한다. 꼭 필요한 것만을 취하고 나머지는 남겨 두어야한다고도 말한다. 필요한 것 이상을 취한다면, 불균형을 초래했을 테니 이기적이었을 것이다. 우리 지역사회에서 이런 행동은 매우 큰 불명예이다. 그것은 자연법을 어기는 것이다. 그리고 우리가 계속해서 수확할 수 있다는 것을 보장하지 못할 것이다.

우리는 자연법과 조화를 이루는 삶의 관행을 나타내는 말을 우리 언어 안에 갖고 있다. 미노시마아티시이윈minocimaatisiiwin. 이 말은 다른 개인들과 관련하여 그리고 땅과 우주 만물과 관련하여 개인으로서 우리가 행동하는 방식을 가리킨다. 우리는 수 세기 동안 우리에게 일어났던 모든 일들에도 불구하고 이러한 삶의 방식과 사고의 방식을 유지하려고 노력했다. 그것들이 설령 개인주의에 의하여 때로는 볼품없게 보일지라도, 나는 우리가 우리 지역사회에서 이들 관행들의 대부분을 잘 유지할 거라고 확신한다.

원주민 문화와 산업 문화의 충돌

원주민의 사고와 내가 산업적 사고라 부르는 것을 대비해 보겠다. 그것은 우리 원주민들이 믿는 것에 역행하는 다섯 가지의 주요한 생각들로 특징지어진다.

- 첫째, 산업사회는 자연법이 탁월하다고 믿는 대신, 인간이 자연을 완전히 지배할 자격이 있다고 믿는다. 산업사회는 인간이 – 그리고 여기서 인간은 물론 남성이다. – 자신을 둘러싼 모든 것들에 대해 신이 부여해 준 어떤 권리를 가지고 있다고 믿는다. 산업사회는 오염 규제, 고기잡이와 사냥 규제 등등이 지속 가능하다는 생각에서, 인간의 법에 대한 믿음을 부여한다.

● 둘째, 산업사회는 기술과 경제적 성장 같은 것들에 의하여 정의된 방향으로 끊임없이 움직이려고 계속 노력한다. 원주민 사회에서, 우리는 자연 대부분이 순환한다는 것을 알고 있다. 달의 운동, 조수, 계절, 그리고 우리의 신체까지, 시간 자체가 순환적이다. 순환적인 자연 구조를 본받는 대신, 산업사회는 선형적인 사고 위에 형성된다.

● 셋째, 산업사회는 야생의 것을 재배되는 것이나 "길들여지는" 것과 대립하는 것으로 보는 태도를 견지한다. 우리 언어는 인디나와유우가니토옥indinawayuuganitooq("우리의 모든 관계들")이라는 말을 가지고 있다. 우리의 관계들이 날개, 지느러미, 뿌리, 혹은 발을 가질 수도 있다는 것, 그것이 바로 우리가 믿는 것들이다. 산업사회는 야생성은 복종되어야 한다고 믿는다. 이것은 어떤 민족이 다른 민족을 문명화할 권리를 가지고 있다는 것으로, 식민주의적 생각이기도 하다.

● 넷째, 산업사회는 생기 없는 명사들로 이루어진 언어로 말한다. 모든 사물이 살아 있는 것으로, 정신을 가지고 있는 것으로 말해지지 않는다. 모든 게 단순한 대상들, 상품들로 묘사된다. 모든 것들이 생기가 없을 때, "인간"은 그것들을 획득하고, 사고팔며, 파괴할 수 있다. 이것을 신성한 것의 상품화로 말하는 학자들도 있다.

● 산업적 사고의 다섯 번째 양상은 자본주의 자체에 대한 생

각인데, 미국에서 이런 문제 제기는 늘 지지받지 못한다. 자본주의적 목표는 가장 많은 이윤을 만들기 위하여 최소한의 노동, 자본, 그리고 자원을 이용하는 것이다. 자본주의의 목적은 축적이다. 그 핵심으로서 축적과 함께, 산업사회는 두드러지게 소비를 실천한다. 반면에, 원주민 사회가 실천하는 것을 나는 두드러지게 눈에 띄는 분배라 부르고 싶다. 우리는 나누어 주는 행위인 포틀래치에 초점을 맞춘다. 실제로, 우리가 나누어 주면 줄수록, 우리의 명예는 커진다.

브라질의 싱구강을 끼고 전통적으로 살아온 공동체들을 파괴하게 될 벨로 몬테Belo Monte 댐 건설을 막고자, 세계 곳곳의 원주민 부족들이 뉴욕에 모여 항의하고 있다.

현대 산업사회는 이제 자신들의 생존을 위한 능력과 원주민 문화의 생존 사이에서 서로 맞물리는 이해관계를 보기 시작해야 한다. 원주민들은 수천 년 동안 지속 가능하게 자신들의 땅에서 살아왔다. 나는 우리 사회가 당신네 산업사회 없이도 살 수 있다는 것을 절대적으로 확신한다. 그러나 당신네 산업사회가 우리의 사회 없이 계속해서 살아갈 수 있는지에 대해서는 그다지 확신이 없다.

행위에서의 지속 가능성

모든 대륙에 지역사회에 대한 통제를 되찾고 회복시키려는 작은 원주민 그룹들이 있다.

한 사례로 내가 속한 부족에 대해 말하겠다. 하얀 지구 보호구역은 사방 36마일이며, 그것은 대략 83만 7천 에이커이다. 미네소타 북부의 훨씬 더 큰 지역을 내주는 것에 대한 대가로 1867년에 우리 부족에게 남겨진 땅이다. 우리의 모든 영토 중에서, 우리는 풍부함과 다양성 때문에 이 땅을 선택했다. 보호 구역 안에는 호수 47개가 있다. 단풍당이 있고, 단단한 목재와 우리 부족이 이용하는 다른 모든 약용식물도 있다. 우리에게는 야생 벼가 있고, 사슴이 있고, 비버가 있고, 물고기가 있다. 우리에게 필요한 모든 식량이 다 있다. 보호 구역 동쪽 지역에는, 스토로부스 소나무가 있다. 서쪽에는 한때 버펄로가 으르렁거렸던 대평원이 있다. 대평원을 부르는 우리 말은 마슈코데 mashkode("불에 탄 약의 장소")이며, 이는 땅과 초목을 키우는 형식 중 하나인 '태우기'라는 토착적 관행을 말한다.

토지 사용과 소유권에 대한 우리의 전통 형식은 오늘날 확립되고 있는 지역사회 토지 신탁에서 발견되는 것과 유사하다. 땅은 공동으로 소유되며, 각 가정은 물고기를 잡고 사냥을 하는 전통적인 영역을 가지고 있다. 우리는 토지소유권 개념을 아니시나벡 아키잉 anishinaabeg akiing, "땅의 사람들"이라 부른다. 그것은 우리가 우리 땅을 소유하고 있다는 의미가 아니라 우리가 땅에 속한다는 의미를 담고 있다. 안타깝게도, 법정에서는 우리가 정의한 의미가 잘 나타나지 않는다. 왜냐하면 이 나라의 법률 시스템은 사유재산 사상을 지지하기 때문이다.

우리는 주의 깊게 관리하여 우리의 땅을 보전했다. 예를 들어, 우리는 전통적으로 "사냥 지휘자"와 "곡식 관리자"를 두고 있었으며, 그들은 각 지역에서 자원들이 지속 가능하게 사용되도록 관리했다. 사냥 지휘자들은 덫의 순환을 감독했다. 그것은 사람들이 한 지역에 2년 동안 덫을 놓고 이후에 그 지역이 쉬도록 다른 장소로 옮기는 시스템이었다. 곡식 관리자는 수확하는 곡식을 조정했다. 각 호수마다 벼농사는 독특한 맛을 가지고 있으

Commons Solutions

원주민 권리 장전

미국과 캐나다는 역사적인 유엔 선언을 반대하는 네 개 나라에 포함된다

협상 후 2년이 흐른 2007년에, 유엔은 143대4로 원주민 권리선언을 지지하기로 의결했다. 법적 구속력을 가진 문서는 아닐지라도, 그 선언은 원주민 부족들을 위한 두 가지 주요한 권리인 원주민들의 전통적인 땅 소유권과 원주민들이 전통적인 삶의 방식을 계속할 기회를 선언한다. 미국, 캐나다, 오스트레일리아, 그리고 뉴질랜드는 그 선언에 반대하는 가운데 고립되었다. (뉴질랜드는 나중에 선언을 지지했다.) 이 네 개 국가에는 강탈당한 땅의 일부를 돌려받으려는 상당한 인구에 달하는 원주민이 살고 있다. 그 획기적인 문서는 사실상 미국 매체의 주목을 받지 못했다.

그 문서는 "원주민들은 자주적 결정의 권리를 가지고 있다. 그 권리에 의하여 원주민들은 자유롭게 자기들의 정치적 지위를 결정하며 경제적, 사회적 그리고 문화적 발전을 자유롭게 추구한다. 원주민들은 자주적 결정의 권리를 행사할 때, 내부 문제와 지역 문제와 관련한 사항에서, 자율성 혹은 자주적 운영의 권리를 가진다."고 선언한다.

선언은 계속해서 "원주민 부족들은 자신들의 특정한 정치적, 법적, 경제적, 사회적 그리고 문화적 제도들을 지속하고 강화할 권리를 갖는 한편, 그들이 그렇게 하기로 선택할 경우, 그 국가의 정치적, 경제적, 사회적, 그리고 문화적 생활에 완전히 참여할 권리를 유지한다."고 주장한다.

제이 월재스퍼

며 적기에 여문다. 전통적으로, 우리는 검수 담당을 두고 있으며, 그는 일정한 지역에 각 가정에 필요한 충분한 동물들이 있는지 점검한다. 한 가족이 스스로를 부양할 수 없다면, 검수 담당은 그들을 동물들이 더 풍부하게 존재하는 새로운 장소로 옮긴다. 이러한 관행들은 지속 가능성과 현재 일부 사람들이 공유지라 부르는 것을 유지하는 데서 본질적이다.

하얀 지구를 되찾기 위하여 우리가 계획하는 방식

우리 보호 구역은 1867년 조약에 의하여 마련되었다. 1887년에 넬슨 법the Nelson Act과 이후의 일반 할당 법the General Allotment의 통과는 인디언에게 사유재산을 가르치기 위해서뿐만 아니라, 인디언 부족들이 가진 더 많은 땅을 양도하는 것을 수월하게 하기 위해서이기도 했다. 연방 정부는 우리의 보호 구역을 80에이커로 구획하여 각 구획을 인디언 개인에게 할당했는데, 이 조치로 어떻게든 우리가 농장주가 될 수밖에 없을 것이고 진보-간단히 말해, 문명화-의 개념을 선택하지 않을 수 없을 거라고 희망했던 것이다.

할당 시스템은 땅에 대한 우리의 전통적인 개념과 맞지 않았다. 우리 사회에서 인간은 한 장소에서 곡물을 수확하고, 다른 장소에는 덫을 놓으며, 세 번째 장소에서는 약초를 채집하고, 네 번째 장소에서는 과실을 땄다. 이러한 장소들은 생태계에 의존한다. 그 장소들이 반드시 인접해 있는 것은 아니다. 그러나 정부는 각각의 인디언에게, "여기에 당신의 80에이커가 있습니다.

여기가 당신이 살 곳입니다."라고 설명했다.

각 인디언이 할당받은 후에, 그 땅의 나머지는 "잉여"로 선포되었고, 입주하거나 "개발하기" 위하여 백인들에게 주어졌다. 우리 보호 구역에서 일어난 일은 미국 전역의 보호 구역에서도 마찬가지로 일어났다.

미네소타 주는 우리의 소나무 숲을 빼앗아 목재 회사에 팔아 넘겼고, 남겨진 땅에 대해 우리에게 세금을 매겼다. 인디언들이 세금을 지불할 수 없을 때, 주에서는 그 땅을 몰수했다. 그러나 과연 이 사람들이 세금을 지불할 수 있었을까? 1910년에 인디언들은 영어를 읽고 쓸 수조차 없었다.

나는 여러분에게 내 증조할머니가 고리대금업자에게 어떻게 속았는지에 대해 말할 것이다. 그녀는 매니포인트호ManyPoint Lake에 살았고, 거기서 땅을 할당받았다. 증조할머니는 지역 상점에서 외상을 늘려 갔다. 왜냐하면 가을에야 곡물 수확과 조약상의 연금 수령으로 돈을 마련할 수 있었기 때문이다. 그래서 증조할머니는 럭키 왈러라 불린 토지 투기업자에게 가서, "나는 이 계산서를 지불해야 해요."라고 말했다. 증조할머니는 그 사람한테 가을까지 50달러를 빌려 달라고 요청했고, 그 업자는 "좋아요. 여기에 서명하면, 당신에게 50달러를 빌려 주겠소."라고 대답했다. 그래서 증조모는 지문 날인과 함께 서명했고, 매니포인트호의 집으로 돌아갔다. 대략 석 달 후에 증조할머니는 50달러를 갚을 준비가 되었다. 고리대금업자는 "아니오. 내가 당신에게서 당신의 땅을 샀소. 그 돈은 당신 것이오."라고 말했다. 그 고리대금업자는 매니포인트호에 있는 증조할머니의 땅 80에

이커를 50달러에 샀다. 오늘날 그곳에는 보이스카우트 캠프가 있다.

하얀 지구 보호 구역에서 원주민들은 세금을 내지 못해 땅 25만 에이커를 미네소타 주에 빼앗겼다. 1920년이 되었을 때, 애초의 하얀 지구 보호 구역의 땅은 최소한 99퍼센트가 인디언이 아닌 사람의 수중에 있었다. 이것은 전국에 있는 원주민들에게 해당되는 사연이었다.

우리는 우리 땅을 돌려받기 위한 모든 법적 자원을 동원했다. 연방 순회 법원은 인디언들이 자기들의 땅을 되찾기 위해서는 처음 획득한 때로부터 7년 안에 소송을 제기해야 한다고 판결했다. 하지만 우리는 우리 땅을 돌려받아야 한다고 믿고 있다. 우리에게는 실제로 갈 만한 다른 어떤 곳도 없다. 그것이 바로 우리가 하얀 지구 토지 회복 프로젝트the White Earth Land Recovery Project를 시작하는 이유이다. 우리의 프로젝트는 많은 인디언 공동체들에서 진행된 다른 프로젝트들과 유사하다. 우리는 그곳에 정착한 사람들을 쫓아내려고 하지 않을 것이다. 우리 땅의 3분의 1은 연방, 주, 그리고 카운티 당국의 소유가 되어 있다. 그곳에는 누구도 추방하지 않을 게 분명하다. 우리 보호 구역 내에 사적으로 소유된 일부 토지는 부재지주들이 차지하고 있다. 그들 대부분은 그 땅을 본 적도 없다. 그들은 그것이 어디에 있는지 알지도 못한다. 그들에게 그 땅들은 상품이지, 집이 아니다. 우리는 그들을 설득해 그 땅을 돌려받을 수 있기를 희망한다.

우리 프로젝트는 구매를 통해 우리 땅을 다시 찾으려는 노력도 한다. 우리는 우리가 의식에 쓰는 북 중 하나를 보관하는 건

물을 짓는 데 필요한 부지로 쓰기 위해 약간
의 토지를 매입했다. 우리는 사유지에 있는
우리의 공동묘지를 다시 매입했는데, 우리
의 조상들이 쉬고 있는 그 땅을 우리가 관리

해야 한다고 믿기 때문이다. 우리는 이전에 있던 초등학교를 매
입했다. 현재 그곳은 우리의 새 라디오 방송국과 풍력발전용 풍
차가 들어서 있다. 2009년, 프로젝트 스무 번째 기념일에 우리
는 1400에이커를 획득했다. 우리가 팔고 있는 지속 가능한 생산
물들 - 야생 벼, 단풍당, 캔디, 베리 잼, 그리고 자작나무 껍질 공
예 - 을 재배하고 집하하기 위하여 이 땅의 일부를 사용한다.

지속 가능한 공동체, 지속 가능하지 않은 발전

결론적으로, 나는 지속 가능한 발전 같은 것은 없다고 말하고
싶다. 내 경험에서 지속 가능한 유일한 것은 공동체뿐이다. 우리
모두는 공동체를 세우는 데 참여해야 하며, 물건들의 개발에만
초점을 맞추어서는 안 된다. 백인 공동체든 혹은 원주민 공동체
든 상관없이, 우리는 자기 땅에 기초한 삶의 방식을 복원함으로
써, 자기 자신의 방식으로 해낼 수 있다.

우리가 지역사회를 관리할 수 있는 유일한 길은 자연으로부터
취하는 것이 자연의 균형 - 우리는 이것을 미노비마아티시이윈
이라고 부른다. - 을 망가뜨리지 않음으로써 문화적 경험들과 가
치들을 충분히 공유하는 경우뿐이다. 원주민 문화가 이번 세기
전반에 걸쳐 여전히 지속 가능한 이유는 우리가 결합력이 높은

공동체로 존재한다는 것이다. 자신의 땅에서 함께 사는 데는 공동의 가치들이 반드시 필요하다.

　마지막으로, 나는 산업사회가 세계의 자원들을 너무 많이 소비하고 있다고 생각한다. 여러분이 많은 자원들을 필요로 한다면, 그것은 다른 사람들의 땅과 나라에 끊임없이 침입한다는 것을 뜻한다. 인권에 대해 말하면서 소비에 대해 말하지 않는 것은 아무런 의미가 없다. 원주민 공동체가 살아나고 지속 가능성에 관해 세상에 가르침을 주기 위해서는 지배적인 사회가 변화해야 한다. 현대사회가 지금 가고 있는 그 방향으로 계속 간다면, 원주민들의 삶의 방식은 끊임없이 그 대가를 치르게 될 것이다.

버나드 펄리

간과해 온 보물을 지키기 위한 노력

인류학자 펄리는 말리시트 어에 아이들이 관심을 가지도록 하기 위해 예술 프로젝트를 사용한다.

지구상에서 현재 사용되는 언어 가운데 절반은 가까운 장래에 사라질 것이다. 그리고 그것들과 함께 우리의 문화적 공유재 – 약용 식물에서부터 인간 본성에 대한 생태 시스템에 이르기까지 무한한 지식 – 의 큰 몫이 사라진다.

사람들 대부분은 이러한 거대한 상실을 슬픔으로 느끼지만 현대적 진보의 불가결한 부산물로 바라보기도 한다. 그러나 위스콘신-밀워키 대학의 인류학자 버나드 펄리는 우리가 할 수 있는 게 아무것도 없다는 생각에 반대한다. 학자, 예술가, 그리고 인디언인 자신의 배경에 의지하여, 그는 말리시트Maliseet 어 – 메인, 뉴 부룬스윅New Brunswick, 그리고 퀘벡의 세인트 존 강을 따라 살고 있는 원주민 약 1,800명이 현재 쓰고 있는 말 – 를 소생시키기 위하여 노력하고 있다.

말리시트 어는 펄리의 모국어이다. 1960년대에 초등학교에 들어갔을 때, 그는 영어를 한마디도 말하지 못했다. 그러나 메인 공립학교, 텍사스 대학과 하버드 대학을 다니는 수년 동안, 말리시트 어를 거의 잊어버렸다. 말리시트 어 보호에 대한 펄리의 접근법은 단순하다.

"신망을 갖추고 그 언어를 다시 가르치는 것입니다. 나는 그 언어를, 구두 전승이나 자연 풍경처럼, 중요하고 가치 있는 것들과 연결 지으려 합니다."

펄리의 노력은 그를 학교로 데려갔다. 그는 이 언어가 어찌하여 지역 풍광과 자신들의 삶에 없어서는 안 될 요소인지 보여 주면서, 학생들을 도와 예술과 창조적인 표현으로 자기들의 언어를 발견하게 한다.

"세계의 언어들은 지켜져야만 하는 이 세계의 공유재 가운데 하나입니다."라고 그는 말한다. "언어는 세계관이며, 인류 공동 유산의 일부입니다. 우리가 언어를 상실할 때, 우리는 문제를 해결하는 방식, 특히 세상을 이해하는 방식을 상실합니다. 충분한 지식이 있고, 그 지식들 안에 충분한 부가 있습니다."

제이 월재스퍼

5장
경제학의 신세계

순자산에 관한 좋은 소식

제이 월재스퍼

우리 모두는 매우 귀중한
자산들의 공동 소유자이다.

여러분의 자산 상태와 관련해 몇 가지 좋은 소식을 말해 보겠다. 물론, 국세청 코드 401k(급여 소득자의 퇴직 적립금에 대한 특별 면제 조치 조항)는 나빠졌고, 주택은 가치가 크게 떨어졌으며, 직장에서도 상황은 흔들리는 것처럼 보인다. 그러나 여러분이 개인적으로 소유하고 있는 것은 여러분의 진정한 순자산 가운데 단지 일부를 차지할 뿐이다. 여러분은 각자 매우 귀중한 몇 가지 자산들에 지분을 갖고 있기도 하다. 맑은 공기, 청량한 물, 숲, 인터넷, 공립대학들, 혈액은행, 풍부한 문화적 전통, 그 외 여러 가지가 그 자산에 들어간다.

개인 재산과 마찬가지로, 우리가 공유하고 있는 것들 ─ 우리가 여행하는 길, 우리가 모이는 공원, 공적 기금으로 이루어져 우리가 혜택을 입게 되는 의학적이고 과학적인 진보, 날마다 수없이 공짜로 사용하는 축적된 인간 지식 ─ 은 무한한 방식으로 우리의 삶의 질을 높여 준다. 실제로, 공동으로 소유하는 이러한 자원들 없이는 현대사회와 시장경제가 출발할 수 없었을 것이다.

시장경제가 급속히 발전하는 것처럼 보일 때, 우리들 대부분은 공유재에 신경 쓰지 않았다. 지역 레크리에이션 센터가 황폐해지고 사회보장에 문제가 생겨도 별 문제 아닌 듯싶었다. 사설 헬스클럽과 퇴직 연금이 그러한 필요들을 충족시켜 줄 테니. 그러나 오늘날, 미국인들은 영리 경제 외부에서 제공되는 서비스와 기회에 점점 더 고마움을 느끼고 있다.

여러분의 유산이 위협받고 있다

그러나 우리의 공유 자산에 관한 소식은 정말 좋지 않다. 공유 자산은 중대한 위협에 직면해 있다. 재정 감축은 우리가 의존하고 있는 중요한 서비스와 프로그램들을 난도질하면서 주 정부와 지방정부 재정에 새로운 압력을 가하고 있다. 교통, 공립학

공원, 도서관, 거리, 자연환경, 심지어 브레이크댄스 동작까지 이 모든 것들이 다 공유재다.

교, 의료 보조, 사회 서비스, 그리고 공원이 대다수 지역에서 도마 위에 올려졌다. 당연히, 예산 삭감은 중산층과 저소득층 사람들을 가장 힘들게 할 것이다.

레이건 정부에서 시작되어 조지 W. 부시 행정부 동안 점점 더 강해져 최고조에 이른 치욕적인 경기 침체가 수십 년간 이어진 대기업 임원들에 의한 공유 자산 침탈의 뒤를 이었다. 다행히도, 공유재에 대한 이러한 전례 없는 약탈 행위는, 우리 모두가 소유하는 것들을 보호하기 위하여 일어서는 각계각층의 "공유자들"의 새로운 운동에 불을 붙였다. 단순한 행동주의적 운동 이상인 공유재는 우리가 의사를 결정하고, 자원을 관리하고, 그리고 책임감에 대해 생각하는 방식을 다르게 숙고해 보게 해 주는 모델이 되어 가고 있다.

공유재에 투자하지 않는다면
경제적 번영은 있을 수 없다

로버트 라이히

로버트 라이히는 우리가 소비주의로부터
공익common good으로 나아갈 방도에 대해 말해 준다.

많은 사람들이, 미국 소비자들이 경제가 지속적으로 성장해 나가는 데 필요한 구매력을 결국에는 회복할 거라고 가정한다. 하지만 의심스러워 보인다. 중간 소득은 인플레이션 때문에 조정된 지난 회복기에는 떨어졌고, 심지어 1970년대보다 그다지 높지 않다. 그럼에도 불구하고 여성들이 집 바깥에서 일자리를 얻었고, 모든 사람이 더 많은 시간 일하기 시작했기 때문에, 각 가정에서는 지난 30년 동안 흥청망청 지출을 해 왔다. 그런 다음 이러한 작전이 바닥났을 때, 사람들은 채무라는 수렁 속으로 더 깊이 빠져들었다. 이 채무는 이번에는 상승하는 집값에 좌우되었다. 이것은 주택 담보대출 수천억 달러를 발생시켜 대출을 차환하게 했다. 그러나 주택 거품이 꺼져 버린 지금, 잔치는 끝났다. 전과 달리 더 많은 시간 일할 수 없고, 이전처럼 대출을 할 수도 없다.

역시 당연하게 여겨지는 또 한 가지는, 미국인들이 흥청망청 지출을 지속하게 해 줄 돈을 갖게 된다면, 영원히 그럴 수 있을 거라는 생각이다. 그러나 그러리라고 믿는 유일한 이들은 자유 시장 자본주의의 가장 근시안적 옹호자들뿐이다. 사회적 비용과 환경적 비용은 곧 우리를 제압할 것이다. 기후변화가 지구에 절박한 위협이 되지 않을지라도, 지구의 자연 자원의 4분의 1을 미국 소비자들이 계속 바닥내면서 유독성 폐기물과 오염원의 부담을 가중시키는 것을 세계의 나머지 사람들이 허락하지 않을 것이다.

우리가 흥청망청 보내면서 소비한 대부분이 순수한 필수품이라 할지라도, 이것 역시 문제가 될 수 있다. 그런데 오히려 우리는 가정용품들을 과소비했다. 분명한 것은, 한 집에 얼마나 많은 가구와 가전제품들을 채워 넣을 수 있을지, 디지털 기기를 조작하는 데 얼마나 많은 시간을 쓸 수 있을지, 상업적 오락으로부터 얼마나 많은 행복을 얻을 수 있을지, 그런 것들에는 한계가 있다는 것이다. 현재의 불황은 일자리와 집, 예금을 잃어버린 사람들에게는 악몽이다. 가난한 사람들에게 그것은 계속되는 악몽의 일부이다. 경제를 다시 궤도에 올려놓기 위해 우리가 할 수 있는 모든 것을 해야 하는 이유가 바로 그 때문이다. 그러나 그 밖의 다른 대다수 미국인들이 현재 깨닫고 있는 것은, 처음부터 그들이 실제로 필요로 하지 않았던 것들을 덜 구입하면 놀랍게도 아무런 문제없이 잘 살아갈 수 있다는 것이다.

잃어버린 위험에 처한 것들

우리에게 가장 결핍되어 있는 것, 혹은 잃어버릴 위험에 처해 있는 것은 우리가 공동으로 사용하고 있는 것들이다. 맑은 공기, 깨끗한 물, 공원, 좋은 학교, 대중교통, 게다가 우리들 가운데 힘들어지는 사람들을 구제하기 위한 사회 안전망 같은 것들이다.

이 같은 공유재들이 반드시 부족한 자원들을 고갈시키는 것은 아니다. 공유재들은 오히려 자원을 보존하고 보호하는 경우가 많다. 그러나 공유재들은 수년에 걸쳐 줄어들고 있다. 어떤 것은 풍비박산이 나서, 특히 부유한 사람들한테, 더 비싼 사유재로 팔리고 있다. 병에 든 생수, 사립학교, 경비원, 헬스클럽은 그중 몇 가지 사례에 불과하다. 맑은 공기 같은 나머지 다른 것들은 규제 철폐의 희생양이 되었다.

또 다른 것들은 예산 삭감으로 여지없이 줄었다. 현재의 불황은 주 정부와 지방정부가 훨씬 더 많은 것을 줄이도록 강요하고 있다. 보편적 보건 의료나 유치원 같은 또 다른 것들은 아직 제대로 모습을 드러내지도 않았다.

이러한 논리가 끌어내는 결론은 무엇인가? 설사 가능하다 할지라도 바람직하지 않다는 생각 때문에 소비자들이 과소비로 되돌아가는 상황이 오긴 힘들다는 것을 감안한다면, 그리고 공유재가 점점 줄어들고 있다는 것을 감안한다면, 총수요를 회복하고 유지하는 것이 유일하게 현명한 하나의 방식인 것처럼 보인다. 그것은 정부가 공유재에 지출하는 것을 통해 이루어질 것이다. 일시적인 자극보다는 정부가, 낡은 소비 습관을 재개할 것이라 예상할 수도 없고 또 그렇게 기대를 가져서도 안 되는 소비자들이 남겨 놓은 결함을 언제까지나 채

> 공유에 기반을 둔 사회로 점진적으로 전환하는 것은 우리 삶에 보다 큰 기회와 안락함을 가져다줄 것이다.
> 필립 크라이언, 조합 조직가

167

우게 될 것이다. 일단 경제성장이 회복될 경우 누진 소득세로부터 오는 세입이 국고를 다시 채우는 한, 이로 인해 적자가 영원히 계속되지는 않을 것이다.

구글의 성공은 누구 덕택인가?

척 콜린스

> 설립자들에게 공을 돌리는 건 당연하다.
> 그러나 그들이 그것을 혼자 힘으로 해낸 것은 아니다.

구글의 설립자들인 래리 페이지와 세르게이 브린은 그들이 스탠포드 대학에서 대학원생으로 만난 지 겨우 9년 만에 회사가 상장되면서 억만장자가 되었다.

"자수성가한 사람"으로 꼭 들어맞는 누군가가 있다면, 그들이 그렇다. 그런데 그들이 정말로 "자수성가한 사람"일까?

그들이 열심히 일했다는 것과 창의력, 그리고 구글 동료들의 노력과 창의력에 박수를 보내는 한편, 우리가 기억해야 할 것이 있다. 구글은 인터넷을 기반으로 세워졌다는 것, 인터넷은 세금으로 만들어졌으며, 정부와 대학들, 그리고 산업계의 지속적인 협업에 의하여 키워졌다는 것을 말이다.

"자수성가한 사람"이 우리 모두에게 빚지고 있는 것

세상에서 가장 위대한 벤처 자본가는 경제 잡지들이 추켜세우는 금융 천재들 중 누군가가 아니다. 그것은 바로, 납세자 투자와 혁신으로 인터넷, 인간 게놈 프로젝트, 그리고 훨씬 더 많은 것을 만들어 낸 미국 정부다. 반도체 장비 생산 업체에서 간부로 일하다 은퇴한 닉 스자보는 실리콘밸리를 "납세자의 피조물"이라고 부른다.

1958년 이래, 과학적 연구에 종사한 모든 엔지니어와 과학자들 가운데 약 75퍼센트가 공적 부문과 사적 부분, 어디를 통해서건 연방 차원에서 보조금을 준 기업에서 일했다. 구글의 설립자들과 고용인들은 이 나라 최고 학교 출신들이다. 그리고 그런 학교들은-공립이든 사립이든-납세자들에 의하여 조성된 연방 연구 기금에 의존한다.

최근에 MIT와 하버드의 총장들은 연방 연구 기금이 "우리 대학에서 활력의 근원이다. 이러한 연방 투자의 수익은 막대하다. 지난 60년 동안 미국 경제성장의 50퍼센트 이상이 기술혁신 때문이었고, 기술혁신은 대부분 대학 연구에서 비롯된 것이었다."라고 썼다.

미국의 납세자들이 구글을 지원한 방식은 그뿐이 아니다. 얼마나 많은 구글의 투자자, 고용인, 고객 들이 공교육의 혜택을 받았는가? 세금으로 유지되는 사법 시스템으로 집행되는 계약들을 구글은 얼마나 많이 체결했는가? 연방 기금으로 운영되는 특허 체계 덕택에, 얼마나 많은 특허가 다른 누군가가 구글의 지적재산권을 이용하지 못하도록 구글을 보호해 주고 있는가?

공유재가 착한 기업 환경을 만들어 낸다

규제를 받는 시장에서는 법령이 공시와 회계 관행을 결정한다. 그런 시장은 투자자들이 확신을 갖고 돈을 내놓을 수 있게해 준다. 부의 잠재력은 신뢰를 유지시키는 사회의 제도들에 달려 있다. 요약하면, 구글은 사회의 투자가 어떻게 사적인 부를만드는 데 비옥한 토양이 되어 주는가를 보여 주는 극적 사례이다. 그렇다면 사회의 투자가 중요하다는 인식에 따르는 책임에는 어떤 것들이 있는가?

하나는 자선을 통하여 사회에 돌려주는 것이다. 구글의 창립자들은 이미 재단에 회사 주식의 일정 비율을 서약했다. 이것은우리가 정말 본받아야 하는 사례이다.

두 번째 책임은 이 나라의 개인과 기업의 성공을 키우는 공적투자와 사회적 기반 시설에 후원하는 것이다.

감세를 외치거나 가능한 모든 틈새를 찾아내 세법에 구멍을내기보다는, 또 다른 구글이 출현할 수 있는 토양을 비옥하게 유지하도록 사회에 환원하는 것이다. 벤처 투자자이자 생물공학회사 젠자임Genzyme Corp.의 최고 재정 책임자였던 짐 셔블롬은"부를 만들어 낼 기회를 갖는다는 것은, 도로, 수송, 시장 같은공유재들과 공적 투자를 잘 이용한다는 것입니다. 그 모든 게 다개인의 기업 정신 덕분이었다고 주장할 수 있는 사람은 우리들가운데 아무도 없습니다. 손상시키지 않고 지켜야 할 타고난 도덕적 책임이 모두에게 있는 이 사회 기반 시설 위에 그중 하나가 세워진 것입니다."라고 말한다.

다른 말로 하자면, 그것은 공유재다.

1세대의 행운을 내게 보여 달라. 그러면 나는 당신에게 재능 있는 개인과 사회의 보이지 않는 벤처 자본가, 즉 공유재 간의 파트너십을 보여 주겠다.

빌 H. 게이츠 시니어

그러므로, 개인적 행운 속에서 사회의 역할에 대해 적절한 셈을 할 줄 아는 구글에 대한 우리의 칭찬과 미래를 위해 공공 사회 기반 시설을 강화하기 위한 우리의 사명 사이에서 균형을 잡아야 한다.

인민들의 공화국, 노스 다코타

**국영 은행이 경제를 안정시키고, 가치 있는 프로젝트를 후원하고,
납세자들의 돈을 절약한다.**

최근의 금융 위기는 유사시에 은행의 명령을 수행하는 것은 정부와 납세자들이며, 그 역은 성립하지 않는다는 것, 즉 은행이 정부와 납세자들의 명령을 수행하는 게 아니라는 것을 보여 준다. "자유 시장"이 공익을 향상시킬 수 있는 유일하게 현실적인 수단으로 비쳐지기 때문에, 우리의 공공 복지는 사적인 부를 떠받치는 데 활용된다.

과연 그러한가? 어쩌면 가장 큰 문제는 상상력의 부족일지도 모른다. 예를 들어, 주립 은행 설립을 고려해 보는 건 어떤가? 아무리 악의가 없다 할지라도, 우파가 어떤 정부 조치를 "사회주의"라며 망치려 들 때, 그것을 활용해 보는 건 어떤가? 세금에서 발생한 수익금의 일부를 납세자 각자에게 되돌려 주는 건 어떤가? 급진적인 생각이라고, 그렇게 생각하는가? 그러나 이것은 1936년 이래 단 한 번을 제외하고 모든 대통령 선거에서 확실하게 공화당을 지지했던 주, 노스 다코타에서 벌어지는 일이다.

노스 다코타 은행은 시장을 조작한 다른 주의 은행가들과 곡물 상인에 대항하고 주 농부들에게 책임을 다할 목적으로 1919년 주 의회 결의를 통해 출범했다. 경제가 수렁에 빠지고, 상업 은행이 가장 가치 있는 프로젝트조차 대출을 꺼리게 된 오늘날, 노스 다코타 은행은 믿음직한 대안이 되고 있다. 은행은 노스 다코타가 다른 어떤 주보다도 충격 없이 대공황을 극복한 이유를 설명해 준다.

우리가 기사를 작성하던 시점에, 실업률은 겨우 3.6퍼센트(전국 최저)였고 주 예산은 흑자였다. 2009년의 경제적 충격의 한가운데에서, 노스 다코타 은행은 5억 8,100만 달러(대출 자산 26억 7천만 달러)의 수익을 냈고, 그것은 6년째 이어진 기록적인 수익이었다. 지난 10년 동안, 은행이 주 기금으로 전환한 금액은 3억 달러다. 주 기금은 주 정부의 예산을 충당하고 세금을 낮게 유지한다.

노스 다코타 은행은 민간 투자자들의 배당금을 최대한 늘려 줄 의무를 갖기보다는, 오히려 공익 – 책임 있는 은행 실천의 경계 내에서 – 에 봉사할 의무를 갖기 때문에, 너무 위험하거나 혹은 수익성이 충분히 좋지 않다며 즉석에서 거절하기보다는 거래를 성사시키려고 노력하는 .데 시간과 에너지를 쓸 수 있다.

데이비드 볼리어

공적 소유권을 다시 고려할 시간이다

제이 월재스퍼

독일의 가장 성공적인 양조장에서 얻은
놀라운 경제학 교훈

30년 동안 기업 간부들, 금융 전문가, 세상의 정치적 지도자들이 결정하고 지시한 메시지는 명백했다. '기업 활동에 정부가 할 수 있는 유용한 역할은 없다. 눈에 보이는 모든 것에서 규제를 풀고 시장이 스스로 마술을 부리게 하자.' 그것이 로널드 레이건과 마거릿 대처의 번영을 위한 비결이었다. 그것은 결국 전 세계에서 채택되었다.

그리고 그것은 작동했다, 몇 군데 되지 않는 엄선된 장소에서. 온 세상에 있는 멋진 교외와 부유한 도회지의 집단 거주지에서 작동했다.

루이 16세와 마리 앙투아네트의 시대는 아닐지라도, 뉴욕 시의 토니 교외 지역과 세계 곳곳 도심의 고립된 영토들은 1920년대 이래 볼 수 없었던 호화로움 속에서 허우적거린다.(연례 보너스의 달성을 축하하기 위하여 한 병에 500달러짜리 와인을 사는 월스트리트 직원들에 관한 〈디셈버December〉지의 뉴스 기사를 기억하는가?)

그러는 사이, 세계 각국의 대다수 사람들과 마찬가지로 미국인들 대부분도 구매력을 기준으로 좋은 직장이 줄어들고 임금이 줄어들자, 파산하지 않으려고 발버둥을 쳤다. 주택 붐이 경제적으로 성공하기 위한 유일한 길로 보이던 시기에 사람들이 무모한 대출을 받는 것은 이상한 일도 아니다.

　그때, 바로 그 순간이었다. 금융 부문이 대폭락하자, 경제에 관한 낡은 규정과 당연시되던 것들은 창밖으로 내던져졌다. 기업 탈규제 덕택에 부를 축적했던, 사치 생활을 즐기던 바로 그 사람들에 의해 경제에 대한 정부 개입이 – 당장! – 요청되었다.

　그러나 잠시 멈추고 생각해 보자. 납세자들이 그 손해를 감당하면서 국가가 파산한 회사에 대한 감독을 책임지는 것이 그렇게나 훌륭하고 근사한 생각이라면, 정부가 수십억 달러를 벌어들이는 성공적인 회사들을 경영하고 대중들에게 중요한 서비스들을 제공하는 것은 그보다 훨씬 더 나은 생각임에 틀림없다.

　낡은 경제 이론이 더 이상 적용되지 않는 이러한 새로운 시대에, 우리가 기업에 대한 공적 소유권 – 1980년대 이래 조롱받아 온 생각 – 을 다시 검토하는 것은 우리 스스로에 대한 책임이다.

　최근, 공적 소유였던 전화, 방송, 철도, 비행기, 보건 의료, 세계 곳곳의 핵심적인 산업체들이 민간 투자자들에게 넘어갔는데, 이는 인류 역사상 가장 큰 양도라 할 만한 규모였다. 한때는 공적 자산이었기에, 시민들이 선출된 공직자들을 통하여 영향을 미칠 수 있었지만, 이제 이러한 전략적 기업들은 그 나라에 살지도 않는 주주들 말고는 아무에게도 책임지지 않는다.

　단지 경제를 지키기 위해서가 아니라, 공유지를 회복하기 위

하여, 특정한 산업에서 정부 소유권에 관한 실험을 시도할 절호의 기회가 왔다. 운송, 주택, 보건 의료, 보험 같은 기본적인 서비스산업이 가장 적절하다.

작은 양조장

독일에서 정부가 소유한 작은 양조 회사가 성공했다. 이를 토대로 판단해 보건대, 주에서 운영한다면, 기초적인 서비스를 제공하는 산업이 아닌 경우에도 이익을 낼 수 있다. (물론, 이 평가는 맥주를 기본적인 공적 서비스로 여기는가에 달려 있다.)

나는 1806년 이래로 독일의 바덴-뷔르템베르크 주가 소유해 온, 로타우스 양조 회사의 주목할 만한 성공에 대해 알게 되었는데, 그건 갑자기 등장한 어떤 과격한 좌파 웹사이트가 아니라 〈뉴욕타임스〉를 통해서였다. 로타우스가 〈뉴욕타임스〉의 뉴스거리가 된 건, 양조장의 소유권 구조가 아니라, (뢰벤브로이나벡스 같은 거대 양조 기업이 지배하는) 독일에서 전국적으로 맥주 판매고가 13퍼센트 급락했는데도, 로타우스가 1992년 이후 사업을 두 배로 키웠다는 사실이었다. 더욱 놀라운 것은, 그 작은 양조 회사는 라디오나 TV 광고를 전혀 하지 않고서도 이 성과를 달성했다. 충성스러운 맥주 애호가들, 특히 젊은 애호가들이 친구들에게 로타우스에 대해 떠들어 주는 것으로 회사의 판매 전략이 수행된다.

"로타우스를 바덴 – 뷔르템베르크 주가 전적으로 소유한다는 사실조차 뿌리를 잃은 시대에 제집 같은 편안한 느낌을 더해 준다"고 타임스는 보도했다. "다음으로는, 로타우스가 반기업적, 반세계화적 대중에게 신뢰감을 주었다. 자본주의를 깊은 불신감을 가진 눈으로 바라보고 또 포퓰리즘이 상승세에 있는 독일에서는, 그런 대중들이 결코 적지 않은 숫자를 차지한다."

맥주는 특히 국제도시인 베를린에서 인기가 높다. "나는 결코 벡스 같은 맥주에 공감할 수 없어요."라고 크로이츠베르크 Kreuzberg라는 반문화적 동네의 선술집 '발도로일레Waldohreule'의 바텐더 바스티 비스바는 말한다.

훨씬 더 흥미로운 건, 주 소유의 이 양조 회사가 독일의 보수적 지배 세력인 기독교민주당 출신의 전 정치인에 의하여 관리된다는 것이다. 1948년 이래, 기독교민주당이 바덴 – 뷔르템베르크의 정치를 지배했지만, 인기 있는 주 소유의 그 양조 회사는 결코 사유화되지 않았다.

최근 경제 영역에서 일어난 극적인 변화에 비추어, 어디에 살건 사람들은 공유에 기반한 사회를 진척시키는 방법으로 기업에 대한 정부 소유권을 실험할 때, 독일의 급진적인 맥주 애호가들과 보수적인 정치인들의 선례를 따르라는 조언을 받게 될지도 모른다. 소유권에 대한 혼합된 접근 방식이 널리 번영을 확산하고 금융 위기를 더 잘 극복하는 경제를 창조할 수 있는 곳, 공유에 기초한 사회를 위하여, 건배!

Commons Solutions

부를 널리 확산시키는 알래스카와 텍사스

석유 수익을 모든 시민에게 유용하는 방식

알래스카의 상황에서, 주의 자연 자원들은 그곳 시민들의 것이다. 석유가 노스슬로프의 주 소유 땅에서 흘러나오기 시작한 1970년대에, 공화당 주지사 제이 해먼드는 알래스카 시민들 사이에서 수익금이 공유되도록 추진했다. 많은 논쟁 끝에, 주 의회가 그 방침에 동의했다. 주의 석유 수익금의 75퍼센트는 세금을 대신하여 정부로 간다. 나머지 25퍼센트는 모든 알래스카인들을 위하여 투자될 '알래스카 영구 기금'으로 돌아간다.

1980년 이래, 영구 기금은 300억 달러로 증가했고, 기금의 투자로 벌어들인 수입은 모든 알래스카 시민들(아이들 포함)에게 동등하게 배당된다. 연간 배당액은 주식시장의 성과에 따라, 개인당 800달러에서 2천 달러에 이른다. 실제로, 영구 기금은 현재뿐 아니라 미래에 태어날 모든 알래스카인들을 위해 운영되는 대규모 상호 기금이다.

텍사스 주는 '영구 학교 기금'과 유사한 사업을 추진하는데, 1954년 이래로 해저 석유와 가스 임대차 계약에서 나오는 수익을 주의 공립학교에 되돌려 줌으로써, 모든 텍사스인들의 더 나은 미래를 위해 투자한다.

피터 반스

자본주의 3.0

피터 반스

단편적인 개혁으로는 충분치 않다.
우리 경제에는 새로운 작동 시스템이 필요하다.

나는 사업가다. 나는 사회가 성공적인 기업 정신에 상을 줘야 한다고 믿는다. 동시에, 나는 이익을 추구하는 활동들이 해로운 부작용을 가지고 있다는 것도 잘 알고 있다. 오염, 쓰레기, 불평등, 불안을 야기하고, 삶의 목적에 대한 적지 않은 혼란을 주기도 한다.

나는 사회 안에서 정부의 역할에 반대하지 않는다는 의미에서 자유주의자이다. 그러나 역사는 대의제 정부가 평범한 시민들의 이해관계를 적절히 보호할 수 없다는 확신을 내게 심어 주었다. 대의제 정부가 미래 세대, 생태계, 그리고 비인간적 종을 보호할 수 없음은 더욱더 명백하다. 이유는 거의 대부분 – 전부는 아닐지라도 – 정부가 사적 기업의 이해관계를 우선시하기 때문이다. 이것은 단지 새로운 지도자들을 선출하는 문제가 아니라, 자본주의적 민주주의의 구조적인 문제이다.

앞서 말한 이야기에 공감하는 사람이라면, 내가 겪었던 것처럼 혼란스러울 것이고 사기가 꺾였을 수도 있다. 우리 알고 있는 것처럼 자본주의가 심하게 망가졌고 정부가 구세주가 아니라면, 그렇다면 희망은 어디에 있는가?

이것은 우리 시대의 중대한 딜레마라는 생각이 든다. 수년간 우파는 정부에 문제가 있으며, 오로지 사유화, 탈규제, 그리고 감세만이 우리를 구원할 수 있다고 말해 왔다. 아니, 오히려 목청껏 소리쳐 왔다. 그 기간에, 좌파는 시장에 결함이 있으며, 오직 정부만이 우리를 구원할 수 있다고 주장해 왔다. 문제는 양쪽 모두 절반은 맞고 절반은 틀리다는 데 있다. 시장과 국가가 문제가 있다는 점에서 양쪽의 주장은 옳다. 그리고 구원이 양쪽 어느 한 군데에 있다는 점에서 양쪽 모두는 틀렸다. 사실이 그러하다면, 우리가 할 일은 무엇인가? 우리를 도울 수 있는 사회제도나 부문에서 놓친 것이 있는가?

시장의 비극, 정부의 비극

수년 전 이 딜레마를 붙들고 숙고하면서, 내 초기 생각들이 초점을 두었던 건, 인간들이 대기 속으로 방출한 열 함유 가스 heat-trapping gas에 의해 유발되는 기후변화였다. 나는 그 문제를 한 쌍의 비극으로 이해했다. 먼저 시장의 비극, 시장은 자신의 과잉을 억제할 수단을 가지고 있지 않다. 그리고 다음은 정부의 비극, 오염시키는 기업들이 강력한 데다 미래 세대는 아직 투표를 하지 않기 때문에 정부는 대기를 보호하지 못한다.

이렇게 상황을 이해하고 보니 다음의 가설에 도달했다.

'공유재가 스스로 자기 파괴의 원인이 아니라, 시장과 정부

실패의 희생물이라면, 개선 방안은 공유재를 강화하는 데 있다.'

그렇다면 그것은 어떻게 가능할까?

지배적 견해에 따르면, 공유재는 실제적으로 소유하는 사람이 아무도 없기 때문에 본질적으로 관리하기 어렵다. 쓰레기 관리 기업이 공기를 소유한다면, 그 기업은 지상의 쓰레기 매립장과 관련하여 그렇게 하듯, 배출자들에게 요금을 청구할 수 있을 것이다. 그러나 아무도 공기를 자기 것이라고 주장할 권리를 가지고 있지 않기 때문에 가스 배출은 제한이나 비용을 물지 않고 계속된다. 물론, 아무도 공기에 대한 소유권을 가지고 있지 않는 데는 이유가 있다. 누구나 기억하겠지만, 모두에게 골고루 돌아가고도 남을 만큼 공기는 충분했으며, 조금도 소유할 필요가 없

번영은 우리 경제 시스템의 장치를 간단히 땜질하는 것으로 이루어지지는 않을 것이다. 우리에게는 철저한 전환이 요구된다.

었다. 그러나 우리의 넓은 하늘은 더 이상 빈 공간이 아니다. 우리는 기후를 변화시키는 눈에 보이지 않는 가스들로 하늘을 가득 채웠다. 이러한 새로운 맥락으로 볼 때, 공기는 부족한 자원이며, 따라서 누군가가 소유하게 하는 것은 나쁜 생각이 아닐 수도 있다.

그러나 누가 하늘을 소유해야 하는가?

그 문제는 공유재에 대한 내 생각의 진원지였으며, 나를 자본주의 3.0이라는 관념으로 이끌었다.

우리 경제의 업그레이드

1973년 출간한 책 《작은 것이 아름답다》에서, E. F. 슈마허는 현재 상태로 존재하는 자본주의는 자연과도 인간 정신과도 위험할 정도로 맞지 않는다고 주장했다. 그는 대안으로 피고용자들에 의해 소유되는 경우가 많은, 친환경 기술을 사용하는 소규모 기업들로 이루어진 경제를 머릿속에 그렸다.

슈마허의 상상력을 마음에 두고, 나는 많은 "사회적 책임" 기업들의 위원회를 시작했다. 운영도 하고 위원회에서 활동도 했다. 이 모든 모험들을 하나로 모아 주는 주제는 그 기업들이 이익을 내면서 동시에 세상을 개선하려고 노력했다는 것이다. 경영자들은 다양한 사항에서 매우 헌신적이었다. 그들은 이익을 내야 하면서 동시에 사회적이고 환경적인 목적들을 가지기도 해야 한다는 것을 알았다.

1995년에 나는 워킹 애셋Working Assets에서 은퇴했는데, 내가

1982년에 공동 설립한 신용카드와 전화 사업을 하는 그 회사는, 총수익의 1퍼센트를 더 나은 세상을 위해 일하는 비영리단체에 기부한다. 나는 내가 빠져나온 영리 세계에 대해 곰곰이 돌아보기 시작했다. 21년 동안, 나는 내가 할 수 있는 한, 갑절로 수익을 만들기 위해 밀고 나가면서 그 시스템을 실험했다. 나는 자연, 피고용인, 그리고 지역사회를 진심으로 돌보는 임원들과 투자자들을 상대했다. 그러나 결국, 선의를 가진 이 모든 사람들은 그 수가 늘어나도 거대한 경제 시스템을 뒤흔들 수도, 이윤에 한결같이 초점을 두는 태도로부터 해방될 수도 없다는 것을 깨닫게 되었다.

돌이켜보면, 내가 수년 동안 의문시했던 문제는 이렇다.

'자본주의는 결핍이라는 문제에 대한 탁월한 해법인가, 아니면 자본주의 자체가 사회의 중심적인 문제인가?'

그 문제에는 여러 층위가 있었지만, 각 층위에 대해 탐구할수록 결국 나는 같은 결론에 도달했다. 설사 훌륭한 해법으로 출발했다 할지라도, 자본주의는 우리 시대의 중심 문제가 되었다. 당시로서는 합당했다. 그러나 시대가 변했다.

자본주의가 시작되었을 때, 자연은 풍부하게 넘쳐 났고 자본은 부족했다. 따라서 자본을 무엇보다 우선에 두는 건 사리에 맞았다. 오늘날은 자본으로 가득 차 있고, 자연은 바닥이 나고 있다. 우리는 또한 화폐에 의존하지 않는 방식으로 우리를 지역사회에 결합시켜 주는 사회적 관계들을 고갈시키고 있다. 이것은 자본주의가 운이 다했다거나 무용하다는 뜻이 아니라, 우리가 고쳐야 한다는 의미다. 우리는 자본주의를 18세기가 아니라 21

세기의 조건들에 적용시켜야 한다. 그리고 그것은 가능하다.

그러나 자본주의 같은 거대하고 복잡한 체계를 우리가 어떻게 고칠 수 있을까? 최소한의 고통과 혼란으로, 어떻게 우아하게 해낼 것인가? 그 대답은 빌 게이츠가 하는 일을 여러분이 하는 것이다. 사용 중인 시스템을 업그레이드하는 것이다.

헌법이 정부를 위한 규칙들을 부여하는 것과 거의 마찬가지 방식으로, 우리의 경제 운영 시스템은 상업을 위한 규칙을 부여한다. 나는 이러한 경제 운영 시스템이 우리 모두의 것이라는 사실을 강조하기 위하여 소유격 우리our를 사용한다. 우리가 헌법을 수정할 권리를 가지고 있는 것과 똑같이, 경제 운영 시스템

모든 아이들을 위한 신탁 자금

평등한 기회라는 약속을 지킨다.

미국이 스스로를 기회의 땅으로 생각하더라도, 모든 사람이 성공에 필요한 권리를 똑같이 누리는 것은 아니다. 선택된 소수가 수백만 달러를 상속받을 때, 다섯 아이 중 한 아이는 가난하게 태어난다.

삶의 차이를 없애고 균등하게 해 줄 한 가지 방식은 모든 아이에게 신탁 자금을 주는 것이다. 찰스 슈머 상원 의원은 모든 신생아에게 비과세 예금 계좌를 만들어 주는 법률을 주창했다. 연방 정부는 각 계좌에 500달러를 예치할 것이다(저소득 가구의 아이들에게는 1천 달러). 18세에 이르면, 아이들은 교육, 주택 구입, 혹은 투자를 위해 자기들의 예금을 사용할 수 있다.

예일 대학 교수 브루스 액커만과 안 알스토트는 18세가 되는 미국의 대다수 아이들에게 8만 달러의 "보조금holder grants"을 주자고 제안하면서, 한 발 더 나아갔다. 그 돈의 사용은 제한이 없지만 그것을 받는 데는 두 가지 조건이 있는데, 하나는 고등학교 학력 또는 동등한 자격, 또 하나는 범죄 경력 부재이다. 그 보조금은 현재의 자산에 대한 소액 과세에 의하여 출자된다.

이것은 입증되지 않은 급진적인 생각이 아니다. 오늘날 영국에서 태어난 모든 아이들은 신탁 자금을 가지고 있다. 기금은 정부가 440달러를 출연하면서 출발한다. 7세에 추가적인 증여가 이루어진다. 기금이 벌어들인 모든 이자는 비과세이다. 부모, 가족, 그리고 친구들이 매년 2천 달러를 보탤 수 있다. 18세에 이르러, 아이들은 자기들의 자금을 어떻게 사용할지 결정할 수 있다. (영국 보수당의 새 정부는 2011년에 시작하는 그 계획을 중단시키고 있다.)

피터 반스

역시 바꿀 수 있고, 업그레이드할 권리를 가지고 있다.

새로운 운영 시스템 - 내가 자본주의 3.0이라고 부르는 생각 - 에서, 핵심적인 혁신은 내가 공유재 부문이라고 부르는 새로운 제도들이다. 기업 지배적인 민간 영역이라는 오직 하나의 엔진만을 가지는 대신에 우리의 개선된 경제 시스템은 두 개의 엔진을 작동시킬 것이다. 하나는 사적 이익을 최대화하는 것에 적용되고, 다른 하나는 모든 사람의 공동의 부를 보존하고 강화하는 것에 적용된다. 이 두 개의 엔진은 - 그것들을 기업과 공유재 영역으로 부르자 - 서로를 떠받치면서 동시에 제약할 것이다. 하나는 우리의 "나me"편에, 다른 하나는 우리의 "우리we"편의 필요에 응할 것이다. 알맞게 균형을 잡을 때 - 그리고 균형이 정부의 중대한 역할이 되게 하면서 - 이 엔진 두 개는 현재의 엔진 하나가 하고 있거나 할 수 있는 것보다 우리를 더 번영시키고, 안전하게 하고, 만족시킬 것이다. 그것은 지구를 파괴하지 않으면서 해낼 것이다.

새로운 종류의 자본주의 이런 모양이다

자본주의 3.0은 경제가 작동하는 방식에서 주요한 많은 변화들을 도입하게 될 것이다. 새로운 재산 소유권, 상속권, 다양한 방식으로 공유재를 확대하는 제도들을 도입할 것이다.

- 공기, 물, 숲, 서식지를 보호하는 일련의 생태계 신탁

- 모든 미국인들에게 배당금을 지불하는 상호 기금 - 1인 1주

- 모든 아이들이 성인이 될 때 창업 자본을 제공하는 신용 기금

- 모든 사람을 포괄하는 보건 의료를 위한 위험 분담 공동 기금

- 저작권 수수료에 기반하여 지역 예술을 지원하는 정부 기금

- 광고량 제한

물론, 이곳에서 저곳으로 간다는 것은 커다란 도전이다. 우리는 지금까지 정부가 사적 기업에 심하게 편향되어 있다는 사실에 좌절감을 느꼈다. 그러나 지난 2년간의 경제적 대격변과 함께, 기회의 창이 열린 것일지도 모른다. 우리가 공유재를 강화할 수도 있다는 것을 상상할 수 있는 것이다. 정부-공유자들을 위하여 일하는-는 새로운 재산권을 공유재 신탁에 할당할 수도 있고, 공유재 기반 시설을 설치할 수도 있으며, 순수한 공동 소유자라는 새로운 계급 부류를 만들어 낼 수도 있다. 그렇게 되면, 기업들이 정치적 지배권을 다시 얻더라도 (기업들은 반드시 그렇게 할 것이다.) 새로운 시스템을 해체할 수 없을 것이다.

새로운 공유재 부문의 기구들은 보호 수단과 이해 당사자를 가지게 될 것이다. 그들은 오래도록 자리를 지킬 것이다. 그리고

머지않아, 기업들은 공유재를 자신들의 기업 동료로 받아들일 것이다. 그들은 자신들이 여전히 이익을 창출할 수 있으며, 훨씬 앞서 나가는 계획을 세울 수 있고, 보다 큰 경쟁력을 갖게 된다는 것을 알게 될 것이다.

가장 중요한 것은, 기회가 생겨날 때 조금씩 새로운 체계를 세우는 것이다. 이러한 시스템을 세우는 과정은 급격하게 변화하는 기간을 거치면서, 수십 년이 걸릴 것이다. 그것은 경제인과 정치인, 경제학자와 변호사, 시민들 그리고 각계각층의 여론 주도자들을 참여시킬 것이다. 더 좋은 미래로 가는 길을 찾기 위해, 우리에게는 비전이 필요하다. 그 비전은 가능할 때마다 공유재를 보호하고 강화하는 것이다.

공익에 기초한 사업

제이 월재스퍼

한 라틴계 기업가가
지역 식품 조합을 만들어 자신의 근원으로 돌아간다.

"공유 감각Common sense"은 레지날도 하슬렛 - 마로킨이 미네소타에서 라틴아메리카 농부들과 함께 만들고 있는 지역 식품 조합을 언급하기 위하여 항상 열정적으로 반복해서 사용하는 용어이다.

"나는 공유지로부터 왔습니다. 그리고 나는 공유지로 돌아갈 것입니다."라고 하슬렛 - 마로킨은 말한다. 그는 과테말라에서 성장했고, 그의 가족은 여전히 공유 토지를 경작한다.

2007년 이후로, 그는 인구 1만 7천 명인 노스필드의 농촌 기업 센터Rural Enterprise Center의 지도자이다. 중서부의 수많은 작은 지역사회들과 마찬가지로, 그곳 역시 라틴아메리카 이주민들이 증가하고 있다. 그들은 대체적으로 저임금 농장 노동과 공장 일을 한다.

그러나 많은 이들이 문제점을 볼 때, 하슬렛 - 마로킨은 이주민들과 전체 지역사회가 이익을 얻을 수 있는 기회를 본다. 그는 그것을 "공유 감각"이라고 부른다.

공유지에 근거한 발전을 위한 필요

협동조합에 관한 아이디어는 하슬렛-마로킨이 노스필드의 많은 사람들이 현지에서 재배된 건강에 좋은 먹거리를 찾지 못하고, 구입할 여력도 없다는 것을 알게 되었을 때 떠올랐다. 동시에 새로운 이주민들은 지속 가능한 소규모 농가들처럼 자신들의 경험을 자본화하기 위한 재정적 수단이 부족하다는 점도 떠올랐다. 라틴계 농부들을 땅으로 돌려보내고 이들을 건강에 좋은 먹거리를 구하는 소비자들과 연결시키기 위한 방법을 찾는다. 하슬렛-마로킨이 하고 있는 일이 정확히 이것이다.

"함께 모여 계획하고, 안정된 자원을 확보하는데 오랜 시일이 걸렸습니다. 그러나 현재 우리에게는 자연스럽게 놓아기르며 닭을 키우는 세 가구와 채소를 재배하는 두 가구가 있습니다."

그것은 작은 시작이었지만, 협동조합은 다음 몇 년 동안 카운티 8개로 범위를 확장하기 위한 계획을 이미 세워 놓고 있다. 그리고 하슬렛-마로킨의 희망은 협동조합이 결

레지날도 하슬렛-마로킨은 미네소타에서 이주민들과 작은 마을의 거주자들을 위한 원-원 해법을 만들고 있다.

국에는 미네소타 남부 전역에 있는 38개 카운티에서 활성화되는 것이다.

이러한 소규모 농가 협동조합은 '공유지에 근거한 발전' - 경제 발전 프로젝트가 전체적으로 지역사회에 도움이 될 수 있도록 보장함으로써 공유지를 강화하는 전략 - 으로 알려지면서 부상 중인 훌륭한 사례이다. 공동 사업은 사업적 모델이라기보다는 오히려 활동의 차원 혹은 공동체 운동으로 보이는 경우가 많다. 하슬렛 - 마로킨의 계획들은 여러 가지 근본이 되는 공동체 원리들 - 미래 세대를 위한 책임, 지속 가능한 지구, 그리고 모든 사람들에게 이익을 제공하는 수단 - 을 구체화하고 있다. 하슬렛-마로킨이 말하듯, "공유지는 지구에서 사회를 유지하고 삶을 지탱하는 체계를 만들어 내기 위한 매우 간단한 공동 감각 접근법입니다."

6장

정치의 재창조

이제 공유지의 시대이다

제이 월재스퍼

> 헌신적인 사람들로 이루어진 작은 집단이
> 세상을, 실질으로, 바꾸는 방식

사회 변화는 설계도처럼 그래프 위에 작성하면 되는 그런 것이 아니다. 어떤 문명의 전체적인 작동을 재배열하는 전면적인 변동은 모르는 사이에 소리없이, 하지만 꾸준히 사람들의 마음을 파고들기 시작해, 결국 어느 날에는 마치 그 사상이 처음부터 내내 함께 했던 것처럼 느껴진다. 정보가 단숨에 지구를 한 바퀴 도는, 지금과 같은 순간 정보의 시대에도 사람들의 세계관은 여전히 아주 서서히 진화한다.

우파로부터 배우기

이것은 기업 권력이라는 패러다임이 세계를 통치하게 되었던 바로 그 방식이다. 맨 처음에 주로 잘 알려지지 않은 오스트리아의 경제학자 모임에 의해서 명쾌하고 간결한 표현을 찾은 기업 권력은, 소설가 아인 랜드와 그녀의 제자 앨런 그린스펀 같은 인물들이 추진한 호기심을 자극하는 정치적 볼거리로 1950년대에 미국에서 부상했다.

모든 사회정책의 근본 원리로서 시장이라는 개념이 주류 논의 속으로 발을 들여놓은 것은, 1964년 공화당 대선 후보 골드워터 선거운동 기간 동안이었는데, 마치 그 첫 등장과 소멸을 한꺼번에 보여 주는 것 같았다. 그해 가을 선거에서 공화당은 대대적인 참패를 기록했지만, 그들은 백악관에서부터 지역 경선에 이르는

소방서의 민영화

앤디 싱어

도처에서 세력을 확산시켜 나갔고, 소규모로 무리를 지은 시장 지지자들은 자기네 이론이 주목받지 못한다는 사실을 받아들이기를 거부했다. 그 대신, 그들은 결국에는 미국인들의 삶을 거꾸로 뒤집어 버리게 될 새로운 운동에 대담하게 착수했다.

현대 정치가 사상의 전투라는 걸 간파한 부유한 후원자들이 자금을 대는 가운데, 시장 옹호자들은 진보의 흐름을 거슬러 오르는 곰팡내 나는 구식 반동주의자로서의 자기네 이미지를 벗어버리고 서서히 미래를 위한 대담한 진로를 설계하는 예언자로 스스로를 개조했다.

자유주의적 공상가들, 거대 기업 기회주의자들, 그리고 전통적 가치에 대한 간절한 옹호자들로 이루어진 있을 법하지 않은 결합체가 그 운동에 참여하면서, 이들은 1970년대 내내 팽창을 계속했다. 영국에서 마거릿 대처, 미국에서 로널드 레이건, 프랑스에서 프랑수아 미테랑으로 이어진 계속되는 선거는 시장 근본주의자들의 세계적 지배권을 공고히 했다. 대처와 레이건은 각자 별개로, 시장이 인간 노력을 조직하는 으뜸가는 조직 원리여야 한다는 사상에 대한 실질적인 주창자가 되었다. 반면에 미테랑은 열렬한 사회주의자였지만 영향력이 커져 가는 국제적인 자본이 1981년 선거 공약을 실행하려는 자신을 무기력하게 만들고 있다는 사실을 곧 알아차렸다. 이것은 우리가 기업이 지배하는 새로운 시대에 들어섰다는 최종 확인이었다.

그때 이후 지금껏, 이 세계는 이들 세력이 만들어 왔다. 앨런 그린스펀은 미 연방 준비 제도 이사회U.S. Federal Reserve 의장으로 지낸 18년 동안 근래 역사상 가장 영향력 있는 경제정책 결정자가 되었다. 그리고 시장 패러다임은 이제 많은 사람들 - 우익으로 출발하지 않았던 상당수 - 에게 십계명이나 물리학의 법칙과 똑같은 수준에서 부정할 수 없는 진리로 받아들여진다.

오늘날, 스포츠 경기장 명칭에서부터 인간의 생명을 가능하게 하는 DNA 배열에 이르기까지 모든 것들이 최고 입찰자를 위한 매물처럼 느껴진다. 1980년대 이래, 좌파와 중도파의 개혁 운동은 급진적 우파 의제들에 성공적으로 맞섰다. 그러나 많은 미국인들이 미래를 위해서는 여전히 자유 시장의 청사진이 필연적이라고 믿는다. 한때 사회적 평등과 기회의 점진적 확대로 이해되던 진보가 이제는 경제적 사유화와 통제되지 않는 기업 권력의 부단한 확장으로 이해된다.

공유지 패러다임의 도입

시장 근본주의가 우리 시대를 정의하는 사상으로서 정점을 지났다는 징후들이 나타나고 있다. 미국에서, 그 첫 번째 희망의 기미는 사회 안전보장 기금을 주식시장에서 일부 민영화하려는 부시 행정부의 계획이 의회와 여론에서 거의 아무런 관심도 끌지 못했을 때였다. 지구적 차원의 고통스러운 경제 위기는 앞다투어 새로운 정책들을 기꺼이 받아들이려는 일부 충성스러운 시장 옹호자들을 제외하고는, 현재의 경제적 모델의 눈에 띄는 허약성을 모두가 볼 수 있도록 드러냈다. 그러나 낡은 이데올로기는 조용히 사라지지 않는다. 특히, 그것이 기업 세계에서 상당한 지지를 누릴 때는 더욱더 그러하다. 버락 오바마가 완고한 시장적 사고방식으로부터 명백히 심하지 않은 이탈을 했을 때 그에 맞선 격렬한 반발을 우리가 보아 오지 않았던가.

동시에, 대열을 가다듬고 있는 활동가 그룹, 사상가들, 사회문제에 관심이 많은 세계 곳곳의 시민들은 공유지에 기초를 둔 사회라는 사상을 지지한다. 이 지점에서 희망을 두는 곳이 어디인가를 제외한다면, 이들은 1950년대의 헌신적인 시장 옹호자들과 별반 다르지 않은, 잡동사니 무리들 - 많은 이들이 다양한 사회운동, 지역사회 운동, 그리고 인터넷 기업에서 전력을 가진 - 이다. 자신들이 스스로를 부르는 대로, 이들 공유자들은 현대사회를 새롭고, 더욱 협력적인 방향으로 설계하기 위해 다양한 이데올로기적 색깔을 지닌 사람들을 크게 하나로 모을 가능성을 보고 있다.

현재의 폭발 직전의 정치적 분위기는 자유주의가 그 기반을 상실하고, 보수적 정책 결정자들이 그들의 (사회적 배제와 자본주의에 대한 변호에 기초한) 낡은 정치적 수사를 번쩍이는 새로운 철학, 즉 "시장"으로 개조했던 1970년 후반과 일정한 유사성을 갖는다. 그 이전에, 우익 사상의 주제는 자신들이 반대하는 것(시민권, 노동조합, 사회적 프로그램 등)에 초점이 맞추어져 있었다. 그러나 자기들의 사명을 시장이라고 주장함으로써, 그들은 자신들이 지향하는 것을 강조할 수 있게 되었다. 그러한 이미지 개선 운동이 성공하면서 현재 우리가 극복하려고 애쓰고 있는 수많은 난제들을 낳았다.

새로운 정치적 여명?

마찬가지로, 공유지에 기초한 사상은 결국은 미국을 비롯해 전 세계에서 정치의 균형점을 이동시킬 수 있다. 하지만 공유지는 시장 근본주의와 달리 단지 새 부대에 담긴 낡은 포도주가 아니다. 그것은 정치적, 사회적인 사고방식에서 실질적으로 새로운 차원을 기록한다.

오랜 기간 우파 운동에 대응해 정치 활동을 해 온 진보주의자들에게, 공유지에 기초한 사회는 상당한 호소력을 가진다. 사회운동에 참여하고 있는 수많은 활동가들은 이제 다각적인 정치적 의제가 협소한 정체성 정치나 단일 쟁점의 운동보다 더 성공하리라는 것을 깨닫고 있다. 공유지 언어와 사상에 대한 실험이 이루어지기 시작했다는 사실 또한 알고 있다. 이러한 사고방식의 취지에 대해서는 자유 시장 혁명이라는 이름으로 사회적 자산과 환경 자산이 부당하게 파괴된 것을 후회하는 일부 전통 보수주의자들도 그 이치를 수긍한다. 단어의 가장 충실한 의미로 본다면, 공유지는 진보적인 미덕이라기보다는 보수적인 미덕이다. 왜냐하면 그것은 건강한 사회를 유지하는 데 필요한 모든 사물을 보존하고 육성하는 데 목적이 있기 때문이다.

이전에는 결코 현재의 상태에 문제를 제기하지 않았던 사람들을 포함하여, 수많은 시민들이 이제 한때는 급진적으로 보일 수도 있었던 새로운 사상에 대한 탐구에 기꺼이 나서고 있는 듯하다. 미국인 수백만이 지금 유기농 식품 구입, 대안 의약품 사용, 소비주의를 넘어 삶에 의미를 주는 무언가에 대한 탐색과 같은, 그들의 개인적인 삶에서 변화를 만들어 가고 있다. 그들의 대화에 아직은 공유지라는 단어가 배어들어 있지는 않을지 모른다. 하지만 그들은 자신들의 삶에서 변화를 찾아 나서고 있다.

이제 세계관에 결정적인 변화가 시작되어야 할 때가 왔다. 세상 어느 곳에 살건 사람들은 누구나 더 안전하고, 더 분별력 있고, 더 지속 가능하고, 필요가 충족되는 세상을 갈망하고 있다. 더구나 두려움을 주는 경제적, 환경적 문제들과 관련해서도 근본적 개선을 이루어 낼 수 있는 기회가 있다는 희망에 대한 공감이 생겨나고 있다. 누구나 다 제대로 된 의료 서비스를 제공받을 자격이 있다. 지구의 건강은 소수의 이윤에 우선한다. 깨끗한 물, 적절한 음식, 교육, 정보에 대한 접근, 그리고 경제적 기회는 모든 사람이 이용할 수 있어야 한다. 다른 말로 하면, 그것은 공유지에 기초한 사회이다. 그 희망을 발전적인 행동으로 바꿔 나가자.

여러분도 이미 공유자일 수 있다

지금 일어나고 있는 운동은 다양한 지지를 끌어내고 있다

공유지는 단일하게 통일된 정치적 프로그램을 가지지 않은, 아직은 초기 단계인 전망 가운데 하나다. 그러나 거대한 잠재력을 지닌 전망이다. 왜냐하면 이 전망은 지적인 엘리트나 정당이 아니라 전통적인 정치 주변부에 있던 사람들, 풍부한 자원을 가진 예외적인 사람들이 무리를 이루어 전진시켜 나가고 있기 때문이다. 이 공유자들은 이제 각자 서로를 발견하기 시작했는데, 서로가 원대한 일들을 약속해 주는 수렴점이 되어 간다.

현재의 초기 단계에서, 공유지 운동에 각별한 지지를 보내는 집단들은 다음과 같다.

- 환경주의자들 : 야생의 구역들을 지키고, 온갖 형태의 오염을 저지하고, 공유지가 사적으로 이용될 때 공정한 보상을 따내고 있다.
- 지방의 지역사회들 : 다국적기업들이 공공 용수를 민영화하지 못하게 막고, 중심가를 대형 매장으로 황폐화시키는 것을 막기 위하여 노력한다.
- 해커들과 협동 작업을 하는 프로그래머들 : GNU 리눅스와 다른 수많은 무료 소프트웨어 그리고 오픈 소스 컴퓨터 프로그램을 만든다.
- 예술가, 음악가, 블로거들 : 합법적으로 공유할 수 있게 해 주고 인터넷상에서 자신들의 작품을 재사용할 수 있게 해 주는 '자발적 공유 표시 방식 creative commons licenses' 인가를 활용한다.
- 과학자, 학자, 연구자들 : 자료들을 공유하고, 기업들이 의약 · 첨단 기술 및 여타 다른 분야 기초 지식의 특허권자가 되지 못하도록 막는다.
- 농부들 : 특히 개발도상국의 농부들은 생명공학 기업들이 공유될 수도 없으며 생태적으로 심각한 결과들을 수반하는 유전자 변형 작물들의 종자를 자신들에게 떠맡기지 못하게 막는다.
- 평범한 시민들 : 도시 공간, 스포츠, 공립학교, 그리고 개인적 공간으로 파고드는 상업주의에 반대함으로써 공적 공간을 지켜 내기 위해 결집한다.

데이비드 볼리어

경제적으로 분리된 미국을 넘어서기 위한
새로운 희망

데드릭 무함마드, 척 콜린스

특권층 백인을 위한 수십 년간의
적극적 차별 시정 조치를 상쇄하기 위하여

시민권 운동이 수십 년 전 미국에서 백인 우월주의의 합법적
근거를 끝장냈는데도, 아직도 광범위한 부의 불평등이 남아서
평등권은 손에 잡히지 않는 권리로 완강하게 버티고 있다. 그간
흑 – 백의 수입 격차를 완화하는 데 진전이 이루어지기는 했다.
그러나 아프리카계 미국인의 수입이 1968년에서 2001년 사이의
비율로 미래에도 똑같이 증가할 경우, 흑인들은 581년이 걸려서
야 백인들의 수입을 따라잡을 수 있을 것이다.

2004년에, 아프리카계 미국인 가정의 중간 소득 순자산은 백
인 가정의 중간 소득 순자산인 14만 700달러의 겨우 14.6퍼센트
에 불과한 2만 400달러였다.

미국은 역사적으로 번영에서 소외되어 온 미국인들에게 부와
기회를 확대하는 일에 파격적으로 재투자를 해야 한다. 19세기
의 홈스테드 법과 제2차 세계대전 후 퇴역 군인에게 제공한 주
택 수당 같은, 소득 격차를 줄이려 했던 과거의 막대한 정부 투
자는 사실상 "오직 백인들만"을 위한 것이었다. 1960년대에 법

률상의 차별이 폐지된 이래, 아프리카계 미국인들을 비롯한 여타 유색인종들이 동등한 시민으로서 혜택을 받을 수 있는 경제적 기회 면에서의 유사한 대규모 투자는 없었다.

부가 유래하는 곳

저소득 미국인들의 경제적 지위를 향상시킬 수 있는 새로운 프로그램들에 대한 한 가지 장벽이 있는데, 그것은 사적인 부가 만들어지는 방식에 대한 널리 퍼져 있는 오해이다. 언론과 대중적 신화는 부자들이 자신의 힘으로 부를 만들었다는 가정 아래, 그들이 가장 훌륭하고 가장 영리한 사람이라고 칭송한다. 그러나 아무도 부를 순전히 혼자 힘으로 축적할 수는 없다. 실제로 대다수는 아닐지라도, 부유한 미국인들 중 다수는 순자산의 상당한 몫을 상속받았다. 그리고 그러한 경우가 아닌 사람들조차, 사적인 부(예금, 주택 소유권, 투자 재산)는 개인 기업과 공유재의 결합을 통해 만들었다.

미국에서 부의 형성에 관한 이야기는 인종과 공유재라는 두 가지 관점에서 다시 검토될 필요가 있다. 특권층의 개인적인 부와 기회를 확장하기 위해 공동의 부를 유용한 미국 정부의 오랜 부당한 역사가 있다. 그리고 그 특권층은 거의가 백인들이었다. 미국이 국가로서 존재하기 이전에도 이곳에서는 유럽인들이 우리의 근대 경제가 딛고 선 부의 토대를 형성하면서, 원주민들의 땅과 자연 자원들을 몰수하고 사유화했다. 미국이 ─주로 군사적 개입을 통해─ 다른 나라 사람들의 자원을 제 것으로 삼은 것도

아프리카계 미국인들에게는, 백인 수백만을 가난에서 건져 낸 뉴딜과 재향군인 프로그램들을 비롯한 수많은 혜택들에 대한 자유로운 접근이 허용되지 않았다.

유사한 방식이었다.

흑인 노동자 - 처음에는 노예, 나중에는 소작인과 저임금 노동자 - 들은 가장 부유한 백인들을 위해 거대한 부를 만들어 냈지만 받은 것은 거의 아무것도 없었다. 노동자들은 어느 소수민족 집단이건 다 착취되었지만, 아프리카계 미국인들은 다른 소수 집단들과 더불어 최악의 저임금, 최악의 노동조건, 그리고 그들의 공동체 환경에 대한 최악의 파괴를 철저하고 두드러지게 겪었다. 우리는 산업혁명을 통해 쌓은 악덕 자본가의 부를 살펴볼수 있는데, 그것은 개인적으로 부유해지기 위해 국가의 공유 자원들을 마음대로 사용할 수 있었던 백인 권력 집단에 의해 축적된 것이었다. 기업, 건물, 그리고 자선 단체들에는 아직도 철도나 주식시장처럼 사회적으로 형성된 부는 물론이고 석유, 목재, 그리고 광물을 비롯해 자연 공유지 위에 쌓아 올려진 시장을 독점한 개인들의 이름이 아로새겨져 있다.

그러나 평범한 시민들의 부를 끌어올린 것으로 가장 칭송받는 역사에 남을 정부 프로그램에서조차 라틴계, 아시아계, 인디언 원주민, 특히 아프리카계 미국인들은 대체로 배제되었다. 각 가정의 부를 창출한 19세기의 가장 광대한 프로그램인 홈스테드법은 원주민 부족들의 땅을 강제로 사들였고, 백인 정착민들에게 사적 소유권을 승인해 주기 위해 공유 자산의 넓은 구역들을 사유화했다.

백인들을 위한 적극적 차별 시정 조치

20세기에, 뉴딜 정책과 제대군인 원호 법GI Bill 프로그램은 미국의 중산층을 확대하기 위한 대담한 기획으로 종종 칭송되었다. 그러나 아이라 카츠넬슨이 《적극적 차별 시정 조치는 백인 우대 조치였다When Affirmative Action Was White》에 기록한 것처럼, 사회보장제도, 제대군인 원호 법의 교육적 혜택, 그리고 1950년대의 주택 소유권 프로그램 모두가 인종적인 부의 분리를 심화시켰다.

이 프로그램들은 백인 지상주의자들이 여전히 다방면에 걸쳐 힘을 휘두르던 의회에서 작성되었고, 많은 주에서 현지의 백인 통치가 뒤엎어지지 않게 하기 위해 시행되었다. 그 결과, 사회보장제도 시행 첫 20년 동안에는, 불균형적으로 아프리카계 미국인들에 의해 유지되다시피 한 직업인 농업 노동과 가내노동이 배제되었다. 제2차 세계대전 동안, 아프리카계 미국인들은 인종차별적인 군대에서 불평등한 처우를 받았으며, 제대 후에는 제대군인 원호 법의 풍부한 혜택의 대상자가 되기 쉽지 않았다.

전후의 급격한 경제 발전은 1948년에서 1972년 사이 원호청을 비롯한 여타 연방 융자 기관에서 지급한 보조금 형식으로 3,500만 명이 넘는 미국인들에게 제공된 주택 보조 지원금에 의해 촉진되었다. 가장 큰 수혜자는 "오직 백인"뿐인 교외 거주자였으며, 그들은 또한 주택 담보대출 세금 공제로 가장 큰 혜택을 입었다.

경제적 불평등과 다양한 인종차별적 관행 ─ 서비스 거부 지역 지정, 인종차별적 부동산 업자들, 그리고 배타적 구역을 유지하기 위해 사용되는 노골적인 인종주의적 폭력 - 때문에, 대다수 아프리카계 미국인 가정은 중산층에 대한 정부의 거대한 투자로 부터 배제되었다. 2004년까지, 백인의 76퍼센트는 자기 주택을 소유했다. 반면 흑인은 49.1퍼센트, 라틴계는 48.1퍼센트였다.

오늘날, 제대군인 원호 법 수혜자들의 자식과 손자들은 주택을 사고, 상위권 대학에 진학하고, 사업을 시작할 수 있게 해 주는 세대 간 부의 이전으로 혜택을 본다. 그러나 그들은 스스로를 "백인 우대 정책"의 수혜자로 여기지 않을 것이다.

부가 창출되는 과정에서 있었던 공유재의 역할을 무시한다면, 우리가 이렇게 크게 벌어진 인종에 따른 경제적 분리를 극복하기는 어려울 것이다. 우리가 개인적 부로 간주하는 것 대부분이 그 유래가 공동의 부라는, 좀처럼 인정받지 못하는 전제에서 출발해야 한다.

그러나 사람들의 부의 수준은 개인적인 노력과 성취의 반영이라는 미국적 신화는 지속된다. 특권층 백인들이 그들의 부가 주로 스스로의 노력에서 비롯된 것이라고 믿는 한, 경제적 기회를 좀 더 널리 확산시키기 위한 포괄적 기획에 대한 정치적 지지를 확립하기는 어려울 것이다.

《미국인의 꿈과 부의 힘》에서, 사회학자 헤더 베스 존슨은 가정의 부에 관한 태도와 관련하여 특권층 백인 가정의 구성원들을 200명 넘게 인터뷰했다. 이들 개인들은 부모의 재정적 지원이 자신과 자녀들이 교육적으로 엄청난 유리함을 갖게 되는 데 수행한 역할을 인정하면서도, 여전히 사람의 사회적 지위는 개인적인 노력에 의하여 결정된다고 깊게 믿었다. 이들 인터뷰 대상자들은 아메리칸드림을 이루기 위하여 자신의 부가 가져다주는 특권과 다른 이들의 무능력 사이에 어떤 관계가 있는지 전혀 알지 못했다.

자수성가한 것을 자랑하는 모든 사람이 개인적 부가 창출되는 과정에서 공동의 부가 수행한 중요한 역할을 무시하고 있다. 물론 개인의 기업 정신은 중요하다. 그러나 그것은 공동의 부라고 하는 이미 존재하는 아이스크림 위에 체리와 거품 낸 크림을 추가한 것과 유사하다.

역사적으로 형성된 인종 간 부의 분리를 없애고자 하는 우리에게 최선의 희망은, 우리 각자가 우리의 살림과 생계를 위해 공유재의 아낌없는 혜택을 나누어 가질 권리를 타고났다는 것을 깨닫는 사람들에게 있다. 사람들은 "공짜로 어떤 것을 준다"는 개념에 화를 낸다. 그러면서도, 공유재로부터 공짜로 부를 키워내는 기업들과 세대를 이어 가는 특권층 가정에 대해서는 숙고하지 않는다.

백인 중산층의 성취조차도 모든 미국인들의 노력을 통해 그리고 모든 미국인들을 위해 만들어진 정부 프로그램과 공공의 부에 대한 우선적 접근이라는 맥락에서 이해될 필요가 있다. 여기서 말하는 모든 미국인들 중에는 노력을 하고서도 이익을 얻지 못하는 사람들도 존재한다.

공익을 위한 공동의 부

사적인 부가 불평등하게 분배되더라도, 공동의 부는 모든 사람에게 속하고, 그 혜택은 가능한 어디에서나 보편적으로 공유되어야 한다. 공유재에 기초한 자원들로부터 나오는 수입은 불평등을 줄이고, 기회를 확장하기 위하여 사용되어야 한다.

동시에, 공동의 부는 현재 살고 있는 사람들뿐만 아니라 미래 세대를 위해서도 관리되어야 한다. 각 세대는 공유된 유산을 보존하고, 줄지 않게 해서 그대로 다음 세대에게 전할 의무를 가지고 있다.

기회를 확대하고, 동시에 - 한 집단의 기회를 향상시키는 데 성공적이었던 - '오직 백인에게만' 프로그램이 만들어 낸 불평등을 바로잡기 위해 반드시 이루어져야 하는 것들과 관련해, 우리는 뛰어난 분별력을 가지고 있다. 공정하게 모든 미국인들의 소유인 공공의 부를 공평하게 공유할 수 있는 방법과 관련하여 몇 가지 실행에 옮길 만한 아이디어들을 살펴보자.

● 부채로부터 자유로운 고등교육. 예컨대, 많은 사람들이 심각한 부채 없이 대학을 졸업할 수 있게 해 줄 초창기의 제대군인 원호 법과 같은 무상 장학금.

● 키드세이브KidSave 계좌. 예컨대, 미국에서 태어난 모든 아이들에게 5천 달러의 비과세 유산을 교부하자는 제안. 영국에서 이미 실행되고 있는 것으로, 아이들이 18세에 이르면 이 기금은 (거의 20년간 이자를 벌어들인다.) 교육, 최초의 주택 구입, 혹은 사업의 시작을 위해 인출될 수 있다.

- 확대 주택 소유권. 예컨대, 다양한 최초의 주택 소유자 프로그램을 통한 소프트 세컨드 모기지나 보조 금리.

- 임금을 보충하기 위한 연간 배당금. 알래스카의 거주민들은 주의 석유 재화인 알래스카 영구 기금으로부터 연간 배당금을 받는다. 공유재에서 비롯된 부의 다른 원천들은 유사한 국가나 연방 프로그램의 기금으로 사용될 수 있다.

- "지역사회 재화 빌딩" 기금 - 지역사회 개발 기업을 후원하기 위한 자본 조합 - 의 설립, 비영리적인 주택 조직, 고용인 소유의 회사, 사회적 기업, 지역사회 토지 신탁, 그리고 기본적 인권을 충분히 보장받지 못하는 지역사회에서 사람들이 재정적 자산을 얻게 해 주려는 여타의 다른 시도들.

- 기회를 확장하는 프로그램에 투자되는 공유재에 기반한 수입. 텍사스에서 석유 재화의 수입은 유치원, 초중등교육 그리고 고등교육을 위해 몇 개의 신탁 기금에 기부된다.

정의를 위한 지불

이렇게 부를 널리 확대시키는 기획에 대해 어떻게 지불할 것인가? 공유재에 기반한 자원에서 생긴 수입을 이용해서 이러한 노력들에 자금을 제공하는 것은 합당하다.

자연 자원을 이용할 때 소유자들(우리 모두)에게 지불하기.

역사적으로 공해 기업들은 자연 공유지에 폐기물을 거저 버렸다. 공유된 자연 자원들의 사용에 비용을 치른다면, 오염을 줄이게 하는 동기 부여와 함께, 위에서 설명한 것과 같은 프로그램들을 위한 수입원까지 동시에 만들 수 있다. 이것이 기후변화를 억제하기 위한, 공유지에 기초한 배출 총량 규제, 환급제cap-and-dividend 제안의 핵심이다.

공공의 부 재순환 프로그램

우리가 사적인 개인이 축적한 부가 공유재를 사용함으로써 나왔다는 것을 깨닫는다면, 보다 적극적으로 유산에 세금을 부과해야 한다는 것은 분명하다. 유산에 세금을 부과하기 위한 도덕적 근거도 있다. 공유재의 아낌없는 혜택으로부터 창조된 부는 일시적으로 개인들에 의하여 소유권이 주장될 수도 있다. 그러나 어떤 시점에서 그 대부분은 다른 사람들을 위한 기회로 재활용되기 위하여 사회 전체에 환원되어야 한다. 상속세는 위에서 설명한 그러한 사용에 필요한 자원으로 봉사하기 위한 부 기회 기금Wealth Opportunity Fund으로 기부될 수 있다.

사회적으로 형성되었지만, 기업에 포획된 부

개인들의 부가 그렇듯, 대다수 기업들의 부 또한 공동으로 유지된 자원들 덕분에 생성되었다. 《자본주의 3.0》의 저자 피터 반스는 대개의 경우, 승인되지 않은 방식으로 이

> 터놓고 말하자면, 부자들은 부유하다. 왜냐하면, 그들은 기업을 통해 공동의 부에서 가장 큰 부분을 가져가기 때문이다. 가난한 사람들은 가난하다. 왜냐하면 그들이 가져가는 것은 아주 조금뿐이기 때문이다.
>
> 피터 반스

러한 일들이 일어났다고 말한다. 첫째, 우리는 유한 책임이나 영원한 삶과 같은, 현실의 인간에게는 유효하지 않은 특별한 특권들을 기업들에 양도한다. 또한 이러한 선물들에다, 경쟁적 시장이 허용할 수 있을 가격보다 더 높게 청구할 수 있게 해 주는 특허권과 저작권 같은 사회적으로 형성된 여타의 특권들을 추가해 준다. 게다가, 사회는 기업의 부를 크게 늘려 줄 공공 사회 기반 설비—도로, 인터넷, 규제된 자본 시장, 무역 정책—까지 제공한다. 그리고 훨씬 더한 것도 있다. 우리는 기업들에게 수조 달러의 가치가 있는 공유재 자원들을 준다. 철도 회사에는 토지를, 방송국에는 공중파를, 공해 기업들에게는 오염시킬 권리를 주기까지 한다.

기업들이 일자리를 만들고 경제를 강하게 해 준다는 주장으로, 우리는 아낌없이 주는 이러한 선물들을 합리화한다. 그러나 사실상, 이러한 이익의 대부분은 기업의 주식 대부분을 소유하고 있는 그리고 불균형적으로 백인이 다수를 차지하는 특권층 엘리트들에게 흘러간다. 역사적으로 기업은 기업 소득세를 통해 그 일부를 갚았다. 그러나 최근 수십 년 동안 이 세금은 이 나라의 가장 수익성 좋은 일부 기업들에 대해서는 거의 없다 해도 좋을 만큼 줄어들었다. 반스는 기업의 부에 대한 추가 부담금을 제안하면서, 미국 영구 기금으로 주식의 일부를 할당하고 공익을 위해 관리되게 하자고 한다.

공유지 사상은 우리에게 새로운 시각과 함께 아프리카계 미국인들을 비롯한 여타 유색인종을 수세기에 걸쳐 공동의 부에서 배제했던 것을 바로잡고, 인종적인 부의 분리를 줄이기 위한 일련의 실천적 기준을 제공한다.

하이드 광장 위원회

보스턴의 청소년 조직이 민주주의에 주는 교훈

'자메이카 평원Jamaica Plain 보스턴 지부'에서 활동하는 청소년 단체 '하이드 광장 위원회'는 사람들이 지역사회를 발전시키고 싶은 방법과 관련하여 상세한 평가서를 작성했다. 그런 다음, 기금을 모으고 일할 사람을 고용하고, 그리고 지역사회에서 간결하게 정리된 '공유지에 기초한 목표들'을 실행에 옮기기 위한 새로운 프로그램들을 만들었다.

- 벽화 및 다른 형태의 공공 미술
- 건강 관련 교육과 청소년들에게 필요한 훈련
- 유능한 젊은이들이 될 수 있도록 능력 키우기
- 지역의 문제들을 다루려는 노력들에 대한 지역사회의 조직화
- 춤 공연 및 여타 문화 행사

하이드 광장 위원회는 이러한 공유 자산을 육성하거나 혹은 새로 만들어 내기 위해 고등학교 학생들을 75명에서 125명까지 시간제로 고용한다. 생산되는 것들의 가치 이상으로, 지역사회는 많은 것을 얻는다. "우리가 하고 있는 일들에서 많은 것을 얻어요. 젊은이들이 발전하고, 더 좋은 학생이 되고 있고, 사회의 더 세련되고 지적인 구성원들이 되고 있기 때문입니다."라고 위원회의 조직과 정책 기획 담당자인 크리스말디 바스케즈는 말한다.

지역사회를 조직하는 일에 바스케즈가 발을 들여놓은 것은 열네 살 때였는데, 지역사회 공터에 들어설 예정이던 K마트를 저지하고 그 대신 그곳에 청소년과 청소년 주민 센터를 세우기 위한 자금을 확보할 수 있게 되었다.

오로지 청소년들이 이끄는 노력만으로, 위원회는 보스턴의 공립 고등학교들이 '시민론civics'을 필수 과정에 다시 포함시키도록 하는 활동을 벌였다. 청소년들은 도시 전역에서 캠페인을 벌여, 시의회로부터 지지를 모아 낸 다음 그 제안에 대한 공청회를 열었다. 공청회 자리에 300명이 넘는 학생들이 참석했다. "고등학교 학생들은 예컨대 투표의 중요성이나 정부가 작동하는 방식처럼, 학교에서 배워야 하지만 배우지 못하고 있는 많은 것들을 위원회 활동을 통해 배우고 있다는 사실을 알게 되었어요."라고 바스케즈는 말한다. 보스턴 공립학교 관할 구에서는, 위원회 회원들이 개발한 교과과정을 사용하면서, 두 군데 학교에서 그 과정의 시험 과정을 진행하고 있다.

필립 크라이언

하이드 광장 위원회 성원들이 마을 행사에서 공연하고 있다.

한 번에 한 블록씩 지구 구하기

제이 월재스퍼 ·

> 이웃은 사회 진보를 위한 강력한
> -그러나 종종 간과되는- 도구이다.

이웃은 사람들의 대부분 삶에서 가장 친숙한 형태의 공유지다. 우리들 가운데 거의 모두가 그 일부이고, 따라서 이웃 사람들은 우리가 깨닫고 있는가 아닌가에 상관없이 우리들의 삶에서 중요한 역할을 한다. 당신이 멀리 가 있는 동안 당신의 집에 도둑이 든다면, 경찰을 부르는 사람은 당신의 이웃이다. 더구나 인도를 한가로이 산책하는 이웃의 존재 혹은 당신의 집에서 수상한 소리가 날 때 불을 켜는 이웃은 존재만으로도 범죄자들이 침입하지 못하도록 막아 준다.

그러나 범죄는 이웃이라는 공유지 차원에서 유효하게 이야기할 수 있는 진지한 수많은 의제들 가운데 하나에 불과하다. 환경과 관련된 문제들, 경제적 쇠락, 그리고 사회적 소외도 마찬가지로 이야기될 수 있다. 우리가 늘 다니는 곳에서, 상황을 개선하기 위한 협력은 훨씬 쉽게 이루어진다. 열대우림의 파괴에 우리는 당황한다. 하지만 우리 지역사회에 있는 나무가 위험에 처할 경우, 우리는 소파에서 일어나 거리로 나가서 진정서를 돌리고

저항을 조직하고 벌채용 전기톱을 휘두르는 사람들과 협상할 것
이다. 우리 행동의 직접적인 결과를 볼 수 있을 때, 우리는 어떤
문제에 참여하기가 훨씬 더 쉬워질 것이고, 우리의 초점이 지역
에서 지구 차원으로 확장될 것이다.

중요한 사회제도인 이웃이라는 개념은 어떤 사람들에게는,
(공유지 사상이라는 것 자체가 그렇듯이) 향수를 불러일으키는 길
모퉁이의 소다수 판매소처럼 시대에 뒤떨어진 것처럼 보일지 모
른다. 하지만 실제로는, 노트북으로 모로코에 있는 사람들과 이

이웃을 위한 파티를 열어서 당신의 지역사회에서 어떤 것을 시작하라.

세금은 항상 금기어이기만 할까?

정부가 시민의 돈을 소비하는 방식에 대해 시민이 발언권이 없다면 몰라도······

최근 수십 년 동안 정부에 대한 적대감의 주요한 원인은 세금에 대한 불만이다. 시장경제에서 소비자로서의 역할과 비교하여 납세자로서 자기들의 돈이 가는 곳을 결정할 때에 선택권이 주어지지 않는다고 사람들은 느낀다.

그러나 세금은 쇼핑과 다르다. 이상적으로 말하면, 그것들은 개인화된 행위를 통하여 효율적으로 공평하게 성취될 수 없는 문제를 해결하고 기회를 추구하는 공동의 방식이다. 그래서 세금에 대해 새로운 시선으로 토론하는 것은 중요하다.

이것을 하기 위한 유망한 방식 가운데 하나는 민주주의와 공유지라는 위대한 정신을 세금이 쓰이는 방식으로 가져오는 것이다. 결국, 시민들이 정부 기금이 지역사회에 투자되어야 하는 방식과 관련하여 최종적인 전문가이다. 브라질의 도시 포르투 알레그레(인구 1,300만 명)에서 좌파 노동당이 1989년에 정권을 잡은 후, 하기로 결정한 일이 바로 그것이었다. 새로운 각료는 실업을 낮추고, 대중교통을 개선하고, 그리고 가난한 이웃을 희생시키는 공로를 인정받은 혁신적인 "참여 예산제"의 의사 결정 과정에 모든 사람을 초대했다. 참여 예산제의 실행 이후 몇 년간 두 배 넘게 지방자치단체에서 의료와 교육 투자가 이루어졌다.

이 아이디어는 이후에 라틴아메리카와 유럽, 아시아, 아프리카, 북아메리카의 수많은 다른 지역에서 채택되었다.

제이 월재스퍼

메일을 하고 페이스북을 하는 사람들을 보면서 동시에 당신이 옆 테이블의 이웃과 대화를 시작할 수 있는 인터넷 카페처럼 그것은 현대적이다.

21세기에 우리의 사회적, 문화적 지평선이 확장되어 간다 할지라도, 지역사회는 여전히 우리의 삶을 이끄는 곳이고, 우리가 현실을 딛고 선 곳이며, 모든 사람이 우리의 이름을 아는 곳이다. 지역사회는 여전히 우리가 가장 적극적으로 영향을 미칠 수 있는 장소이다. 그리고 우리가 세계 곳곳의 사람들이 자신들이 가장 자주 다니는 곳에서 삶을 개선하기 위한 활동을 벌이고 있는 것을 보게 될 때, 그 결과는 결국 중대한 사회 변화를 의미한다.

시애틀에서 네덜란드까지, 이웃들은 행동에 나서고 있다

●시애틀의 예슬러 테라스 공영 주택 프로젝트에서 활동하는 할머니들은 마약 밀매로 악명이 높은 거리 모퉁이에서 접이식 의자를 지참한 항의. 연좌 시위를 조직해서 지역사회에서 마약 판매상들을 몰아냈다. 할머니들은 그냥 거기 앉아 뜨개질을 했는데 판매상들이 결국에는 내쫓기게 되면서, 때로는 지역사회를 돕고자 기꺼이 나서는 할머니들이 이웃의 자리를 대신하는 경찰 특공대보다 더 일을 잘 해낼 수 있다는 것을 증명해 보였다.

●네덜란드 델프트에 사는 일군의 낙담한 이웃들은 도로 중앙에 긴 의자와 테이블을 끌어다 놓는 방법으로 자동차가 자기네 거리를 질주하는 것을 중단시켰는데, 운전자가 도로를 통과할 수는 있지만 서서히 운전할 수밖에 없도록 전략적으로 배열해 두는 방법이었다. 결국에는 경찰이 출동했지만 이 기획이 명백히 불법적일지라도, 좋은 아이디어임을 인정해야 했다. 곧 시 당국은 차량 속도를 줄이기 위한 자체 장비를 설치했다. 그리고 교통 제어traffic calming라는 개념이 탄생하게 되었는데, 이것은 이웃을 안전하게 보호하기 위해 곧 전 세계에서 사용하게 되는 혁신적인 해법이었다.

이웃 행동주의는 편협한, 심지어 이기적인 일로 낙인찍히는 경우가 많다.

"아프리카에서 사람들이 굶주리고 있다. 그런데 당신은 농부들의 시장을 여는 일에 초점을 맞추고 있다!"

이렇게 말이다. 하지만 그것은 21세기에 사회적 변화에 필요한 우리의 주요한 자산들 가운데 하나를 경시하는 것이다. 놀라운 전 지구적 의사소통 네트워크 덕분에, 좋은 아이디어가 영원히 지역에서만 머무르는 일은 없다. 지구적으로 생각하고 지역적으로 행동하기에 역사상 지금보다 더 좋은 때는 없었다.

시민권 2.0

데이비드 볼리어

평범한 사람들이 이렇게 미래를 만든다.

인터넷 덕분에, 사람들이 서로 관계를 맺고 공유하는 자원 - 블로그 게시물과 사진에서부터 영상과 자료들에 이르기까지 - 들을 관리하게 해 주는 인터넷이 지닌 능력 덕분에, 공유자들은 시민 행동과 리더십의 최신 형태를 만들어 가고 있다.

시민들은 더 이상 세계적인 사건들의 방관자로 남아 있지 않는다. 이제 우리의 생각과 의견을 공유할 기회를 달라고 정치인들이나 뉴스 언론 매체에 간청할 필요가 없다. 우리는 이제 지구적 차원에서 우리 스스로를 표현하고 정치적 행위에 착수할 수 있는 수단과 힘을 가졌다.

세계 곳곳에서 듣는다

● 이라크 전쟁의 준비 단계에 대해 상세하게 보도하면서, 블로거들은 〈뉴욕타임스〉나 〈워싱턴포스트〉보다 더 올바른 책무

인터넷 덕분에 우리에게 힘이 생겼다.

를 해냈다. 블로거 소속의 종군기자들과 논평가들이 우리로 하여금 대량 살상 무기에 관해서 비참할 정도로 잘못된 뉴스를 전하는 주요 매체들의 보도 기사들에 대해 논박할 수 있도록 해 주었다. 독립적인 블로거들이 했던 더 훌륭한 일은 정부가 하는 선동과 사실들을 가려냈다는 것이다.

● 2006년에, 모두가 버지니아 주지사 조지 알렌이 쉽게 상원 의원에 당선될 거라고 생각했다. 그러나 버지니아 시골에서

선거운동을 하던 앨런은 그의 연설을 촬영하고 있던, 인디언 후손인 한 대학생을 "마카카macaca" - 다른 민족에 대한 욕 - 라고 불렀다. 그 영상이 유튜브에 올라왔을 때, 그것은 앨런이 패배하고 미국 상원에서 민주당이 다수당을 탈환하는 데 핵심적 요인이 되었다.

● 스워스모어 대학의 학생들은 다이볼드Diebold 전자 투표 기계가 얼마나 쉽게 해킹당할 수 있는지에 대해 증거를 보여 주었다. 다이볼드가 저작권법을 들먹이며 그 진술을 은폐하려 했을 때, 학생들을 비롯해 활동가들이 그 웹에 관한 기록들을 공표하면서, 그 문제에 관한 더 정밀한 조사를 촉발시켰다. 결국, 많은 주에서 다이볼드 투표 기계는 사용이 금지되었다.

● 활동가 집단, 변호사, 그리고 언론인들은 가장 잘 팔리는 자이프렉사Zyprexa의 치명적인 부작용을 입증하기 위해 공개적인 위키를 만들었다. 검찰은 결국 약의 위험에 관한 증거를 숨기려고 한 제조 회사 엘리 릴리Eli Lilly에 벌금으로 12억 달러를 선고했다.

● 이것은 전 지구적 현상이다. 2009년 이란의 대통령 선거 후에 그 나라 지도자들이 TV와 라디오 방송국을 폐쇄하고 검열할 때, 트위터는 선거권을 박탈당한 투표자들이 정치권에 도전하고 대중적 저항을 시작하는 데 중요한 역할을 했다.

대통령의 쇠고기 수입 정책에 저항하기 위해 인터넷과 휴대폰를 통하여 조직된 거대한 "플래시몹"이 이루어졌을 때, 한국 정치는 변했다. 같은 방식으로, 젊은 몰도바 활동가들은 불공정한 선거에 대한 대응으로 즉각적으로 의회를 점령했다. 그리고 이집트 사람들은 급상승하는 식품 가격에 대해 대규모 저항을 시작했다.

공유자들의 힘

시민들이 디지털 네트워크를 사용하면서 우리는 우리의 우선 사항들, 상상력, 그리고 권리에 근거한 행동을 취하기에 전례가 없는 능력을 얻어 가고 있다. 수많은 사례들에서, 우리는 가장 높은 수준에서 뉴스를 보도하고 결정을 내리는 중앙 집중화된 기구들보다는, 재능들 ─ 더 많은 현장에 있는 눈과 귀, 그리고 창의적인 사고 ─ 이 모여 있는 더 큰 저수지에 접속하고 있다.

이 모든 놀라운 발전은 부상 중인 공유지 섹터의 일부이다. 중요한 차이에도 불구하고, 이러한 혁신은 하나하나가 대기업, 지위가 높은 정치인, 혹은 대중매체의 지지 없이도 시민들에게 스스로를 표현하고 또 스스로를 집단으로 조직하는 새로운 길을 제시하고 있다.

나는 최근의 공유지 시민권의 출현이 지배적인 질서를 재배열할 수 있는 잠재력을 지닌 신선하고 새로운 정치 형태를 보여준다고 믿는다. 세계 곳곳에서 풀뿌리 차원에서 활동하면서, 공유자들은 폐쇄적인 독점, 정치 엘리트, 그리고 언론 통제와 싸울 수 있는 힘과 기구의 새로운 형식들을 세워 나가고 있다. 연줄이 좋은 사람들과 부유한 사람들에 의해 우리 안에 잘 가두어지는 대신, 시민권 – 키케로가 말했듯, 권력에 참여할 자유 – 이 민주화되어 가는 중이다.

무상 소프트웨어 해커, 블로거, 하이테크 기업가, 유명 음악가, 대학교수, 생물학 연구자 사이에는 공통점이 없을지 모른다. 하지만 실제로는, 각자가 새로운 민주주의가 점차적으로 집단적으로 실행되어 가는 사회적 실천에 참여하고 있다. 이 새로운 정체는 국민국가의 이름뿐인 민주주의보다 더 개방적이고 공명하기 쉬우며 피통치자들에게 도덕적으로 존경받는다. 관료 국가는 지역 환경과 복잡한 쟁점들에 반응하기에는 너무 크고 너무 멀다. 그것은 조롱받고 있고, 인내의 대상이 되어 있다. 그러나 누가 감히 그것을 넘어서려고 열망할 수 있겠는가?

공유자들이 한다. 그들은 "역사를 만드는 시민권", 특권 계급, 정당, 혹은 중앙 집중화된 미디어에 길들여지거나 통제되지 않는 시민권의 새로운 시대를 만들어 내기 위한 투쟁에 참여하고 있다. 오히려 이 시민권은 사람들의 진지한 개인적 열정과 관심에 근거한 디지털 공화국을 창조하고, 허술한 제도적 의무와 이데올로기적 교리를 넘어서려는 시도이다.

미국의 발명가이자 철학자인 벅민스터 풀러는 언젠가 이렇게 말했다.

"존재하는 현실과 싸우는 것으로는, 결코 변화를 만들어 내지 못한다. 뭔가를 변화시키기 위해서는, 현존 모델을 쓸모없게 만드는 새로운 모델을 세워라."

시민권을 담아낼 새로운 틀을 만들어 내기 위한 투쟁 속에서, 공유자들은 바로 그 일을 하고 있다.

로렌스 레식

디지털 공유지에 관한 자유로운 사상가

로렌스 레식은 온라인을 위한 새로운 모델로서 공유지의 중요성에 대해 그 진가를 인정한 첫 번째 사상가에 속한다. 1990년대 중반, 하버드 대학 법학 교수로서, 그는 이 놀라운 기술의 미래에 대해 깊이 생각하고 있었다. 인터넷을 (컴퓨터 분야의 많은 사람들이 그랬듯이) 자유 시장 원리로 이해하는 대신, 레식은 그 자유가 굉장히 침해받기 쉽기 때문에 적극적인 보호가 필요한 '민주적 영역'으로 이해했다.

그러나 공유지를 그저 연구만 하는 대신, 레식은 그것을 보호할 뭔가를 하고 싶었다. 그의 의도는 공적 영역으로 인정되기 전에 작업들에 대한 배타적인 소유권을 예외적으로 길게 주도록 허용하는 저작권법의 합헌성에 도전하는 것이었는데, 이는 사람들이 온라인에서 자유롭게 사용하고 공유하는 것을 방지하는 것이었다.

일군의 컴퓨터 전문가들, 법학자들과 함께 일하면서, 레식은 2002년에 새로운 조직인 크리에이티브 커먼즈Creative Commons를 설립했다. 그들은 저작권 소유자들이 사전 허가나 비용 없이 자신의 작업을 이용할 수 있게 하는 자발적 공유 표시 방식Creative Commons licenses을 발명했다. 2008년에 레식은 픽스 콩그레스 퍼스트Fix Congress First를 설립했는데, 그것은 선거 자금 개혁과 국가 재정 선거 시스템을 법규화해서 정부의 공적 신뢰를 회복하는 것을 목표로 한다.

데이비드 볼리어

하버드 대학 법학 교수 레식은 의회 개혁을 위해 온라인 커뮤니티의 힘을 활용하고자 한다.

7장

지역사회를 되찾자

세계 속 우리의 공간

제이 월재스퍼

보도, 공원, 커피 전문점,
그 외 대중들이 모이는 곳들을 찬미하라.

시실리에서부터 스톡홀름에 이르기까지 유럽 곳곳은 북적거리는 광장과 차량 통행금지 구역이 마을의 떠들썩한 심장부다. 라틴아메리카에서는 사람들이 저녁이면 한가로이 거닐고 대화를 나누며 시간을 보내는 광장이 그렇다. 아프리카의 전통적인 마을에서 광장은 아이들이 뛰놀고 사람들이 춤추기 위해 따로 마련된 풀밭이다. 중동에서는 지역사회 생활의 중심에 서 있는 수크(야외 시장)나 바자(상점가)가 그렇다. 아시아에서는 직업을 불문하고 모든 사람을 끌어모으는 저녁 늦게까지 열려 있는 북적거리는 시장이 그렇다. 남의 눈에 드러내는 삶의 전통이 덜 중요시되는 북아메리카에서조차 우리는 공원, 마을의 광장, 그리고 중심가로 모여든다.

인간으로서, 우리는 공공장소를 찾는 타고난 본성을 지녔다. 워싱턴 D.C.에서 오랜 기간 환경 변호사이자 활동가로 일해 온 데이비드 버웰은 진화생물학 분야에서 연구를 계속해 왔다. 그는 인간이 편안하게 서로 긴밀한 관계를 맺을 수 있는 우호적인

장소에 본능적으로 끌린다고 믿는다. 그는 실제로 공공장소들이
종의 미래에 필수적이라고 말하는데, 왜냐하면 그곳이 남자들과
여자들이 대화하고, 관심을 드러내고, 결국에는 짝을 이루기 위
해 늘 만남을 가져 온 곳이기 때문이다.

공공장소들은 모든 사람이 환영받는 장소, 말 그대로 공동의
장이다. 그것은 가장 쉽게 인식할 수 있는 공유지의 사례이다.
그리고 우리가 함께 공유하고 있는 것이라는 개념에 상징성을
부여한다.

멋진, 참으로 멋진 코펜하겐

보다 살기 좋은 도시를 만들기 위해 세계 도처를 다니며 일하
는 덴마크의 건축가 얀 젤은 말한다.

"문화와 기후는 세계적으로 다릅니다. 그러나 사람들은 같지
요. 모이기 좋은 장소를 제공하면, 사람들은 공개적으로 모일 것
입니다."

젤은 거의 평생에 걸쳐 공공장소를 작동하게 만드는 게 무엇
인지 연구해 왔다. 그것은 1962년에 코펜하겐 중심지에서 몇몇
거리에서 차량 운행을 막아 실험을 진행하면서 시작되었다. 당
시에 도시는 차들이 홍수를 이루었고, 차량 통행금지 구역이 쇠
퇴하는 도심 번화가에 생기를 되찾아 줄 방안으로 여겨졌다.
"소매점 주인들은 그것이 사업을 망하게 할 거라며 격렬하게 항
의했어요."라고 젤은 회상한다. "하지만 그게 시작되자마자 모
두가 반겼지요."

도심의 주차 공간들이 점차적으로 옮겨 가고 자전거 시설 및 교통 시설들이 개선되면서, 차량 통행금지 구역은 해마다 조금씩 확장되어 갔다. 한때 지중해 연안에만 있는 독점적 시설로 여겨지던 카페들이 코펜하겐에서 사회적 삶의 중심이 되었다. 차량 통행금지 구역은 이제 도시를 소생시키며 번성하는 중심지가 되었다.

　코펜하겐의 복귀는 난폭한 교통, 급증하는 쇼핑센터, 강화된 보안 조치, 상업화가 압도적으로 이루어진 현실에서 희망적인 소식이다. 인터넷과 텔레비전이 자신의 친구들로 이루어진 작은 단위에서 필요로 하는 모든 사회적 상호작용을 제공할 수 있다고 생각하는 많은 사람들의 총체적 무관심이 팽배한 이 시대에도, 이 소식은 생명력 넘치는 공공장소들이 사라지지는 않는다

코펜하겐의 북적거리는 여러 보행자 거리는 누구나 가서 즐거운 시간을 보낼 수 있는 곳이다.

는 것을 확신하는 세계 곳곳의 시민들에게 희망을 준다.

위대한 공공장소들의 몰락과 부상

한 세기 전, 세계 어디에서나 거리는 사람들로 붐볐다. 이제 많은 거리들이 거의 비어 있다. 특히 세계 곳곳에서 생겨나기 시작해 급속히 성장하고 있는 교외 지구에서는 더욱더 그렇다. 아시아와 아프리카의 혼잡했던 도시의 구역들에서조차, 공공장소들은 교통량의 폭증과 서구에서 수입된 잘못된 개발 계획으로 고통을 겪고 있다.

공공장소의 쇠퇴는 지나간 날의 조용하고 편안한 양식에 대한 단순한 향수보다 훨씬 더 심각한 상실을 보여 준다. 그것은 공공장소가 만나고, 대화하고, 앉고, 보고, 쉬고, 놀고, 거닐고, 남녀 간에 관심을 드러내고, 먹고, 마시고, 햇볕을 쬐기에, 보다 충만한 전체를 느끼기에 여전히 최적의 장소이기 때문이다. 공공장소들은 지역사회, 상업, 민주주의와 같은 모든 것의 출발점이다. 우리에게는 모이기 알맞은 기분 좋은 장소들에 대한 타고난 갈망이 있다. 오늘날 우리가 공공장소들의 중요성을 얼마나 간과하고 있는지가 특별히 놀라운 것은 그래서이다.

"20년 전에 사람들에게 왜 코펜하겐 중심지로 가느냐고 물었다면 쇼핑하러 간다는 말을 들었을 겁니다. 그러나 오늘날 묻는다면, 사람들은 도심에 가서 놀고 싶기 때문이라고 말할 겁니다."라고 도시의 질을 컨설팅하는 회사 '젤 건축Gehl Architects'을 운영하는 젤은 말한다.

말로 표현되는 그 작은 변화가 공공장소들의 미래를 보여 주는 최고의 희망이다. 젤은 역사적으로, 공공장소들이 모든 사람의 삶에 필수적이었다고 설명한다. 그것은 사람들이 물건을 사고 사회적 교제를 할 수 있는 마을을 다니는 모습이었다. 비좁고 갑갑한 집에서 대부분 마당도 없고 자동차나 냉장고도 없이 살 때, 사람들에게 공공장소를 이용하는 것 말고는 별다른 길이 없었다. 산책은 사람들 대부분이 주위를 맴도는 방식이다. 도시의 가정은 그날그날의 음식을 마련하기 위해 시장과 상점가에 의존한다. 공원은 아이들이 놀기 좋은 유일한 장소다. 광장과 교회, 술집은 친구들을 만날 수 있는 몇 안 되는 장소였다.

그러나 그 모든 게 20세기에 변했다. 먼저 산업화된 국가에서 그리고 이제 개발도상국에서, 자동차들이 - 수천 년 동안 모든 사람에게 속하는 공유지였던 - 거리를 점령했다. 보행자와 자전거 타는 사람들은 길 밖으로 밀려났다. 많은 상인들이 중심부에서 떨어진 곳으로 옮겨 가면서 마을과 도시들이 뻗어 나가고 있다.

"몇몇 장소들은 사라져 버렸거나 완전히 황폐해졌습니다."라고 젤은 말한다. 그는 "심지어 사람들은 걷거나 운동을 하겠다며 가는 헬스클럽에까지 차를 타고 이동합니다!"라고 큰 소리로 외쳤다. 그러면서, "하지만 그런 상황에 대해 뭔가를 하기로, 반격을 하기로 맘먹고 있는 곳들도 있습니다."라고 덧붙였다.

삶을 공공장소 - 그리고 전체로서의 지역사회 - 로 되돌리기 위한 핵심은 사회적 교제와 물건 사는 데서 우리가 과거보다 훨씬 더 많은 선택권을 가지고 있다는 사실을 이해하는 것이다.

상업 지구나 농부들의 시장이나 지역 도서관에 가는 일은 이제 사람들 대부분에게 유용한 만큼이나 기분 전환이 되어 주기도 한다.

"사람들은 공공장소에서 벗어날 수 없습니다. 왜냐하면 그래야 해서가 아니라, 정말로 그러고 싶어서이니까요."라고 젤은 설명한다. "그 장소가 마음을 끌지 못한다면, 사람들은 어디든 다른 데로 갈 수 있습니다. 그것은 공공장소의 질이 매우 중요해졌다는 것을 의미합니다. 공공장소 부흥 없이 양질의 공공장소들을 재건한 도시는 단 하나의 사례도 없습니다."

세계 곳곳의 성공 사례들

젤은 스페인의 바르셀로나, 프랑스의 리옹, 콜롬비아의 보고타, 캐나다의 밴쿠버, 오리건 주의 포틀랜드, 아르헨티나의 코르도바, 오스트레일리아의 멜버른, 브라질의 쿠리치바, 그리고 뉴욕 주의 뉴욕 등, 멋진 공공장소를 만들어 내면서 스스로 활력을 되찾은 도시들의 목록을 확인한다.

젤은 멜버른이 보도를 넓히고 보행자 설비를 개선하면서 거리를 보행자 친화적으로 유지하기 위하여 노력한 방식에 대해 즐겨 설명한다. 그로 인해, 공공장소로 외출하는 멜버른 사람들이 극적으로 늘기 시작했다. 코르도바는 강변 지대를 인기 좋은 공원으로 변화시켰다. 쿠리치바는 혁신적인 버스 고속 수송 시스템 구성에 착수하여 빠르게 성장하는 도시의 교통 대혼란을 예방했다. 포틀랜드는 마을 광장을 만들기 위해 주차장을 부수는

Commons Sense

'로스앤젤레스 빈민가'에서 본 희망

로스앤젤레스에서 공원을 지역사회에서 즐겨 찾는 장소로 바꾸면
조직 폭력이 줄어든다

공공의 공간에 대한 투자가 로스앤젤레스 지역에서 조직 폭력을 줄이고 있으며 지역사회 의식을 키우고 있다. 조직 폭력에 반대하는 복지 활동가들에 의해 착수되어, 시가 자금을 보조하고 민간 기부금을 조성해 마련한 '여름밤 밝히기 프로그램'은 주민들이 지역의 공원에서 많은 시간을 보낼 수 있도록 용기를 북돋아 주기 위해 스포츠 경기, 디스크자키, 조명, 음식 공급에 재정을 지원했다.

여름밤 밝히기 프로그램은 2008년 동안 폭력으로 얼룩진 지역의 8개 공원에서 진행되었고, 시청은 범죄의 17퍼센트 감소와 살인 사건의 56퍼센트 감소의 공을 이 프로그램에 돌렸다. 2009년에, 캘리포니아 주 예산 위기로 인한 심각한 예산 삭감의 와중에도, 프로그램은 16개 지역으로 확대되었고 2010년에는 24개로 계획되어 있다.

"갱 문제를 갖고 있는 이들 지역들은 자산이 많지 않습니다."라고 제프 파 목사는 말한다. "그러나 학교, 공원, 그리고 여가 센터가 있습니다. 그것들은 공적 자산입니다. 갱을 대체하는 사회적 관계를 만들어 내기 위하여 그런 것들을 이용합시다."

이 프로그램이 갱 멤버들과 그들이 사는 지역 사이의 관계 회복을 위해 갱 조직원들로 알려진 사람들을 환영한다는 사실은 특히 고무적이다. 안전한 공공장소들이 부족한 것은 비만과 범죄율 등, 젊은이들한테 주요한 영향을 미친다. 한 젊은이가 말한 바처럼, "별 좋은 일이 없거나 곤란에 처하는 대신에, 우리는 여기서 더 많은 친구들을 만난다."

선 토머스 브레이트펠드

것으로 시작해서, 무질서한 교외 지구 확산을 억제하고, 지루한 상업 지구를 사람들을 끌어들이는 북적거리는 공간으로 바꿔 냈다. 뉴욕 시는 타임스퀘어와 브로드웨이의 넓은 길들을 차량 통행금지 구역으로 지정해 개방하면서, 공공 영역을 개선하기 위한 대담한 행보를 이어 갔다.

그러나 젤은 공공장소의 힘을 보여 준 최고의 사례로 바르셀로나를 든다. 한때 침체된 산업도시로 여겨졌던 바르셀로나는 이제 유럽에서 멋진 도시의 본보기로 파리나 로마와 동시에 언급된다. 바르셀로나의 심장부, 이러한 재생의 심장부는 라스 람

블라스Las Ramblas이다. 그곳은 아주 인기가 높은 차량 통행금지 구역이라, '그 지역에 와서 시간을 보내는 사람들'이라는 의미를 가진, 새로운 스페인어 람블리스타스ramblistas를 낳기까지 했다. 프랑코 독재 정권 - 대중 집회가 극도로 위축되었다 - 의 종료에 이어진 해방의 기운 속에서, 지역 시민들과 공무원들은 민주주의의 회복을 축하하고 정치적 억압과 공민에 대한 압제의 상흔을 치유하고자 도시와 교외 곳곳에 새로운 광장과 공공장소들을 만들어 냈다. 그 가운데는 오래된 도시의 도시풍 건물과 아주 잘 들어맞아 방문객들이 수백 년이나 흐른 오래된 것으로 착각하는 경우도 많다.

공공의 공간이 대중에게 계속 열려 있도록

토론토의 〈스페이싱Spacing〉(공공장소에 열렬히 관심을 갖는 세계에서 몇 개밖에 안 되는 지방 잡지 가운데 하나)의 뒤에서 등불을 밝혀 주는 한 사람인 매튜 블래킷이 공공장소에 관심을 갖게 된 것은 무척이나 유별난 계기를 통해서였다. 퀘벡 시에서 일어난 반지구화 집회에서 경찰이 시위대의 후면을 최루탄으로 진압하고 공격했던 것이다. "갑자기 자극을 받았어요. 공권력이 그토록 엄청난 영향력을 발휘하는 것을 보았으니까요."라고 블래킷은 회상한다. "그리고 의혹이 생겼어요. 공공장소는 누구의 공간인가? 어떻게 하여 저들이 공공의 자산이라 해야 마땅한 공간에서 우리를 강제로 몰아낼 수 있는가?"

블래킷은 곧 토론토 공공장소 위원회를 만나게 되었다. 그 위원회가 만들어진 것은 마을 전역에서 몇 군데를 제외한 모든 가로등 기둥과 전신주에 포스터 부착을 금지한다는 시 의회의 계획에 대응하기 위해서였다. "동시에 그 계획은 마당 장터나 음악회 벽보 같은 지역사회의 표현 형식들을 축소하려는 중이었습니다."라고 블래킷은 말한다. "그들은 거대한 영상 광고판을 허가하고 싶어 했어요. 그런데 그건 시 공무원조차 교통사고를 일으킬 거라고 했어요."

새로 만들어진 단체는 포스터 금지에 맞선 싸움에서 승리했고, 의제에 관한 포괄적 범위로 초점을 넓혔다. 더 나은 교통, 보행자 권리, 자전거 이용, 노숙자, 거기에 더해 공공장소가 과다 상업화되는 것까지. 그들은 잘못된 것에 대한 트집 잡기 대신 긍정적인 해법을 강조한다.

블래킷은 휴대전화, 메신저, 무선 인터넷이 사람들이 공공장소를 사용하고 즐기도록 유인이 되어 준다고 본다. 그리고 실제로 그러한 것들이 우리가 공공장소를 사용하는 데서 진전을 자극하고 있다고 믿는다. 20세기 전반에 걸쳐 기술적 혁신 - 전화, 라디오, 녹음기, TV, 비디오, 컴퓨터 - 은 사람들이 공공의 공간에서 집과 자동차로 칩거하게 되는 현상을 부채질했다. 그러나 새로운 기술은 우리로 하여금 공원과 카페에서 즐거운 시간을 보내거나 거리를 따라 걸으면서 동시에 세계와 접속하는 것을 점점 쉽게 만든다. 블래킷은 또한 젊은이들 사이에서 공공장소에 관해 열정적 관심이 생겨나는 것을 본다. 교통, 광고, 불필요한 개발, 그리고 도가 지나친 안전기준 침범에 맞서 자신들이 가장 좋아하는 공공장소를 방어해야 할 필요성을 오히려 이전 세대들보다 더 자각하고 있는 것처럼 보인다.

쇼핑센터가 공유지로

생기 넘치는 공공장소라는 개념이 편협한 도시적 현상으로 다가온다면, 워싱턴 벨뷰의 크로스로드 쇼핑센터를 생각해 보라. 시애틀 동부의 표준화된 전후 교외 지구인 벨뷰는 활기찬 공공장소를 조성하기 위한 곳으로는 관심을 끌지 못하는 것처럼 보인다. 특히, 마이크로소프트의 끝없이 뻗어 가는 거대한 캠퍼스 남쪽 1마일 떨어진 녹지대에 둘러싸인, 1970년대풍으로 조성된 일반인은 들어갈 수 없는 쇼핑센터, 크로스로드는 더욱더 그럴 것이다.

그러나 다시 한 번 보라. 기발한 공공 미술이 주차장 여기저기에 흩어져 있고, 농부들의 시장이 매주 열리고, 카페 탁자들이 입구 측면을 둘러싸고 있다. 꼭 세련된 번화가처럼 말이다. 중고 책방 바로 옆에 있는 중앙 출입구의 현관에서는, 매우 인상적으로 잘 채워진 신문 가판대가 여러분을 맞는다. 쇼핑센터를 돌아다니다 보면, 여러분은 지역 공공 도서관, 파출소, 그리고 시청의 지부를 발견한다. 심지어 화장실 바로 밖에는 잘 배치된 편안한 의자들, 그리고 아이들이 거의 자기 덩치만 한 졸과 말을 사용해 즐길 수 있는 체스판까지 있다. 흔히 볼 수 있는 체인점도 있지만, 프랑스 빵집 그리고 단 하나뿐인 가정용품을 판매하는 커먼 포크Common Folk Co. 가게도 발견하게 된다. 푸드 코트 - 인도 음식, 러시아 음식, 태국 음식, 멕시코 음식, 일본 음식, 그리

공공장소는 부자와
빈자가 동등한 지위
로 만나는 유일한
곳이다.

엔리케 페냘로자

스 음식, 바비큐, 베트남 음식, 이탈리아 음식, 주
스 바, 혹은 햄버거 음식점 가운데서 선택할 수 있
는 곳 – 는 현지인 식당 주인들이 특색이다.

탁자 대부분이 무대를 향하고 있는데, 이 특별
한 목요일에, '흑인 역사의 달Black History Month' 행
사가 일류 음악, 연극, 춤으로 이루어진 인상적인 프로그램으로
진행되고 있는 중이다. 청중은 미국 교외 지구의 변화하는 인구
구성을 반영하여 다민족적이다. 가장 큰 환호가 인근 데이케어
센터에서 방문한 유치원생의 대표단에게서 나온다.

크로스로드를 쇠퇴해 가는 쇼핑센터에서 생기 있는 회합 장
소로 바꾸어 낸 론 셔는 다음 단계를 이렇게 전망한다. "주차장
한쪽에 가격 면에서 고급 수준과 저렴한 수준이 섞여 있는 주택
이 세워지기를 바랍니다. 그래야만 이곳이 사람들이 걸어 들어
올 수 있는 진정한 마을 광장이 될 수 있을 테니까요. 지역사회
의 좀 더 나은 중심으로 한 걸음 더 나아갈 수 있는 방법에 대해
사람들이 함께 모여 시 당국과도 논의할 수 있기를 바랍니다."

전국 곳곳의 수많은 쇼핑센터들이 획 불어온 지역사회 정신을
전적으로 쇼핑에 몰두하게 하는 본질적으로 환상에 가까운 민영
화로 투사하기 위해서 그들 명의로 된 공유지를 끌어들이려 노
력한다. 그러나 크로스로드는, 엄밀히 말하면 사유재산일지라
도, 진정으로 공유지를 닮은 쇼핑센터다.

지금 나는, 당연히, 코펜하겐, 혹은 바르셀로나, 혹은 시애틀
중심가의 유명한 파이크 플레이스 마켓Pike Place Market에서 시간
을 보내고 싶다. 벨뷰에 사는 많은 사람들 또한 그럴 것이다. 그

러나 사실은 그들이 벨뷰에 살고 있다는 것, 그것은 그들이 일을 보고, 이웃을 만나고, 즐길 수 있는 쇼핑센터를 가지고 있다는 것이다. 공공장소와 공유지의 활기찬 감각이 교외 지구의 한 쇼핑센터에서 뿌리를 내릴 수 있다면, 그것은 어디서나 생길 수 있는 일이다.

스페인 할렘에서 자라는 장미

오늘날 뉴욕 시에는 아름다운 정원이 여기저기에 흩어져 있다. 시민들이 쓰레기로 가득했던 공터들을 바꾼 것들이다. 민간 부동산 시장이 가치가 없다고 간주했기 때문에 공유지가 되었던 공간들에서 이들 정원이 탄생했다. 1980년대에, "녹색 게릴라"를 자칭하는 단체가 그 지역들을 점령하기 시작했다. 초기 활동가 톰 폭스는 "우리는 절단기로 울타리를 잘랐습니다."라고 말한다. 곧이어, 뉴욕 시가 그 자산이 결국에는 팔릴지도 모른다고 판단하면서, 주민들이 그 부지들을 지역사회 정원으로 사용하도록 공식적으로 허용하기 시작했다.

800개가 넘는 지역사회 정원이 자치구 5개 도처에서 생겨났고, 이와 함께 그 지역의 경제적, 사회적 소생도 수반되었다. "십 년 전, 이 지역사회는 쟀더미였어요."라고 지역사회 옹호자 애스틴 자코보는 말한다. "그러나 지금은 녹색으로 복귀가 이루어졌어요." 어쩌면 가장 중요한 것은, 그 정원들이 지역 주민들에게 자기 삶의 일부를 다스릴 기회를 주었다는 것이다. 이들 장소들은 온전한 의미에서 공유지가 되었다.

이 정원들의 초목과 사회적 활력은 주변 지역들의 부를 늘려 주었는데, 이것은 아이러니하게도 시가 그 부지들의 점점 커 가는 경제적 가치에 주의를 환기시키게 했다. 시장이 되면서, 루디 줄리아니는 .350만 달러에서 천만 달러 정도를 모으기 위해 정원 115개를 경매에 부칠 것을 제안했다. 시 관료들에게, 그 부지들은 그저 버려진 지구들 – 재정을 늘리기 위해 민간 투자자들에게 팔려야 하는, 제대로 활용되지 않은 세수 자원 – 일 뿐이었다.

시장의 계획은 대소동을 일으켰고, 수많은 이웃들이 정원을 지키기 위하여 시위를 벌였다. 그 부지들에서 최대한의 수입을 늘리기로 결심하면서, 시는 논란 중인 112개 정원 지구들을 200만 달러에 구입하겠다는 국유지 신탁Trust for Public Land:TPL이 내놓은 제안을 거부했다. 그리고 그 부지들에 대한 경매 예정일이 되기 전 어느 날, 여배우 베트 미들러가 백만 달러를 기부함으로써 국유지 신탁을 비롯한 다른 조직들이 협상에서 300만 달러에 그 구획들을 구입할 수 있도록 보탬이 되어 주었다. 오늘날, 그 정원들은 울창하고 매력적인 공유지로 번성하고 있으며, 수십만의 아파트 거주자들에게 가까운 곳에 모일 만한 장소와 쉴 만한 자연을 제공하고 있다.

데이비드 볼리어

사적 재산이 공유지일 수 있는가?

제이 월재스퍼

누군가 다른 사람에 의하여 소유된 것일 때조차
어떤 장소는 우리 모두의 것인 경우가 많다.

지역사회의 문화적, 시민적 삶은 커피숍, 길모퉁이 선술집, 책방, 볼링 동우회, 회관, 예배 장소, 식당, 미용실, 그리고 여타 수많은 '사람들이 와서 시간을 보내는 장소들' 같은, 사적으로 소유된 상점들에 의하여 뒷받침된다. 비록 사적으로 운영된다 할지라도, 그러한 점포들은 공원이나 지역사회 센터만큼이나 공유지로서 기능할 수 있다.

어떤 장소가 사적으로 소유된 것인지 아닌지보다 더 중요한 것은 그것이 지역적으로 소유된 것인지 여부이다. 마을 외부에서 온 프랜차이즈 상점은 지역사회의 총체적인 사회적 삶을 뒷받침하는 데 이해관계를 갖지 않는다. 그래서 그들은 '사람들이 와서 시간을 보내는 장소'가 되기 위한 별도의 노력을 거의 하지 않는다. 스타벅스나 맥도널드의 지역 행사 게시판(만약 그런 게 있다면)을 지방색이 있는 커피숍이나 식당의 것과 비교하여 확인해 보라. 그 지역 술집의 벽이나 창에는 미술 전시회를 알리는 포스터, 음악회 전단, 아이 돌봄 전단, 좋은 의도를 담은 여타의 전단들이 넘쳐 날 것이다. 프랜차이즈 상점들은 그렇지 않다. 하지만 우리는 이런 곳들을 우리가 가서 시간을 보내며 지낼 수 있는 지역사회의 중요한 장소들로 당연시할 수는 없다.

음반 가게들을 보자. 그중 몇몇 장소는 지역의 음악가들과 어

지역사회 소속감은 그 지역의 무수한 상점과 가게들이 주는 가장 값진 결과물이다.

깨를 스치면서, 전설적으로 박식한 가게 점원에게 필적할 사람이 없는 교육을 받으며 오후 시간을 보낼 수 있는 훌륭하고 귀한 곳들이다. (영화 '사랑도 리콜이 되나요High Fidelity'를 떠올려 보라.) 〈뉴욕타임스〉에 따르면, 미국 전역에서 레코드 가게 3,100개가 2003년과 2008년 사이에 문을 닫았다. 그리고 이것들은 쇼핑센터에 있는 지루하기 짝이 없는 체인점들이 아니었다. 최소한 절반은 독립적인 가게들이었다. 하지만 다행히도, 일부 레코드 가게는 중고 CD나 음반 업계로 진출하거나 라이브 공연을 주최하면서, 살아남기 위해 새로운 방법을 찾고 있다고 〈뉴욕타임스〉는 말한다.

전국적 체인점과 온라인 상점들의 격렬한 경쟁은 다른 업종의 수많은 가게들을 견제하고 있다. 우리 지역사회에, 가장 좋아하는 책방, 카페, 철물 가게, 혹은 술집이 없다고 상상해 보라. 우리는 여전히 소설책, 에스프레소, 연장, 맥주를 살 수 있을 것이다. 그러나 이웃을 만날 수 없을지도 모르고, 지역사회가 어떻게 돌아가고 있는지 모를 수도 있다.

다음에 편리함 때문에 온라인에서 주문할 준비가 되어 있을 때나 몇 푼 아끼기 위해 대형 매장으로 스스럼없이 차를 몰고 갈 준비가 되어 있을 때에 이것을 기억하기 바란다. 지역의 상점들은 우리가 함께 소유하는 어떤 것이라는 엄밀한 정의가 아니라 우리의 삶을 풍요롭게 하는 어떤 정신이라는 점에서 확실히 하나의 공유지라는 점을 말이다. 그것들이 없다면 우리는 훨씬 더 초라해질 것이다.

라틴아메리카의 한 시장이
행복을 시민운동의 대의로 만들다

제이 월재스퍼

부자와 빈자 양쪽 다 삶이 즐거워야 한다.

행복 그 자체는 모든 사람이 평등하게 접근해야 하는 공유지
이다. 이것은 엔리케 페날로자의 견해이다. 그는 추상적인 이론
작업에 몰두하는 몽상적인 이상주의자가 아니다. 그는 콜롬비아
보고타에서 시장으로 재직 중인 현실 정치인이며, 현재 도시 지
도자들에게 조언을 구하며 세계 곳곳으로 다닌다.

페날로자의 생각은 개발도상국 도시들에게 희망의 등대로 서
있는데, 가난을 비롯해 헤아릴 수 없는 문제를 가진 이 나라들은
다음 반세기 동안 세계 인구 성장의 대부분을 감당할 것이다. 보
고타의 경험에 근거하여, 페날로자는 이 도시들을 살기 좋은 장
소로 바꾸기를 단념하는 것은 실수라고 믿고 있다.

"우리 제3세계가 소득만으로 한 사회의 성공과 실패를 판단한
다면, 우리는 언제까지나 실패자로 우리 자신을 분류해야 할 것
입니다."라고 페날로자는 말한다. "제한된 자원들을 가진 우리
는, 성공의 척도에 관해 다른 방식을 발명해야 합니다. 이것은
모든 아이들이 스포츠 시설, 도서관, 공원, 학교, 보육원을 이용

할 수 있어야 한다는 것을 의미할지도 모릅니다."

페날로자는 가난한 사람들에게 최고의 정부 서비스와 즐거운
공공장소들을 제공하려는 어젠다를 설명하기 위해 "공유지"보
다는 "삶의 질"이나 "사회적 정의" 같은 문구를 사용한다. 그러
나 자신의 지역사회에서 공유지를 소생시키기 위하여 많은 일을
해 온 누군가를 생각하는 것은 확실하다.

보고타 변화시키기

700만 인구가 살고 있는 콜롬비아 수도의 시장으로 3년 동안
일하면서(1998~2001), 페날로자의 행정은 다음과 같은 것을 성
취했다.

- 공공 버스 시스템TransMilenio을 창조한 팀을 이끌었다. 이것
  은 버스 고속 수송 시스템으로서, 그 비용의 극히 일부만으
  로도 지하철의 대부분의 장점을 제공하는 버스 전용 차선제
  를 통하여 현재 매일 승객 50만 명을 운송하고 있다.

- 새로운 학교 52개를 세우고, 150개 학교의 설비를 다시 하였
  으며, 재적 학생 수를 34퍼센트 증가시켰다.

- 시 전역에 공원과 운동장 1,200개를 설립하거나 개선했다.

- 중앙 도서관 3개와 근린 도서관 10개를 세웠다.

●5세 미만의 아이들을 위한 보육원 100개를 세웠다.

●보고타 전 가구에 수도 서비스를 100퍼센트 제공함으로써 슬럼가의 삶을 개선했다.

●부동산 투기를 예방하기 위해 시 변두리에 미개발된 토지를 구입해서 그 토지들이 공원, 학교, 보행자, 자전거 전용 도로를 위해 보존된 공간뿐 아니라 전기, 하수, 전화 서비스를 갖춘 저렴한 주택으로 개발될 수 있도록 보장했다.

●개발도상국 가운데서 가장 큰 네트워크로서 300킬로미터나 되는 별도의 자전거 도로를 건설했다.

●애초 8차선의 고속도로로 예정된 노선을 따라 45킬로미터의 산책로를 냈을 뿐 아니라, 시의 대부분을 횡단하는 17킬로미터 길이의 세계에서 가장 긴 보행자 거리를 만들었다.

●운전자들이 일주일에 이틀은 러시아워에 차를 집에 두어야 하는 시스템을 실행해서 거의 40퍼센트 교통량을 줄였다.

●최고 경영자에서 잡역부에 이르기까지 모든 사람이 개인 차량이 아닌 다른 어떤 방식으로 직장에 출근해야 하는 연중 하루 차 없는 날을 제정했다.

●나무 10만 그루를 심었다.

이 성취들은 다 함께 심각한 부의 불일치로 특징지어진 도시에서 공익을 확대했다. 카네기 평화재단Carnegie Endowment for Peace의 에너지와 기후 프로그램 지도자로 환경과 교통 문제를 오랫동안 다루었던 데이비드 버웰은 페날로자를 "우리 시대의 위대한 공복 가운데 하나"라고 불렀다. "그는 도시를 인간 복지라는 목적을 위해 계획되는 것으로 이해합니다. 그는 지도자가 해야 하는 일에 관한 뛰어난 감각을 지녔습니다."

물론 페날로자는 이것을 혼자서 하지 않았다. 전임 시장이었고 또 뒤이어 시장으로 일한 안타나스 모쿠스와 그의 아래서 공원 감독관으로 일한 엔리케의 형제인 길 페날로자가 공을 치하받을 만한 수많은 사람들 가운데 있다. 페날로자는 2008년(시장은 단 한 번 연임할 수 있다.)에 다시 시장에 입후보했다. 그는 패했지만 평론가들에 따르면, 그 패배는 그의 좌파 적수 또한 그의 공유지 유형의 어젠다를 받아들였기 때문이었다.

삶의 질은 공공복지와 같다

엔리케 페날로자는 녹색 도시 계획가들 사이에서 국제적인 스타가 되었다. 그래서 많은 사람들은 그가 도시 계획가로 훈련받았고 오랜 기간에 걸쳐 환경 운동에 참여해서 고무되었다고 가정한다. 그러나 진실은 이렇다. 그는 완전히 다른 방향에서 이러한 생각들에 도달했다. "나의 초점은 항상 사회적이었습니다.

어떻게 하면 더 큰 공익을 위하여 가장 많은 사람들을 도울 수 있을까 하는 것 말입니다."

1960년대에 성장하면서, 혁명적인 열정이 남아메리카를 휩쓸었을 때, 페날로자는 사회적 질병의 해답으로서 소득재분배를 지지하면서, 젊은 나이에 열정적인 사회주의자가 되었다. 그는 축구 장학회의 지원으로 미국의 듀크 대학에서 경제와 역사를 공부했으며, 이후에는 경영과 공공 행정에서 박사 학위를 받기 위해 파리로 갔다. 파리는 도시적 삶의 잠재력에 대해 놀라울 정도로 알려 주었다. 그는 유럽식의 도시 편의 시설을 보고타의 노동자계급에 활용하겠다는 열망을 안고 고향에 돌아왔다. 실업계에서 쌓은 몇 년간의 경험으로 이념적으로는 온건해졌지만, 그가 즉각적으로 지적하듯 사회정의를 위한 탐구에서는 그렇지 않았다.

"우리는 많은 사람들이 사회적 목표로서의 평등이 시대에 뒤떨어진다고 당연하게 생각하게 된 공산주의 이후의 시기에 살고 있습니다."라고 그는 말한다. "소득 평등이라는 개념이 시장경제와 일치하지 않을지라도, 우리는 삶의 질에서 평등을 성취하기 위해 노력할 수 있습니다."

자동차 길들이기

페날로자는 자동차를 소유하지 않은 사람들의 필요를 충족하기 위해 자신의 행정부가 보고타에서 자동차를 길들인 방식에 큰 자부심을 가지고 있다. 지구상에 있는 거의 모든 도시들은 다

엔리케 페냘로자의 열정은 개발도상국 도시들이 사람들이 살아갈 만한 멋진 곳이 될 수 있다는 것을 보여 주면서 홀심 재단Holcim Foundation for Sustainable Construction의 모범이 되고 있다.

른 사람을 희생하면서 운전자의 편의를 도모한다. 개발도상국에서는 오직 고위직 사람들만이 자동차를 소유한다. 이것은 정말 불공평하다.

보고타에서, 페냘로자는 모든 사람을 위한 거리를 만들기 위해 당근과 채찍 둘 다를 사용했다. 채찍 – 러시아워 동안 운전 금지 및 오랫동안 무시되어 왔던, 보도에 주차하는 것을 금지하는 법의 실행 – 은 사람들의 분노를 자아냈다. "차를 소유하고 있는 상류층에 의해 거의 탄핵될 뻔했습니다."라고 페냘로자는 회상한다. "그러나 그것은 나머지 모든 사람들에게는 인기가 있었습니다."

그렇지만 당근은 모든 사람에게 인기가 좋았다. 그가 만든 보행자 거리, 산책로, 그리고 자전거 도로는 통근자, 자전거 동호회, 파세오paseo(저녁에 걷기)라는 라틴 관습을 즐기는 산책자들에게 잘 활용되었다.

또 다른 히트작은 시클로비아Ciclovia이다. 200만 명이 넘는 사람들(시 인구의 30퍼센트)이 일요일마다 자전거 타기, 걷기, 대중적 행사를 위해 아침 7시에서 오후 2시 사이에 길이가 120킬로미터인 주요 거리를 점령한다. 이러한 주간 행사는 1976년에 시작되었으나 페날로자에 의하여 확장되었다. 그것은 현재 라틴아메리카의 도시들뿐 아니라 샌프란시스코, 엘 파소, 라스크루케스, 뉴멕시코로 확산되었다. 시카고, 뉴욕, 포틀랜드, 그리고 호주 멜버른에서 검토되고 있다.

페날로자의 가장 자랑스러운 업적은 트랜스밀레니오Transmilenio다. 대중교통이 자가 운전보다 더 빠르고 더 편리할 수 있도록 버스가 전용 차선에서 질주하게 해 주는 간선 급행 버스 시스템이다. 현재 보고타를 종횡하는 트랜스밀레니오 노선이 9개 있다. 페날로자 시장의 수석 보좌관이었으며, 교통 발전 정책 위원회의 수석 프로그램 국장이었던 오스카 에드문도 디아즈는 현재 차를 소유하고 있는 부유한 사람들조차 간선 급행 버스BRT의 열성적인 이용자들이라고 자랑스럽게 말한다. "누구도 단지 가난한 사람만을 위한 교통 체계를 세우고 싶어 하지는 않습니다." 라고 디아즈는 조언한다. "한편으로 그것은 낙인이 찍힐 것이고, 가난한 사람들조차 경멸할 것입니다. 모든 사람이 이용한다면, 그것이 가난한 사람들을 더 많이 도울 것입니다."

공적 열정

"경제학, 도시계획, 생태학은 수단일 뿐입니다. 행복이 목적입니다." 페날로자는 자신의 일을 요약해서 이렇게 말한다. "우리에게는 '가나스ganas'라는 스페인어가 있습니다. 이 말은 '불타는 욕망'을 뜻하지요. 나는 공적 삶에 대한 가나스를 가지고 있습니다."

"민주주의 사회가 해야 하는 최소한의 것은 사람들에게 훌륭한 공공장소를 제공하는 것입니다. 공공장소는 하찮은 것이 아닙니다. 그것은 병원이나 학교만큼 중요합니다. 또한 소속감을 만들어 냅니다. 이것이 다른 유형의 사회를 만들어 냅니다. 모든 소득 구간의 사람들이 공공장소에서 만나는 사회가 보다 통합된 사회이며, 사회적으로 더욱 건강합니다."

미니 펠스 존슨

데이튼 중심가에 새로운 삶을 가져온 공무원

불과 몇 년 전, 오하이오 주 데이튼의 중심가는 유령도시였다. 그러나 요즈음 거기에 가 본다면, 삶으로 충만한 중심가를 보게 될 것이다. 새로운 교통 중심인 라이트 스톱 플라자Wright Stop Plaza가 학교로 가는 버스를 기다리는 아이들 곁에서 커피를 들고 일터로 가고 있는 회사원들에게 마을의 공유지 노릇을 해 준다. 사람들은 그레이트 마이애미 강으로 이어지는 보행자 도로가 시작되는 새로운 호안 공원인 리버스케이프RiverScape에 행사를 위해 모인다. 예술 공연 센터는 오페라 애호가에서 스탠드 업 코미디 팬들에 이르기까지 모든 사람들을 끌어들인다.

데이튼 지역사회를 예기치 않은 방식으로 결집시킨, 이 목적지들은 모두 하나의 공통점을 가지고 있다. 그것은 모두 데이튼 지역 운송 당국Greater Daton Regional Transit Authority: RTA에서 선구적인 활동을 벌이는 미니 펠스 존슨 박사에 의하여 가능했다.

대중교통 기관의 수장으로서, 존슨은 자신의 일을 버스 수송 경영 이상으로 이해했다.

공공 운송 기관의 대표로서, 그녀는 대중교통이 사람들을 여기저기로 이동시키는 것 이상으로 많은 것을 해야 한다는 정통적이지 않은 생각을 지지했다. 대중교통은 사람들이 서로 긴밀하게 관계를 맺을 수 있는 활기찬 장소 – 공유지 – 를 창조해야 한다는 생각에서, 그녀는 단순한 버스 관리자로서의 역할을 넘어 RTA의 역할을 크게 확장함으로써 이것을 성취했다. 그 기관은 존슨이 "연결해 주는 기계"라고 부르는 것이 되었는데, 교통 노선을 따라 매력적인 공공의 장소들을 창조함으로써 사람들을 지역적 풍습으로 연결시키는 것이다.

"그런 생각이 지역사회에 대한 더 큰 관심에 뿌리를 내려야 합니다."라고 존슨은 말한다. "우리는 사람들이 자기네 꿈이라고 말했던 것에서 벗어난 그 어떤 것도 결코 하지 않았습니다."

존슨은 1960년대 이래 사회적 변화를 추구해 왔다. 그녀는 학생 비폭력 조절 위원회Student Nonviolent Coordinating Committee의 멤버로서 인종차별에 저항하는 연좌시위와 프리덤 라이드에 참여했다. 15년이 지난 2005년에 데이튼 지역 운송 당국에서 은퇴한 후에, 그녀는 지역사회를 회생시키는 분야에서 지도적인 비영리단체인 '공공장소 프로젝트Project for Public Spaces'의 회장이 되었다.

벤 프리드

트레이시 린드 목사

클리블랜드에서 공유지 정신을 키운다

공유지에는 심오한 정신적 차원이 있다고 트리니티 성공회 주교좌 대성당의 트레이시 린드 주임 사제는 말한다. 사실상, 오늘날 세계에서 가장 지속성을 가진 공유지 형태 가운데 하나는 모든 종교에서 본질적인 역할을 하는 신성한 장소이다. 사원, 성지, 의례 장소, 성지 순례 길, 거룩한 우물, 거룩한 숲, 거룩한 산.

이들 장소의 종교적 본성은 그것들이 일반적으로 기도자, 의식, 그리고 사회화를 위해 모든 사람에게 개방된다는 것이다. 예를 들어, 린드는 "가장 유명한 샤르트르 고딕 대성당은 단지 신부들과 주교에만 속하지 않습니다. 그것은 전체 지역사회의 일부입니다. 오늘날에도 시의 모든 사람들은 그것을 자기들의 것이라고 주장할 수 있으며 또 자랑스럽게 느낍니다."

린드는 교회 부지를 지역의 광장으로 변화시켰다.

"이 나라의 모든 예배당을 공유지로 만들면 어떨까?"라고 린드는 묻는다. 그녀는 도시 계획가로 교육받았다. 그녀는 그 질문에 트리니티 공유지─그녀의 교회가 위치한 도심 지역에 수십 년 만에 이루어진 가장 야심찬 새로운 발전─로 대답했다. 그녀는 트리니티 대성당 부지에 커피숍, 독립적인 책방, 공정 무역 가게 '만 개의 마을', 미술 화랑, 미로, 그리고 공공 광장을 사들였다.

누구나 구경할 수 있고, 차 한잔과 함께 쉴 수 있으며, 기도하고, 독서하고, 대성당의 와이 파이 시스템을 통해 이메일을 확인할 수 있으며, 교회에서 계속되는 많은 행사들─종교적이거나 세속적인─에 참여할 수 있다. "지난 해 대중 행사를 통해 여기에 8천 명이 방문했습니다."라고 린드는 자랑스럽게 말한다.

제이 월재스퍼

거리 되찾기

제이 월재스퍼

한때 모든 사람이 이용했던 도로는 현재 자동차를 위한
배타적인 영역이 되었다. 그러나 시민들은 도처에서 그것을
변화시키기 위하여 싸우고 있다.

바로 코밑에 사람들이 좀처럼 깨닫지 못하는 중요한 공유지가
있다. 수세기 동안, 도로와 거리는 모든 형태의 수송을 위한 통
로였다. 마차, 트럭, 전차, 자전거, 무엇보다도 보행자들을 위한
것이었다. 그곳은 아이들이 뛰놀고, 강아지가 잠들고, 10대들이
시시껄렁하게 돌아다니고, 어른들이 법석대던 곳이다.

20세기 동안, 거리는 자동차 - 전 세계 사람들의 일상적인 삶
의 구조를 변화시킨 인간 문명의 극적인 전환 - 를 위한 배타적
인 공간으로 빼앗겨 버렸다. 미국을 포함하여, 대부분의 나라에
서 법률상으로 도심 거리를 사용하기 위한 권리가 보행자와 자
전거 이용자들에게도 운전자들과 똑같이 주어졌을지라도, 그것
으로 상황은 끝나는 것이 아니다. 기자 프랭크 타투가 방콕 거리
의 생활 방식에 대해 묘사한 글이다.

"주요 거리를 건너는 것은 일반적으로 목숨을 위협하는 경험
이다.…… 대개 보행자들은 극도로 긴장한 얼굴을 한 채, 흐름이
일시적으로 약해질 때 도로 사이를 쏜살같이 달리기 위해 교통

량을 판단하면서 거리 구석에 서 있다."

유사한 장면들이 어디서나 보인다. 우리는 도로에 들어서는 짧은 통로인 횡단보도에 선다. '걷지 마시오.' 신호가 깜박이기 시작한다. 우리는 얼어붙는다. 돌아갈까 아니면 서둘러 건너갈까? 경적이 요란하게 울린다. 방향을 튼 참을성 없는 운전자가 우리를 향해 돌진한다. 우리는 펄쩍 뛰어 비켜선다. 그러나 전속력으로 코너를 휙 돌아오는 다른 차가 있다. 보도로 다시 잽싸게 달려 나간 후에, 우리는 살아 있는 것에 감사하며 숨을 깊게 들이쉰다.

"우리는 기초적인 인간의 권리를 상실할 위험에 처해 있습니다."라고 환경 방위 기금Environmental Defense Fund의 교통 정책 책임자 마이클 레플로글은 말한다. "바로 나 자신이 사는 동네에서 걷기 위한 권리 말입니다."

무역 개발 정책 협회의 이사 월터 훅은 이것은 단지 인간적이며 환경적인 쟁점이 아니라, 사회정의의 문제라고 말한다. "차를 소유하는 것은 개발도상국에서는 상위 20퍼센트의 사람들 외에 모든 사람들에게 거리가 먼 일이라는 것을 기억해야 합니다."라고 그는 말한다. 자동차가 전국의 도로를 지배하게 되면, 비운전자들 – 이들이 인구의 압도적인 다수를 구성할지라도 – 은 이동과 안전 둘 다에서 고통을 겪는다. 훅은 일부 개발도상국에서 도로 사망자의 50퍼센트 이상이 보행자들이라고 말한다.

누가 우리의 거리를 훔쳤는가?

이러한 슬픈 상황의 주요한 장본인은 몇 세대에 걸친 교통 계획가들이다. 그들이 고속도로를 세웠고, 급증하는 자동차를 수용하기 위해 별 생각 없이 도시 거리를 개조했다. 한계 이상의 교통 속도는 거리를 인간에게 위험한 구역으로 변화시킨 데 대해 책임이 있다. 영국 정부(미터를 시속으로 변경한)가 수행한 광범위한 연구는 시속 20마일에서 자동차와 보행자 사이의 충돌에서는 단지 5퍼센트만이 사망에 이른다고 설명한다. 그러나 시속 40마일에서 보행자가 사망할 확률이 85퍼센트에 이른다. 미국 거리에서 교통이 "개선"된 60년 동안 이 나라의 거리들은 보행자에게 적대적으로 만들어졌다. 우리는 현재 가장 간단한 이동에도 차에 의존한다. 학교에 가는 것, 친구를 방문하는 것, 식료품을 사러 가는 일에도. 오늘날 사람들은 산책하러 갈 때조차 차를 몰고 간다. 왜냐하면 집 주변의 거리들이 걷기에 부적당하다고 느끼기 때문이다.

아이들, 나이 든 사람들, 장애인들이 가장 큰 피해자들이다. 왜냐하면 그들은 보통 운전할 수 없고, 따라서 집에 갇힌 상태로 지내거나, 누군가가 어딘가 다른 곳으로 자동차로 데려다 주는 것에 의존해 살아야 하기 때문이다. 그러나 우리 모두가 그 영향을 느낀다. 안전하고 즐겁게 걸을 수 있는 장소들을 상실하면서, 우리는 세상에서 가장 단순하고 가장 만족스러운 형태의 운동을 놓치고 있다. 우리의 지역사회들은 붙임성이 없고 불친절하다. 사회적 소외와 길거리 범죄가 우리의 삶에 엄습하고 있다.

속도, 사생활, 그리고 편의라는 이러한 '자동차 – 지배auto-

앤디 싱어

cratic'의 꿈을 성취하기 위해, 셀 수 없이 많은 공유지가 희생되었다. 현대 생활에 본질적인 것으로 자동차를 신성하게 모시기 위해 말로 다 할 수 없을 정도인 수십억 달러의 공금이 소비되었다. 대중교통 체계는 도로 건축의 열망을 채우는 데 급급했으며, 제2차 세계대전 이래 지역사회는 자전거 이용자와 보행자가 존재하지 않는 것처럼 고안되었다. 공기는 오염되었고, 기후는 달라졌으며, 풍경은 아스팔트로 덮였다. 이웃은 사분오열되었고, 사회적 관계의 본질은 거꾸로 뒤집혔다. 사람들이 차창 너머로 고립된 도시에서 어슬렁거리기 시작하면서 공적 삶은 급격하게 쇠퇴했다. 유일한 상호작용이 운전하며 지나칠 때 경적을 울리는 것뿐이라면, 친구를 사귀는 것은 요원한 일이다.

디트로이트의 경이

마을 공유지는 있을 법하지 않은 곳에서도 생겨난다

1970년대의 치명적인 폭동 직후, 디트로이트는 르네상스 센터라 불리는 고층 기업 단지를 통해 중심가를 소생시키기 위하여 노력했다. 이 센터는 벽으로 둘러싸인 요새로 지어졌고, 중심가는 계속 쇠락했다. 1990년대 후반에 디트로이트의 한 시민 단체가 정반대의 접근법, 즉 초대하는 공적 공간을 제안했다. 그 결과가 캠퍼스 마르티우스였다. 본래 콘크리트로 만든 고립된 섬이었던 것을 확장해 작지만 활기찬 공공의 광장을 만들었다. 이것은 사람들을 위한 공간을 마련하기 위하여 차들을 추방한, 과거 모터 시티에서는 생각할 수 없었던 것을 통하여 성취되었다.

사람들은 음악을 듣고, 스케이트를 타고, 꽃 장식물에 감탄하고, 야외 영화를 보고, 분수대에서 손에 물을 끼얹고, 카페에서 데이트를 하고, 혹은 그저 지나치는 장면을 지켜보면서 긴장을 풀기 위해 지금 캠퍼스 마르티우스에 모인다. 그 장소는 자기 집 근처에서는 겪을 수 없는 기분 좋은 도시적 경험 때문에 교외 지구의 거주민들을 다시 도시로 끌어모으고 있다. 투자 역시 5억 달러가 넘게 진행되고 있으며 증가하고 있다. 예를 들어, 컴퓨터 회사 컴퓨웨어Compuware는 사무실과 직원 4천 명을 교외 지구에서 광장 근처의 새 부지로 옮겼다.

조너선 로

파라다이스를 만들고, 주차 공간을 점령하라

풀뿌리 운동은 주차 공간을 공원으로 바꾼다

미국의 도시와 교외의 거대한 부분이 오로지 주차 차량을 위해서만 예비되어 있다. 그러나 노상 주차에 의해 점령된 땅은 사실은 우리 모두의 것이다. 그 일부는 지역사회에 절실히 요구되는 공공장소로 사용될 수 있다.

그것이 증가 일로에 있는 도시들에서 기념되고 있는 파킹 데이Parking Day 이면에 있는 생각이다. 샌프란시스코에서 사람들은 주차 시간 자동 표시기를 틀어막고, 화분에 식물을 심고, 임시변통된 파라다이스에서 하루를 즐기기 위해 일에서 손을 뗀다. 미니애폴리스에서, 사람들은 잔디를 고르고, 소시지를 요리하기 위해 석쇠에 불을 붙인다.

그 모든 것이 시작된 것은 2005년, 샌프란시스코에 사무실을 둔 예술가·활동가 스튜디오 레바Rebar가 샌프란시스코 중심가 야외 공간의 70퍼센트가 사람들이 아닌, 자동차의 배타적 사용을 위해 존재한다는 사실에 관심을 갖기로 결정하면서였다.

"주차 공간이라는 이례적인 장소가 작은 공원으로 바뀌었다는 사실을 통해, 공공장소가 차와 사람들 사이에 할당되는 방식을 사람들이 문제 삼도록 만들 거라는 것, 그것이 희망입니다."라고 스트리트블로그Streetblog 편집자 벤 프리드는 말했다. 그 생각은 멀리 이탈리아 트라파니로 퍼졌다.

일부 영구적인 공공장소는 한때 포드와 도요타가 관리하던 장소들에서 싹트고 있다. 브로드웨이를 따라 난 주차선과 교통 차선에서 찾아낸 뉴욕의 잘 알려진 새로운 공공장소에 더하여, 샌프란시스코는 2009년에 3개 지역의 거리 일부를 다시 사람들에게 돌려주는 포장도로 공원화 프로그램을 시작했다. 그것은 지금 확산되고 있다.

재이 월재스퍼

거리 생활에 대한 권리

그러나 다행히도, 거리에서 수십 년간 이류 시민으로 살아온 다음에야 북아메리카인들은 도보 여행과 자전거 여행의 권리를 주장하면서 유럽인들과 일부 라틴아메리카인들이 앞서간 길을 뒤따르고 있다.

애틀랜타에서 열린 대중 집회에서는, 과속 택시 운전사에게 희생당한 《바람과 함께 사라지다》의 작가 마거릿 미첼의 15주기를 기념했다. 보스턴에서 시위자들은, 조성된 4차선 도로와 조응하는 빅 딩Big Ding 프로젝트를 위해 10차선 고속도로를 세우려는 시 당국을 포기하게 만들었다. 캘리포니아는 주 전역에 아이들이 걸어서 학교에 갈 수 있는 안전한 도로를 지도로 작성하느라 분주하다.

자전거 이용은 대부분의 도시에서 증가하고 있다. 캘리포니아 주 데이비스에서는 현재 모든 통근 교통의 17퍼센트를, 콜로라도 주 볼더는 15퍼센트를 자전거가 차지하고 있다. 외딴 교외에서조차, 산책길과 자전거 도로에 대한 쉬운 접근권은 최신의 신분 상징이 되었다. 뉴욕에서 시는 타임스퀘어와 브로드웨이 지구를 보행자에게만 개방하는 데 성공했다.

시민이 거리를 되찾기 위해 사용할 수 있는 핵심적인 수단은 교통량 제어이다. 그것은 거리가 사적인 재산이 아니라는 메시지를 운전자들에게 독려하기 위하여 전 세계 어디에서나 적용되고 있는 매우 간단한 아이디어다. 이를 실행하기 위한 증명된 방식은 다음과 같다. 도로 폭 좁히기, 보도 넓히기, 자전거 도로 추가하기. 완만한 곡선으로 거리 개선하기. 보행자 횡단보도에 페인트칠하기. 교차로로 보도 확장하기. 차량 도로 폐쇄하기, (잠자는 경관으로 알려지기도 한) 속도 범프 설치하기, 빨간 신호등에서 우회전 금지, 그리고 일단 정지 표지를 사거리 정지 표지로 교체하기. 네덜란드의 수많은 도시들이, 운전자들이 보행자와 자전거 이용자의 통행 우선권에 대해 협상하도록 함으로써 차량 통행을 늦추는, 납득하기 어렵지만 놀랍도록 효과적인 아이디어를 통해 교통정리에서 완전히 벗어나고 있다.

교통량 제어의 반대자들은 이 방식이 다른 곳에서 교통량을 증가시킬 뿐이라고 불평한다. 그러나 수많은 연구는 교통량은 제로섬게임이 아니라는 것을 보여 준다. 그리니치빌리지의 워싱턴 광장 공원은 1960년대에 교통을 폐쇄했지만, 교통 공학 연구는 부근 거리의 교통량이 감소했다는 것을 보여 주었다. 독일의 뉘른베르크 교통 당국도 주요한 거리를 폐쇄한 후 10년 후에 마찬가지 현상을 기록했다. 사람들이 운전을 덜 하면 교통량은 보통 감소한다.

많은 사람들이 교통량 제어를 더 안전한 거리를 촉진하기 위한 방법 이상으로 이해한다. "교통량 제어traffic calming는 삶의 양보다는 질에 대한 교정을 수반합니다. 어떤 사람들은 그 궁극적인 목적을 사회 그 자체의 제어로 이해할지도 모릅니다."라고 오스트레일리아 도시 계획가 필 데이는 말한다.

나는 알아야 할 필요가 있는 모든 것을 도서관에서 배웠다

제이 월재스퍼

서가에서 보낸 시절이 주는 성찰

온라인에 정보가 풍부하고 잘 정돈된 대형 서점이 아이들을 위한 이야기 시간까지 가져간다면, 누가 더 이상 도서관을 필요로 하겠는가? 도서관은 공중전화 부스처럼, 마음에는 들지만 더 이상 유용하지 않은 과거의 유물은 아닌가?

전혀 그렇지 않다. 첫째, 놀라울 정도로 많은 북아메리카인들 - 개발도상국의 수십억 사람들을 언급하는 것이 아니다 - 이 손쉽게 인터넷에 접근하지 못하고, 자신과 아이들이 관심을 가지는 모든 책을 구입할 예산이 없다.

사실은 이렇다. 도서관들은 요즈음 혼잡하다. 그곳에서 사람들이 일자리를 찾고, 인터넷을 사용하고, 그냥 비용 들이지 않고 갈 곳을 찾아 모여들면서, 뉴욕, 로스앤젤레스, 그 중간 중간의 수많은 도서관 시스템은 작년에 전무후무한 사용자 기록을 수립했다. 샌프란시스코에서 이야기 시간 참석자는 무려 43퍼센트 증가했다. 미네소타 주 세인트폴과 그 교외 지구에서, 도서관의 무료 무선 네트워크 사용이 61퍼센트 증가하고, 컴퓨터 수업 참석자가 24퍼센트 증가하는 사이, 컴퓨터 사용은 38퍼센트 증가했다.

많은 지역사회에서 도서관 사용 증가는 경제가 침체하기 전에 시작됐다. 미네소타의 공공 도서관 대출 부수는 2000년에서 2008년까지 37퍼센트 증가했다. 그리고 교외 지구 주변의 도서관 시스템은 같은 기간에 대출 부수가 23퍼센트 상승했다.

우연한 발견과 자연스러운 만남의 힘

나 스스로가 더 이상 도서관을 필요로 하지 않을 법한 가장 적절한 사례가 되는 것 같다. 집에 초고속 인터넷 선을 갖추고, 서평가로 다년간 작업한 덕분에 거대한 개인 도서관을 가지게 되었다. 그런데도 나는 왜 일부러 도서관에 가는가? 그 이유가 여기 있다. 나는 연구를 위해 그곳에 간다. 인터넷은 우리가 필요로 하는 모든 것을 가지고 있지 않다. 그리고 물론, 인터넷은 사서를 두고 있지 않다. 사서는 내 경험상 모든 것을 알고 있으며, 또 그것을 공유하는 데 정말 관대하다.

나는 또한 무슨 일이 일어나고 있는지(이웃 행사에 관한 가장 포괄적인 게시판 덕분에), 그리고 이웃을 만날 기회를 알아보기 위해서도 도서관에 간다. 도서관은 사회적자본의 가장 적절한 사례이다. 점점 더 많은 사람들이 도서관을 번성하는 지역사회와 생활고와 싸우는 지역사회 사이에 있는 차이를 만드는 비밀스러운 원천으로 이해하고 있다. 금융 투자가 사업에 자본을 투자함으로써 시장에서 일이 되어 가도록 하는 것처럼, 사회적

과거 어느 때보다 더 많이 이용되고 있음에도 불구하고, 도서관들은 심각한 예산 삭감과 싸우고 있다.

자본은 사람들의 시간과 에너지를 투자해서 사회 전반에서 일이 되도록 한다. 금융자본은 달러, 엔, 유로로 측정된다. 사회적자본은 시민 조직들(사친회, 가든 클럽, 볼링 동우회, 활동가 그룹), 사람들을 모이게 하는 공적 제도들(노인 복지 회관, 청소년 문화센터, 스포츠 리그, 도서관)로 측정된다.

　수많은 마을의 도서관들은 특정한 목적들을 위해 모일 뿐 아니라 비공식적인 유대를 형성하는 곳이기도 하다. 예를 들어, 아이오와 시 공공 도서관은 시민들의 모임을 연중 3천 번이나 연다. 이것은 인구가 6만 7천 명인 도시에서 하루 10회 이상 모임을 여는 것과 같다.

린덴 힐 도서관 사서들에게 빚진 감사한 마음

나는 여러 도서관에, 특히 한 도서관에 내 언론인 경력에 뒷받침이 되어 준 공을 돌린다. 내 인생에서 가장 오랫동안 지속적으로 도서관을 즐겨 찾은 시기는 대학이 아니라 〈유튼 리더〉 지의 편집자로 보낸 몇 년 동안이었다. 나는 이제는 전국적으로 유명해진 그 잡지 초창기에, 모든 전화상의 대화가 공동의 체험이 되는, 직원 4명만으로도 꽉 채워지는 사무실에서 일했다. 내 책상 바로 옆에 접이식 칸막이로 가까스로 감추어져 있던 화장실에 대해서는 말하고 싶지 않다. 기사를 쓰고 편집하는 일은 그렇게 좁은 방에서는 거의 불가능했다. 그래서 나는 근처에 있는 미니애폴리스 공공 도서관의 린덴 힐Linden Hills 분관으로 매일 수시간 동안 피신했다. 그곳이 나의 또 다른 "사무실"이었으며, 그리고 수년 동안 나는 다수의 탐구 정신이 강한 탁월한 기자, 수필가, 소설가, 그리고 나를 둘러싼 서가에 앉아 있는 다른 저자들에게서 힘을 얻으면서, 바로 그곳에서 잡지 속 거의 모든 단어들을 편집했다.

나는 린덴 힐 도서관, 그곳의 지적이며 친절한 직원들에게 많은 은혜를 입었다. 도서관의 6주기 동네 축제에 연사로 초청받았을 때는 정말 자랑스러웠다.

그러나 어느 순간, 그곳이 결코 70주기를 맞이하지 못할 것처럼 보였다. 부분적으로 주의 지원 삭감이 초래한 예산 위기가 미니애폴리스 도서관 시스템을 위협했다. 결국 쾌적하고 대중적인 린덴 힐 도서관은 문을 닫아야 하는 명단에 올랐다. 지역사회의 지지가 쏟아지면서 그 도서관은 구했지만, 다른 도서관 3개는 각각 지역사회에서 유사한 지지 움직임이 분출되었음에도 불구하고 문을 닫았다. 그리고 몇 년 동안 여전히 닫혀 있다. 많은 지역 도서관들이 시간을 단축했고, 수많은 일하는 가정에서 가장 여유롭게 방문하게 되는 일요일에는 문이 단단히 잠겨 있다.

계속되는 예산 위기와 "새로운 세금이 없는" 시대에, 이 나라의 수많은 도서관은 시간 단축이나 완전한 폐쇄에 직면하고 있다. 얼마나 비극적인 상실인가. 세계에 대해 알고자 하는 만큼 배울 수 있는 기회를 놓치는 아이들도 있을 것이다. 사람들은 자신의 삶을 변화시킬 수 있는 정보에 접근하지 못할 것이다. 그리고 가장 슬픈 것은, 그러한 지역사회에서 사람들이 서로 마주칠 수 있는 중요한 공유지 기반을 상실한다는 것이다.

Commons Solutions

작은 도서관이 할 수 있는 것

인디애나 주 프랭크퍼트는 삶이 예술 작품이라는 생각으로
헌신하는 지역사회 자원 센터에 자부심을 갖는다

인디애나 주 프랭크퍼트에서, 그리고 시카고와 인디애나폴리스 사이의 마을 1만 6천 개에서, 공공 도서관은 예술, 공연, 그리고 창조성의 영역을 제공함으로써 지역사회 생활의 중심으로서 스스로를 설정했다. 도서관 관장 빌 캐들은 도서관의 사명을 위한 영감이 되는 켄터키의 예술가 할란 후바드의 삶과 작업을 언급한다. 후바드는 오하이오 강 기슭의 집에서 아내 애나와 소박하게 살면서, 그리고 '삶을 예술 작품으로 만들기'를 소망하면서, 소비자 문화를 떨쳐 버렸다.

그 도서관은 빵 굽기에서 벨리댄스에 이르기까지 모든 것에서 교육을 위한 지역민들의 요청을 수용할 때 후바드의 사례를 모범으로 삼았다. 캐들이 회상하는 것처럼, "우리는 수업이 너무 많고 공간이 없었다." 그래서 도서관은 1988년에 후바드 생활 학교를 설립했다. 갤러리, 스튜디오, 그리고 좌석 200개를 가진 극장이 있는 그 학교는 사실상 살아 있는 예술 작품이다.

신시아 니키틴, 존 S. 잭슨

마크 레이크맨

모든 지역은 광장을 필요로 한다

북아프리카, 그리고 중앙아메리카에서 본 북적거리는 공공의 광장들에 매혹되어서 세계 여행에서 집으로 돌아온 건축가 마크 레이크맨은 모든 지역은 자체의 광장들 piazzas-전통적인 이탈리아 도시에서 발견되는 작은 광장-을 필요로 한다는 생각으로 흥분되어 있었다. 거리들을 널찍하게 확장하는 것만으로도, 광장은 모든 연령, 모든 계층의 사람들을 끌어들여 함께 모여 서로 교제할 수 있게 해 주는 매력적인 특성을 발휘한다.

그러나 대다수가 블루칼라들인 오리건 주 포틀랜드 노동자 구역에서, 누군가의 집을 산산조각 내거나 이미 존재하는 거리를 과격하게 뜯어고치지 않으면서, 그와 같은 것들이 어떻게 만들어질 수 있을까? 레이크맨과 일부 이웃들은 사우스 이스트 9번가와 셰리트 거리의 교차로를 바꾸는 대담한 계획을 짜내면서, 함께 머리를 맞댔다.

레이크맨은 거리 생활을 회복시키기 위해 북아메리카 전역의 지역사회에서 일한다.

그들은 이동할 수 있는 티하우스를 준비하는 것으로 시작했다. 그러자, 수십 명의 사람들이 월요일 밤이면 집 밖으로 나와 함께 섞였다. 다음 단계는 선명한 색상으로 교차로를 페인트칠하는 것이었다. 그것은 지나치는 운전자들에게 이곳은 당신들의 평범한 길모퉁이가 아니라는 명확한 메시지를 보내는 것이었다. 사회적 활동이 거리에서 출발하면서, 운전자들과 보행자들은 공간을 공유하는 것을 배웠다. 이와 같이 교차로는 '스스로를 공유하는 광장Share-it Square'으로 알려지게 되었다. 그러나 이웃들이 어떻게 생각할까? 미국에서 자동차의 거리 지배에 도전하는 것은, 특히 차에 열광했던 1950년대에 성인이 된 나이든 사람들에게는 파렴치한 행위이다. 레이크맨은 바로 길모퉁이에 살았던 브라이언 쇼와 토론을 하고 나서야, 그 실험을 진압하려고 일어선 격렬한 반대에 대해 걱정을 그칠 수 있었다.

"브라이언은 자기 아버지가 제2차 세계대전 동안 이탈리아에서 싸웠으며, 그들이 마을을 해방시켰을 때, 어떻게 모든 사람들이 축하하기 위해 무의식적으로 광장으로 모여들었는지에 관해 이야기를 하곤 했어요."라고 레이크맨은 회상한다. "브라이언 아버지는 늘 '아침에 깨어날 때 광장에서 아무 목소리도 들리지 않으면, 그때 우리는 무언가 잘못되고 있다는 것을 안다.'라는 가사를 가진 이탈리아 노래를 즐겨 부르곤 했습니다."라고 말했다.

"오늘날 미국의 많은 곳이 뭔가 잘못되고 있어요."라고 레이크맨은 덧붙인다.

'스스로를 공유하는 광장'과 같은 프로젝트가 포틀랜드 교차로 수십 군데에서 등장하고 있다. 레이크맨과 그의 동료들은 '시티 리페어City Repair'를 설립했다. 그것은 지역사회를 도와 새로운 공공장소를 만들어 내는 일을 촉진하는 비영리 조직이다. 그리고 이러한 생각들은 샌디에이고에서 미네소타, 로체스터, 토론토에 이르기까지 최소한 15개 도시에서 생겨나고 있는 새로운 "광장"과 함께, 대륙으로 확산되고 있다. 레이크맨은 지금 디자인 회사 '코뮤니텍쳐Communitecture' 그리고 '플래닛 리페어Planet Repair'라 불리는 새로운 기획에 착수하면서, '블록 리페어block repair'라는 아이디어를 계획하고 있다.

재이 월재스퍼

8장

우리의 지구, 그리고 우리들

공유지 지킴이

로버트 F. 케네디 주니어

로버트 F. 케네디 주니어는 지역 시민들이
어떻게 강과 만, 그리고 호수를 청정하게 지키는지 보여 준다.

환경 훼손은 기본 인권에 대한 공격이다. 그리고 그 손상은 항상 가난한 사람들에게 가장 혹독하게 작용한다. 미국에서 유독성 폐기물 처리장 부지 다섯 곳 가운데 네 곳은 흑인 거주 지역에 있다. 전국에서 가장 큰 유독성 폐기물 처리장은 거주민의 90퍼센트가 흑인인 앨라배마 주 에멜레에 있다. 미국에서 유독성 폐기물 처리장이 가장 밀집되어 있는 지역은 시카고의 사우스 사이드이다. 캘리포니아에서 가장 오염된 지역은 라틴계가 압도적인 로스앤젤레스 동부 지구다. 왜일까? 공해 산업은 자기네가 지역 정치 지형을 가장 수월하게 지배할 수 있는 곳으로 가기 때문이다.

공공 신탁 자산들 - 혹은 공유지 - 은 쉽게 사유재산으로 바뀔 수 없는 자원들이며, 본성상 지역사회 소유다. 대양, 호수, 강, 지하수, 양식장, 야생동물, 공원, 공공장소가 여기에 포함된다. 이 모두가 정부에 위탁되어 유지된다. 이들로 인해 우리가 하나의 공동체라 정의될 수 있는데, 그것은 이들이 우리의 경제와 문화를 떠받치며, 경제적 활력의 원천이기 때문이다. 독재의 첫 번째 징후는 사적인 이득을 위해 공유지를 사유화하는 일에 정부가 공모하는 것이다. 공공 신탁은 지역사회의 생명 유지 시스템이기 때문에, 그것을 훔치는 것은 틀림없이 인권에 대한 중대한 위협이다.

정부의 기본적인 책임은 인민 전체를 위해 공유지를 보호하는 것이다. 민주주의가 어떻게 작동하는지 보여 주는 최선의 척도는 정부가 토지 자산을 어떻게 분배하는가이다. 정부가 공공 신탁 자산과 공유지를 가난하거나 부유하거나 상관없이 전체 인민의 수중에 유지시키는가, 아니면 소수 부유한 개인들이나 영향력 있는 개인들에게 집중되도록 허용하는가?

물 지킴이 운동

공유지 통제를 위한 이 투쟁은 물 지킴이 운동을 정의해 준다. 우리가 자연, 물고기, 혹은 새들을 위해 물길을 보호하고 있는 게 아니라는 것을 우리는 잘 알고 있다. 우리가 물길을 보호하는 것은 자연이 우리 지역사회의 기반이라는 것을 이해하기 때문이다.

우리 부모들이 우리에게 물려준 것과 같은 존엄과 풍요의 기회를 우리 아이들에게도 주기 위해 한 세대, 한 나라, 한 문명으로서 우리의 의무를 다하고자 한다면, 우리는 우리의 기반을 보호하는 것에서 출발해야 한다. 우리가 숨 쉬는 공기, 우리가 마시는 물, 야생동물, 공유지가 바로 그 기반이며 이 모든 것들은

허드슨 강을 따라 있는 노동자 마을 거주자들은 한때 아주 더러워졌던 강을 회복시키기 위하여 리버키퍼를 설립했다.

우리를 풍요롭게 하고, 우리를 우리 역사와 결부시키고, 우리가 살아가는 지역사회에 배경이 되어 준다. 그리고 궁극적으로는 우리의 가치, 우리의 미덕, 그리고 한 집단으로서 우리를 특징짓는 원천이 된다.

물 지킴이 운동이 낯설게 느껴지는 독자들을 위해 작은 역사 이야기를 해 보겠다. 허드슨 강 지킴이Hudson Riverkeeper는 허드슨 강을 공해 기업들로부터 막아 내기 위해 상업적으로 혹은 취미로 고기를 잡던 블루칼라 노동자들이 모여 1966년에 설립했다. 허드슨 강은 350년 된 상업적 어업의 본산이고, 북아메리카에서 가장 오래된 강 가운데 하나다. 대다수 회원들은 네덜란드 식민지 시기 때부터 계속 고기잡이를 해 온 가정에서 태어난 사람들이다. 그들의 고기잡이는 알곤킨 인디언에 의해 뉴암스테르담의 애초 네덜란드인 정착민들에게 전해진, 세대를 이어 전수된 전통적인 방식을 사용한다.

블루칼라 녹색주의자들

허드슨 강의 상업적 고기잡이 지역 중 하나가 강의 동쪽 기슭에 자리 잡은, 뉴욕 시에서 북쪽으로 30마일 떨어진 작은 마을인 뉴욕 주의 크로톤빌이다. 크로톤빌의 주민들은 유복하게 살아온 원형적인 환경주의자들이 아니었다.

그들은 공장 노동자, 목수, 인부, 전기 기사들이었다. 많은 사람들은 허드슨 강에서 고기를 잡거나 게를 잡아 생계의 전부 혹은 일부를 유지했다. 대부분 옐로스톤 강이나 요세미티 계곡 혹은 에버글레이즈 국립공원을 구경하는 일은 거의 기대조차 않고 살았다. 그들에게, 자연환경이란 자신들이 늘 다니는 장소였다. 허드슨 강이 해수욕장이 되어 주고, 수영장이 되어 주고, 또 낚시터가 되어 주었다.

리버키퍼Riverkeeper의 초대 대표를 지낸 리치 개럿은 허드슨 강에 대해 이렇게 말하곤 했다. "그것은 우리의 리비에라Riviera다, 그것은 우리의 몬테 카를로Monte Carlo다." 리치 개럿은 뉴욕 오시닝 출신으로 무덤 파는 사람이었다. 그는 회원들에게 종종 말했다. "여러분의 기대를 결코 저버리지 않겠습니다."

1966년에 펜 센트럴 철도 회사가 크로톤 - 하

> 민주주의가 어떻게 작동하는지 보여 주는 최선의 척도는 토지 자산을 어떻게 분배하는가이다.
> 로버트 F. 케네디 주니어

몬 철도 야적장에 있던 4.5피트 파이프에서 기름을 유출하기 시작했다. 기름은 강변을 검게 물들였고, 기름 맛이 청어에 배어들어 뉴욕 시 어시장에서 팔릴 수 없게 만들었다. 이에 대응하여, 크로톤빌 사람들은 마을의 유일한 공공 건물인 파커-베일 미국 재향군인 회관으로 모였다. 이곳은 매우 애국심이 넘치는 지역 사회였는데, 크로톤빌은 제2차 세계대전에서 미국의 모든 지역 사회 중 가장 높은 사망률을 기록했다. 한국전쟁 참전 군인인 리치 개럿처럼, '허드슨 강 지킴이'의 창립자들, 회원들, 임원들 거의 전부가 해병대 출신들이었다. 이들은 급진주의자도, 투사도 아니었다. 그들의 애국심은 이 나라의 근본 원리에 뿌리를 두고 있었다.

그러나 그날 밤 그들은 폭력에 관한 이야기를 나누기 시작했다. 자기네 소유라고 생각했던 어떤 것-수 세대에 걸쳐 조상들이 이용해 왔던 풍요로운 허드슨 어장과 깨끗한 물-이 자기네가 통제할 수 없는 기업체에 의해 강탈되는 것을 보고 있었다. 그들은 미국인들을 오염으로부터 당연히 지켜 줘야 한다고 생각했던 정부 기관-공병단, 주 환경 보호청, 그리고 연안 경비대-을 찾아갔었고 강제로 내쫓겼던 것이다.

리치 개럿은 아트 글로우카라 불린 조종사와 함께 맨해튼에 있는 육군 공병대 대령을 스무 차례나 방문해, 펜 센트럴 파이프를 가동 중단시키고 조치를 취하도록 간청했다. 마침내, 대령이 격분하여 말했다. "저들(펜 센트럴 이사회)은 중요한 사람들입니다. 우리가 저들을 이렇게 대해서는 안 됩니다." 다른 말로 하면, 우리는 저들에게 법을 지키라고 강요할 수 없다는 것이었다.

고향을 지키기 위한 대담한 행동

1966년 3월 18일, 크로톤빌의 거의 모든 사람이 정부가 공해 기업들과 한통속이라는 결론에 도달했다. 그들이 강에 대한 권리를 되찾을 유일한 방법은 공해 기업들과 직접 맞서는 것뿐이었다. 누군가가 펜 센트럴 파이프에서 유출된 석유의 유막에 불을 붙이자고 제안했다. 또 누군가는 파이프를 담요로 메워 자기네가 유출한 폐유로 야적장을 잠기게 하자고 했다. 또 다른 누군가는 인디언 포인트 발전소 어귀로 대량의 다이너마이트를 떠내려 보내자고 했는데, 그 발전소가 매일 백만 마리 가까이 되는 물고기를 빨아들여 죽이면서 가정의 식탁에 올라올 식량을 훔쳐가고 있었던 것이다.

그때 해병대 출신의 또 다른 사람이 마이크를 받았다. 밥 보일은 〈스포츠 일러스트레이티드Sports Illustrated〉 지의 아웃도어 담당 편집자였다. 그는 세계적으로 유명한 낚시꾼이었고, 여가 낚시에 관해 몇 권의 책을 내기도 했다. 2년 전, 그는 허드슨 강에서의 낚시질에 관해 〈스포츠 일러스트레이티드〉에 기사를 썼다. 조사를 해 나가던 중 그는 하천 및 항만 법이라 불리는 연방 항해 법령이 있다는 것을 알게 되었는데, 1888년에 제정된 그 법령에 따르면, 미국의 어떤 하천이라도 오염시키는 것은 불법이며 과중한 벌금을 물게 되어 있었다. 놀랍게도, 그 법은 오염원을 고발하는 모든 사람이 벌금의 절반을 지급받을 수 있는 포상금 조항을 포함하고 있었다.

보일은 그 법령의 복사본을 〈타임〉 지 변호사들에게 보내 "이 법률이 여전히 유효한가?"를 물었다. 변호사들은 "지금까지 한

라젠드라 싱

인도 불모의 지역에서 강을 소생시키다

'타룬 바라트 상Tarun Bharat Sangh(청년 인도 협회)'의 설립자 라젠드라 싱이 되고 싶었던 건 늘 농부였다. 그러나 궁핍한 가정환경으로 인해 마음을 바꿨다. 그는 인도 전통 아유르베다Ayurvedic 의학을 공부하여 의사가 되었다. 학교를 마치고, 불모의 라자스탄 주 알윈Alwyn 지구로 간 싱은 그저 의술에만 종사하고 있지 않았다. 싱은 생태계 치유에 관한 몇 가지 생각들을 실험해 보고 싶었다.

그 지방의 아바리Arvari 강은 주변 언덕들에서 숲이 사라져 간 1940년대 동안 말라붙어 버렸다. 우기에만 강물이 흘렸다. 그때 이후로, 대부분의 사람들이 다른 어딘가에서 생계 수단을 찾고자 살던 마을을 떠났다. 1985년에 도착했을 때, 가장 나이 많고 가장 가난한 사람들만이 그 지역에 남겨져 있다는 사실에 싱은 주목했다.

싱은 지질학, 수문학, 그리고 생태학에 관한 인도 고유의 지식에 의지해, 그 지역의 지하수와 수면의 정상적인 유수량이 되살아나기를 바라는 마음으로, 강으로 흘러드는 하천들에 요하드johad(저수지)와 함께 작은 댐들을 짓기 시작했다. 지역의 원로들은 2년에 걸쳐 별 성과도 없이 몹시 힘들게 일하는 그를 보며 빙그레 미소를 지었다. 그때가 되어서야 원로들은 싱이 진심으로 자신들을 도우려 한다고 판단하고 댐과 요하드를 짓기에 알맞은 장소들에 관한 정보를 주기 시작했다고, 싱은 미소를 지으며 그때를 회상한다.

그것은 효과가 있었다. 우기 동안 요하드에 채워진 물이 서서히 초목을 되살리기 시작했는데, 그로 인해 사람들이 식수를 퍼 올리는 대수층이 다시 채워지고 언덕 비탈의 수분 유지 능력이 회복되었다. 아바리 강은 이제 되살아나 연중 내내 흐르는데, 그 지역에서 한때 말라 버렸던 강 4개 역시 마찬가지다. 지하수 수위는 20피트 정도 상승했고, 토양의 수분 유지 능력을 유지하게 해 주는 데 결정적인 숲 우듬지는 33퍼센트나 증가했다. 알윈 지구를 버리고 떠났던 사람들이 농사를 짓고 장사를 시작하기 위해 지금 돌아오고 있다고 싱은 말한다.

그에 더해, 청년 인도 협회는 담수 자원을 사유화하고 고갈시키려는 계획에 맞서고 있다. 싱이 일을 시작한 알와르Alwar 지역에서, 활동가들은 (생수와 음료수 업체를 포함하여) 물 집약적인 산

싱이 물 순환을 되살리기 위해 우기에 물을 모아 두는 작은 저수지인 요하드를 자랑스럽게 보여 주고 있다.

번도 적용된 적이 없지만, 여전히 유효한 법문이다."라는 메모를 보냈다.

그날 저녁, 남녀 300명이 분노에 차 폭력에 대한 구상에 착수하기 전, 그는 메모를 공개하면서, "우리가 법을 어기는 일에 대해 이야기하고 있어서는 안 됩니다. 우리는 법이 시행되게 하는 것에 관해 이야기해야 합니다."라고 말했다. 그날 저녁 그들은 '허드슨 강 어부 협회' - 리버키퍼의 전신 - 를 조직하기로, 그리고 강을 오염시키는 모든 공해 기업들을 추적해 고발하기로 결의했다.

18개월 후, 그들은 19세기 법령에 의한 미국 역사상 최초의 포상금 수령자가 되었다. 그들은 펜 센트럴 파이프를 가동 중단시켰다. 그리고 시바 - 가이기Ciba-Geigy, 스탠더드 브랜드Standard Brands, 아메리카 사이어나이드American Cyanide를 비롯해 미국의 다수의 거대 기업들을 추적하기 위해 남은 돈을 썼다. 잇따라, 그들은 공해 기업들을 폐쇄시켰다.

1973년에, 그들은 공해 기업들을 상대로 미국 역사상 가장 높은 벌금을 받아 냈다. 뉴욕 헤이스팅스 강에 유독물을 투기한 아나콘다 무선 케이블Anaconda Wire and Cable로부터 20만 달러를 받은 것이다. 그들은 포상금으로 보트를 구입하고, 최초의 유급 상근 강 지킴이로 자영 어부인 존 크로닌을 고용했다. 1984년에 존 크로닌은 포상금으로 나를 고용해 리버키퍼의 담당 변호사로 일하게 했다.

다시 태어난 강

그때 이후 우리는 허드슨 강의 자연환경을 더럽히는 공해 기업들에 대해 400건의 성공적인 소송을 제기했다. 그리고 공해 기업들로 하여금 강의 환경 개선에 대략 40억 달러를 지출하도록 만들었다.

오늘날 허드슨 강은 생태계 보호의 국제적 본보기다. 1966년 전국적 조롱거리였던 이 강은 현재 북대서양 지역에서 가장 풍요로운 수원이다. 에이커당 어획량이 가장 많고, 적도 북쪽의 대서양으로 흘러드는 다른 어떤 물길보다도 많은 생물자원을 산출한다. 그리고 역사적으로 모든 이동성 어종 가운데서 강한 산란종을 여전히 가지고 있는, 대서양 양쪽을 통틀어 유일한 강이다. 허드슨 강의 기적적인 부활은 이 나라를 포함해 세계 곳곳의 150개가 넘는 물 지킴이 단체들 - 리버키퍼, 베이키퍼, 사운드키퍼 - 이 설립되도록 자극했다.

물 지킴이 동맹에서는 새로운 활동 계획이 엄격한 기준을 충족시킨다는 판단이 이루어지고 나서야 물 지킴이 이름을 사용할 자격을 부여한다. 각각의 물 지킴이 단체는 순찰 보트를 가지고 있고, 유급 상근 시스템에 소속되어야 하며, 공해 기업들을 고발한다. 지킴이들은 누구도 지역사회에서 우리의 물을 훔쳐 갈 수 없다는 것, 그리고 물길들은 그 소유자들인 대중에게 맡겨져야 한다는 것을 확실히 한다.

모두를 위한 물

마우드 발로

지구 곳곳에서 활동가들이
물H_2O이 우리 공동의 자산임을 선포한다.

물 관련 공공시설을 기업이 인수하는 것은 말할 것도 없거니와 물과 분수계에 남용 및 오용에 맞선 격렬한 저항이 지구상의 모든 곳에서 점점 늘어 가고 있고, 지구적 차원의 새로운 운동을 낳고 있다. "모두를 위한 물"이라는 구호는 오염, 댐에 의한 파괴, 기업의 노골적인 강탈로부터 자신들의 물 자원들을 지키기 위해 싸우고 있는 전 세계 수많은 지역사회들에서 활동하는 현지 그룹들의 단결된 외침이다.

물에 대한 기본 권리를 요구하는 이 투쟁들은 미래를 위한 새로운 전망을 간결하게 설명해 주는 공유지 원리들에 의존하는 '물 정의water justice 운동'을 촉발시켰다. '물은 누가 소유하는가?' 이 질문에 그들은 '아무도 아니다. 물은 지구의 것이고, 모든 종의 것이고, 미래 세대의 것이다.'라고 답한다. (물 공유재 운동으로도 알려진) '물 정의 운동'의 목적은 간단하지만 강력하다. '물을 공공의 것으로 유지하라. 물을 깨끗하게 보존하라. 물을 모든 사람이 이용할 수 있게 하라.'

이 운동은 세계은행이나 유엔 같은 국제기구들로 하여금 자신들의 물에 관한 정책들이 불충분했다고 말할 수밖에 없도록 만들었고, 수십 개 나라에서 새로운 정책들이 입안될 수 있도록 하면서, 국제정치에 이미 영향을 미치고 있다. 현재 수자원 관리와 관련하여 새로운 논의들이 진행 중이다.

전 세계적으로, 물 공유지가 쓰레기 처리장으로 이용되고 있다. 남반구에서 생산된 공장 폐수의 90퍼센트가 정화되지 않은 채 강, 하천, 연안 해역으로 방류된다. 인도와 러시아의 표층수 75퍼센트는 식수로도, 씻는 물로도 사용되어서는 안 된다. 유엔은 아프리카에서 규모가 큰 모든 호수 677개와 큰 강들 전부가 전례 없는 수질 악화를 보이고 있다고 보고했다. 라틴아메리카에서는 불과 2퍼센트 가량의 폐수만이 정화 처리를 거친다.

북반구 상황은 그보다는 낫지만 그렇다고 양호하지도 않다. 유럽에서, 전체 표층수의 20퍼센트가 "심각하게 위협받고" 있고, 미국의 강과 하천의 40퍼센트는 수영이나 낚시를 하기에, 혹은 식수로 쓰기에 수질이 너무 악화되었으며, 공장형 농장에서 흘러나와 땅 위로 흐르는 대규모 유독성 빗물 때문에 전체 호수의 46퍼센트 또한 마찬가지 상황이다. 이러한 미증유의 환경 위기를 역전시킬 수 있는 유일한 길은, 물은 모두가 소유하는 공유재이고, 따라서 물에 대한 어떠한 위협도 모두 - 지구에도 인간에게도 마찬가지로 - 에 대한 위협이 된다는 깨달음을 통해서만 가능하다. 전 세계에서, 지역사회들이 물을 오염시키는 쌍둥이 엔진에 맞서고 있다. 기업적 농업과 공업 생산이 바로 그것이다.

화학약품에 흠뻑 적셔진 채소와 곡물, 약물에 전 식용 동물들,

이 식품들이 선적되어 우리 식탁에 올라오기까지 수천 마일을 이동하는 그런 '지혜로움'에 대해 사람들이 문제를 삼기 시작하면서, 이제 지역 차원에서 이루어지는 지속 가능한 농업으로의 전환이 점점 더 많이 이루어지고 있다.

기업 농업 세력과 공장형 농장에서 물을 대량으로 소비하는 관행에 맞서 싸우기 위한 그룹들이 생겨나고 있다. 공장형 농장을 뛰어넘어, 지속 가능하고 인간적인 농업에 전념하는 캐나다 네트워크는 거대한 가축 공정을 가능하게 하는 물의 양을 제한하는 규제들을 확립하기 위해 지방자치단체들과 힘을 합해 노력하고 있다.

광산 업체들 또한 남반구에서 지하수 오염의 원흉인데, 신생 북반구-남반구 네트워크에서 이러한 기업들에 도전장을 내놓고 있다. 캐나다와 칠레의 활동가들은 하나로 힘을 합쳐, 캐나다의 광산 기업 바릭 골드Barrick Gold가 그 아래 퇴적되어 있는 금 매장물을 캐기 위해, 칠레-아르헨티나 국경에 위치한 세 개의 빙하 상단을 제거하려는 계획을 단념시켰다. 농부 7만 명에게 필요한 물의 유일한 원천인 막대한 양의 빙하수가 파괴될 뻔했다.

세계 곳곳에서, 오염된 물을 살려 낸 사연들이 들려오고 있다. 인을 비롯한 여타의 오염원들 때문에 한때 포기하다시피 했던 콘스턴스 호는 현재 회복되어 400만 명에게 식수를 제공하고 있다. 콘스턴스 호의 재생은 1954년, 유럽에서 세 번째로 큰 호수를 구하기 위한, 호수 주변 세 나라-독일, 오스트리아, 스위스-의 공동 노력으로 시작되었다. 호수가 모두에게 속하는 공공의 자산으로 받아들여지게 되었을 때, 비로소 이들 세 나라와

지방자치단체들, 그리고 지역민들은 그 호수를 생태학적 파괴로
부터 되찾을 수 있었다.

북아메리카에서 시작된 177개 단체들의 동맹인 물 지킴이들
은 현지의 지역사회들이 자신들이 함께 소유하는 생태계를 지켜
낼 수 있는 능력을 갖게 해 준다. 지난 몇 년간, 허드슨 강 지킴
이들은 (원자력발전소의 폐수로 인한) 열 오염thermal pollution으로
수중식물 종들이 멸종하는 것을 막기 위해, 발전소와 산업 시설
들이 밀폐식 냉각장치를 사용하도록 요구하는 소송을 제기했다.
델라웨어의 강 지킴이들은 치명적인 화학무기의 부산물을 강에
버리려는 군부대의 계획을 중단시켰다. 그리고 샌프란시스코의
만 지킴이들은 캘리포니아 주가 만의 수은 오염을 큰 폭으로 줄
일 수 있는 강력한 안을 채택하게 했다.

물은 우리가 공유해야 하는 생명을 주는 자원이다. 사고파는 상품일 수 없다.

비록 남반구에 오염 근절에 필요한 자금은 많지 않을지라도, 성공적인 사례들이 꾸준히 이어진다. 콜롬비아에서 보고타 강을 끼고 있는 습지대 16곳이 초기 상태를 회복했다. 이는 보고타에 사는 800만 시민들에게 물을 공급해 주는 강이 오염에서 벗어나기 위한 첫 단계다. 공유지 원리에 따라 습지대에서 살고 있는 원주민들은 옮겨 가지 않았고, 오히려 보호되어야 할 신성한 이 공간의 관리자가 되었다.

남반구 많은 나라의 시민들(특히 학생들)은 해마다 열리는 '세계를 깨끗하게 캠페인Cleanup the World Campaign'에 참여한다. 9월 세 번째 주말에 열리는 이 행사는 수질오염에 화가 난 한 오스트레일리아 선원에 의해 1993년에 시작되었다. 그것이 이제는 공유지 보호 연례 행사가 되어 120개 나라에서 3,500만 명이 넘게 참여하게 되었다. 유엔 환경 계획은 '세계를 깨끗이 하는 날 Cleanup the World Day'을 정해, 그 행사를 전 세계적으로 장려하고 있다.

분수계와 생태계를 지키자

우리의 물 공유지 대부분이 파괴되어 버린 결과, 이제 말 그대로 물이 바닥나고 있다. 바로 지금도, 우리는 지구상에서 사용할 수 있는 표면수의 절반 이상을 사용하면서 자연을 비롯한 다른 종들에게는 거의 남기기 않는다. 미국에서 기업 농업은 나라 전체 물 사용의 5분의 4를 차지하며, 이 나라의 강과 호수에서 오염을 주도하는 원흉이 되어 있다. 남반구에서는, 관개용수가 전체 물 사용의 85퍼센트 이상을 소모하면서 수많은 강들을 말라붙게 하고 있다. 우리의 물 수요가 늘어날수록, 지구와 다른 살아 있는 생명체가 받는 압력은 가속화된다. 인류는 물이 바닥나는 일은 결코 없을 거라고 여겨 왔다. 그러나 진실은, 지구상에 있는 물 1퍼센트의 절반도 안 되는 양만이 현재의 순환 과정이 지속되는 데 요구되는 비축된 물의 양을 떨어뜨리지 않으면서 인간에게 이용 가능한 물이라는 사실이다. 우리의 물 공유지가 사라져 가는 데 핵심적 역할을 하는 6가지 요인이 있다.

- 대수층과 지하수 굴착. 정교한 기술은 자연에 의해 원래대로 가득 채워질 수 있는 것보다 훨씬 더 빠르게 지하수를 퍼 올리고 있다.

- 사실상의 물 수출. 수출 지향적 농업과 무역정책들은 큰 몫의 물이 식품이나 특정한 형태의 제품으로 해외로 내보내진다는 의미다.

- 파이프라인 수로. 우리는 물을 자연적으로 물이 생겨나는 곳(그리고 생태계의 건강을 위해 요구되는 곳)에서 사막의 식량 재배를 위해 혹은 거대한 도시 지역에 공급하기 위해 우리가 원하는 곳으로 이동시킨다.

- 벌채. 싹쓸이 벌채는 자연의 수문학적 순환을 붕괴시키며, 결과적으로 특정한 생태계의 강우량 감소를 가져온다.

● 도시의 열섬. 물을 통과시키지 못하는 포장도로는 온도를 상
  승시키고, 그리하여 생태계의 물 보유 능력을 감소시키고,
  사막화를 진행시킨다.

● 기후변화. 지구온난화는 표층수의 증발을 초래하고 있다.

  슬로바키아의 수문학자이자 골드만 환경 상 수상자인 미할 크
라브시크의 획기적인 연구는 도시 팽창과 습기를 보존하는 지
형이 없어지면서 물이 들판, 목초지, 습지대, 하천으로 되돌아갈
수 없을 때, 이전의 초지는 사막화가 진행되고, 수문학적 순환
과정에서 실제 수량이 감소한다는 것을 보여 준다. 크라브시크
는 구름의 상태에서 비가 되어 내리기 전에도 수문학적 순환 속
에 존재하는 물을 공유재로 바라보자는 운동을 앞장서서 전개하
고 있다. 그는 빗물을 모으고 저장함으로써 생태계와 분수계를
복원하는 일이 우리 모두가 평생 의존하는 수문학적 순환을 회
복하는 핵심이라고 믿는다.
  빗물을 모으는 이 방식은, 크라브시크가 이른바 "지역사회의
지속 가능한 발전 프로그램"이라고 부르는 것으로, 값비싼 첨
단 기술과 대립되는, 수백만의 사람들이 참여할 수 있는 물 위기
에 대한 자연스러운 해법이다. 이 빗물 모으기는 수천 년간 불
모 지역들에서 행해져 왔지만, 이제 깨끗한 물이 바닥나고 있
는 다른 지역들에서 이루어지고 있다. 중국과 브라질에는 굉장
히 넓은 지붕을 이용한 빗물 모으기 프로그램이 있고, 버뮤다제
도에는 모든 새 건축물들이 빗물을 모으는 설비를 갖추도록 하

헤수스 레옹 산토스

불모지가 초록의 밭과 숲으로

멕시코에서는 식량 공급에 극적인 변화가 일어나는 중이다. 식탁에 오르는 기본 재료인 옥수수의 40퍼센트가 현재 미국에서 수입되고 있다. 그러는 사이 멕시코 정부는 대규모로 공업화된 조업에 유리하도록 소규모 농부들이 농업을 단념하게 하는 정책을 추구해 왔다. 이것은 북아메리카의 환경적·경제적 균형에 지대한 영향을 미쳤다. 멕시코 자율 대학의 경제학 교수 옥타비오 로사스 란다에 따르면, 현재의 정책은 향후 몇 년 안에 농부 2,500만 명 가운데 2,200

멕시코 농부 헤수스 레옹 산토스는 침식으로 불모지가 된 생태계를 복구하기 위해 토착 농법을 도입했다.

만을 땅에서 몰아낼 것이며, 그들 대부분은 부득이 멕시코의 도시들이나 미국으로 밀려날 수밖에 없을 것이다. 수세기에 걸쳐 작은 땅들을 경작해 온 가구들이 시골을 떠나게 되면, 멕시코는 농업과 환경이 직면한 어려움을 해결해 줄 수 있는 다시 없는 현지 지식을 상실하게 될 것이다. 오악사카Oaxaca 지역에서, 우리는 상실한다는 것의 의미를 알 수 있다. 믹스텍Mixtec 인디언 후손이며 45세의 농부인 헤수스 레옹 산토스는 불모지를 초록의 들판과 숲으로 바꾸기 위한 노력을 하고 있다. (한 유엔 연구에 따르면, 이 지역의 83퍼센트가 심각하게 침식되었다.) 그의 비결은 현역 생태계를 복구하기 위해 전통적인 믹스텍 경작 방법을 되살리는 것이다. 자신이 설립한 세디캄(CEDICAM : 믹스테카의 통합적 소농 발전 센터)이라는 조직에서 일하면서, 레옹 산토스는 숲, 빗물을 모으는 관행, 등고선 배수 도랑, 비탈의 계단식 경작을 다시 도입해서 만연한 침식과 싸우고 있다. 세디캄은 1,500명이 넘는 소농들과 함께 일을 해 왔다. 2,500에이커에 나무 100만 그루를 심었으며, 2,000에이커의 농토를 개간했다. 숲은 불모의 밭을 회생시키기 위해 사용될 수 있는 빗물을 간직할 수 있다. 레옹 산토스는 최근에 가격이 두 배나 오른 화학비료 대신에 유기농 퇴비를 사용하도록 장려한다. 그리고 회원들에게 전통적인 밀파milpa 방식으로 농작물을 경작하라고 가르치는데, 밀파는 토양에 자양물을 돌려주고, 해충에 대한 자연적인 저항력을 제공하기 위해 조그만 빈터마다 옥수수, 콩, 호박을 심어 키우는 토착적 관행이다. 또한 농부들이 토양을 단단하게 하여 빗물이 흡수되지 못하게 막는 트랙터보다는 소를 사용하도록 조언한다. 이러한 전통적인 농업 방식은, 오늘날 화학비료, 농약, 기계, 가솔린에 들어가는, 치솟는 비용에 허덕이고 있는 소농들에게 점점 매력적으로 여겨진다. 그는 "녹색 혁명은 우리가 가진 현지 자원들을 추방했습니다."라고 〈뉴욕타임스〉에 말했는데, 한때 행하던 화학적이고, 산업화된 농업을 묘사하느라 새로 만들어진 문구를 인용했다. "외부에 대한 우리의 의존, 그것이 우리를 파멸로 이끌었습니다."

2008년도에 그의 상상력이 뛰어난 풀뿌리 운동에 대해, 명망 있는 골드먼 환경 상이 주어졌다.

제이 월재스퍼

는 법이 있다. 인도 델리의 과학과 환경 센터Center for Science and Environment는 도시 주변에서 그러한 프로그램을 수십 개씩 운영하고 있으며, 이 고대의 기술을 되찾기 위해 인도 전 지역에서 견습생 수천 명을 훈련시키고 있다.

해마다 물 수백만 톤을 대가 없이 사용하는 생수 설비 또한 성장하고 있는 물 공유재 운동이 초점으로 삼고 있는 대상이다. 브라질의 단체 '물을 위한 시민Citizens for Water Movement'이 스위스 브베이에 있는 네슬레 본부까지 찾아간 것은, 상 로렌스의 아주 오래된 미네랄 수원지를 손상시키고 있는 그 회사에 항의하기 위해서였다. 인도네시아의 '지구의 친구들Friends of the Earth'은 자바 중심지에 몇 군데 생수 업체에 영업 허가를 내준 정부에 맞서 싸우고 있다.

미시간 주에서는, '스위트워터 연합Sweetwater Allance'을 비롯한 여러 단체들이 아이스마운틴 생수 생산으로 지역의 물 공급이 줄어드는 것과 관련해 네슬레를 대상으로 소송을 제기했다. 재판에서 패소한 네슬레가 현재 항소 중이다. 그 소송은 지역 주민들이 네슬레의 생수 생산 계획을 중단시킨 위스콘신 주에서의 유사한 사례에 영감을 받아 이루어졌다. 메인 주의 프라이버그 주민들은 네슬레의 자회사인 폴란드 스프링스Poland Springs로부터 대수층을 지키기 위해 싸우고 있으며, 현지 지역사회들이 물 자원들에 대한 자신들의 통제권을 옹호해 줄 조례를 채택하려 애쓰고 있다. 캘리포니아 주 맥레오드에 있는 한 시민 단체는 네슬레가 샤스타 산에서 진행하려던 대규모 물 사업을 중단시켰다.

'인터내셔널 리버스International Rivers'는 대형 댐들로 인해 강이 파멸하지 않도록 지키기 위하여 활동하는, 5개 대륙을 걸친 강력한 네트워크이다. 법률적 조언, 훈련, 그리고 기술적 지원을 통해 정부에 대처할 수 있게 해 준다. 20년 전 인터내셔널 리버스 창립 이후 전 세계에서 건설되고 있는 대형 댐의 숫자가 꾸준히 감소해 오고 있는 것이, 성공에 관한 하나의 징후이다.

물 정의를 위해 싸우기

공유지의 정의definition 가운데 하나가 차별 없이 모든 사람이 이용할 수 있다는 것이다. 현재의 물 정책에 대한 가장 큰 고발은 지구 남반구 도처에서 사람들에게 강요되고 있는 물에 관한 차별 정책이다. 20억에 가까운 사람들이 세계의 물 부족 지역에 살고 있다. 그들 중 14억은 거의 날마다 깨끗한 식수를 전혀 얻지 못한다. 세상 사람들의 5분의 2는 기본적인 위생 설비를 갖추고 있지 못하다. 이는 콜레라 같은 전염성 질병의 재발로 이어진다. 세계보건기구는 오염된 물이 전 세계 질병의 80퍼센트와 관련된다고 보고한다.

북아메리카인들은 평균적으로 하루에 물을 거의 600리터 사용한다. 아프리카인들은 평균적으로 6리터를 사용한다. 하지만 빈곤과 물 문제에 관한 차별 정책이 남반구로 이관되고 있는 것은 아니다. 물 공급 중단은 미국으로도 확산되고 있어, 디트로이트의 상하수도국은 (인상되는) 수도 요금을 낼 수 없는 수천 명의 거주민들에게 물 공급을 중단하고 있다. 설상가상으로 사회 서비스국은 아이들이 집에서 깨끗한 물을 얻을 수 없다는 이유로 그들을 데려갔다.

해결책

물이 모든 사람이 접근할 수 있는 공적 공유재라고 선언되지 않는 이상 물 차별 정책은 끝나지 않을 것이다. 지구적 차원으로 벌어지고 있는 '물 정의 운동water justice movement'은 물은 기본 인권으로 간주되어야 하며, 지불 능력이 그 인권을 부정당할 이유가 되어서는 안 된다고 선언한다.

전 세계 지역사회 곳곳에서 현지 그룹들이 물 공급의 민영화에 저항해 승리를 거두고 있다. '페주베FEJUVE'라는 풀뿌리 그룹이 이끄는 열렬한 대중적 요구에 대한 응답으로, 볼리비아의 이보 모랄레스 정부는 재앙이었던 10년 계약이 끝난 후, 그간 시의 물을 관리해 왔던 민간 물 기업 수에즈Suez를 수도 라 파즈에서 쫓아냈다. 수에즈는 부에노스아이레스와 아르헨티나의 산타페에서도 쫓겨났다. 오스트레일리아의 애들레이드 주 자치 정부가 하수관 누수로 인한 "지독한 악취"에 포위된 채 몇 년의 시간을 보낸 후 민간 합작 기업으로부터 물을 되찾았을 때, 현지 그룹들은 일제히 축하했다. 최근, '식량과 물 감시 센터Food and Water Watch'가 이끈 강력한 운동은 조지아 주의 애틀랜타, 루이지애나 주의 뉴올리언스, 텍사스 주의 라레도, 캘리포니아 주의 스톡턴에서, 성공적인 싸움을 벌여 오고 있으며, 물 민영화 결정을 뒤집기도 했다.

시민들은 물을 인권으로 주장하는 일에 정부가 솔선수범하기를 기다리고 있는 게 아니다. 2004년에 우루과이의 시민들은 모든 사람이 물에 대한 권리를 가지고 있음을 세상에서 처음으로 선언했다. 우루과이의 '지구의 친구들Friends of the Earth'과 '물과 생명 보존을 위한 전국 협회National Commission in Defense of Water and Life'가 앞장서 이끄는 가운데, 시민들은 우선, 물 권리에 관한 헌법 수정을 촉구하는 국민투표를 실시하기 위해, 거의 30만 명의 서명("인간의 강human river"으로 의회에 제출된)을 받아야 했다. 결국 승리했고, 현재 물 권리는 우루과이 헌법에 정식으로 기록되어 있다.

인도 대법원은 최근에 자연 호수와 연못을 보호하는 일은 삶의 권리─법원에 따르면 모두에게 가장 기본적인 권리─를 존중하는 것과 다를 바 없다고 판결했다. 네팔 활동가들의 주장은 민간 기업이 카트만두의 식수 공급 시스템을 관리하도록 하는 것은 헌법에 보장된 건강권을 위반하는 것이라며, 대법원 결정을 요구하고 있다. 남아프리카공화국의 '물 민영화 반대 연합 Coalition Against Water Privatization'은 수도를 계량하는 관행이 소웨토의 가난한 사람들의 인권을 침해한다며, 요하네스버그 고등법원에 요구하고 있다. 볼리비아 대통령 이보 모랄레스는 "인권과 모든 살아 있는 존재의 물에 대한 접근권을 위한 남아메리카 회의"를 제안했는데, 그는 이를 통해 수많은 무역협정에서 강요하는 물 분배에 관한 민영화 시장 모델을 거부하고자 한다.

물 공유재 운동은 물 관리를 두고 토론의 장이 열리게 했고, 점점 줄어드는 자원의 소유자로 스스로를 정립하려는 기업들과 민영화 옹호자들에게 도전장을 내밀었다. 지구적 차원에서 벌어지는 이 물 정의 운동의 성장은 물을 둘러싼 갈등이 새로이 불거지는 시점에서 점점 상승하는 물 위기에 책임감, 투명성, 그리고 대중적 감시를 도입하는 데에 결정적으로 중요하다.

애크런에서 이룬 공유재를 위한 승리

유권자들은 하수도 시스템의 사유화를 거부한다

2008년 2월에, 오하이오 주의 애크런 시장은 시의 하수 시스템의 유지 및 운영을 99년 동안, 민간 기업에 임대할 것을 제안했다. 미국 친우 봉사 위원회Northeast Ohio American Friends Service Committee의 현지 활동가들과 전미 공무원 종사자 연맹 오하이오 8지부AFSCME Ohio Council 8는 워싱턴 D.C.에 본부를 둔 식품과 수질 감시 협회와 접촉하고 연구와 전략 개발에 관한 지원을 요청했다.

두 개의 현지 조직은 노동자, 종교인, 그리고 '하수 정화와 수질 보존을 위한 시민Citizens to Save Our Sewers and Water: Citizens SOS'로 알려진 지역사회 조직 등으로 이루어진 폭넓은 연합체를 구성하기 위해 두 개의 서로 다른 지지층들을 한데 모아 냈다.

성공의 요건은 신속한 대응이었다. 그들은 시장이 하수 시스템 임대와 관련하여 세부 항목을 만들기 전에 가두로 나갔다. 지지자들의 자각과 교육을 위해, 그들은 캘리포니아 스톡턴에서 공공 수도 시설의 사유화 때문에 발생한 문제들에 관해 2004년에 제작된 다큐멘터리 영화 〈갈증〉 상영을 조직했다.

거기에 더해, 미국 상수 시스템의 86퍼센트가 공적으로 소유되어 있고, 이들이 민영화된 시스템보다 더 효율적이고 비용도 13~50퍼센트 저렴하다는 것을 지역 주민들에게 알렸다.

'시티즌 SOS'는 시장의 제안을 막는 최선의 방법은 어떤 공공시설도 민영화 이전에 유권자의 승인을 요청하는 것이라고 판단했고, 그것은 주민 투표의 통과를 의미했다. 2008년 7월 중순에, '시티즌 SOS'는 투표를 요구하기에 필요한 숫자를 충족시키고도 남는, 4천 명에 이르는 유효 서명을 받았다. 그러는 사이 시장은 민영화에 유리한 자신의 투표 안을 만들었다.

현지 언론들은 민영화 계획에 찬성했다. 따라서 '시티즌 SOS'는 자신들의 메시지를 전하기 위해 대체 수단들을 활용했다. 호별 방문 설득, 전화 걸기, 게시판, 인쇄물 배포, 가두 행진, 그리고 정치 포럼까지. 또한, 민영화의 부정적인 경험을 듣기 위해, 최근에 지역 물 시설의 민영화가 번복된 캘리포니아 스톡턴에서 활동가를 초청했다.

마침내 2008년의 선거일이 다가왔을 때, 지역 주민들은 압도적으로 시장의 민영화 계획을 거부했으며, 민영화에 관한 모든 표결은 2대1의 차이가 나야만 요청할 수 있다는, 기준을 승인했다.

베노나 하우터

기후변화에 대한 공유지 해법

피터 반스

배출 총량 규제, 배당제는 사회보장제도 이래
가장 대중적인 프로그램이 될 수 있다.

2006년에, 나사의 수석 기후 과학자는 지구온난화의 물결을
되돌릴 수 있는 시간이 기껏해야 10년 남았다고 경고했다. 그 이
후 제임스 한센은 모든 것이 물거품이 되었다며, 화씨 3~7도의
기온 상승은 "다른 행성을 만들어 낼" 것이라고 말했다.

한센이 옳다면 ─ 그리고 대부분의 과학자들이 그렇다고 생각
한다 ─ 잃어버린 매해는 절벽에 한 발 더 가까워지는 것이 된다.
좀 더 긍정적인 용어로 말하면, 우리에겐 이 행성을 구할 수 있
는 마지막 기회 ─ 그러나 유일한 단 한 번의 기회 ─ 가 있다.

수십 년 동안 인간의 온실가스 배출은 대기가 안전하게 처리
할 수 있는 능력을 초과했다. 기후와 인간 사회의 붕괴를 피하기
위해, 모든 경제 영역에서 그러한 배출을 꾸준히 그리고 영구히
줄이려는 시스템을 만들어야 한다.

대기는 우리의 것이다

대기 그 자체는 공유지이다. 모든 사람에게 주는 창조의 선물이다. 살기에 알맞은 기후 유지를 포함하여, 대기는 생명 유지에 필요한 수많은 행성의 기능을 수행한다. 곤란하게도, 우리 인간 특히 우리 미국인들이 오염으로 대기를 망가뜨리고 있다. 우리가 장기적인 문제들을 초래하고 있다는 걸 알고 있으면서도, 우리는 멈추지 못한다. 실제로, 대기를 사용하는 현재의 경제체제가 지속되는 한, 우리는 멈출 수 없다. 저 시스템 - 승자 독식에, 제한이 없고, 값이 없는 - 은 분명히 기능 장애이다. 우리는 대기의 교란을 줄이는 폭넓은 새로운 경제 시스템을 필요로 한다. 그러나 새로운 시스템은 거대한 논쟁을 불러일으킨다.

이 문제는 그 논쟁의 핵심에 놓여 있다. 누가 하늘을 소유하는가? 이것은 철학적이고 도덕적인 문제이다. 그러나 현재 더 중요한 것은 엄청난 경제적 문제이다. 하늘에 대한 권리의 소유권은 제한된 탄소 수용력을 사용하는 데 누가 누구에게 대가를 지불할 것인가를 결정할 것이다. 거대하고 강력한 수많은 기업들 - 나는 유산 업계legacy industries라 부른다 - 은 현재의 합의에 만족한다. 공해 기업들은 이 합의로 아무것도 지불하지 않는다. 그러나 오염은 실제적인 비용을 치른다. 그리고 우리가 기후 위기를 해결하고 싶다면, 누군가는 비용을 지불해야 한다. 공해 기업들이 지불하지 않는다면, 나머지 우리가 부담해야 한다. 우리는 더 높은 에너지 비용의 형태로 지불할 것이며, 그로 인해 엄청난 양의 우리 돈이 실제로 오염을 일으키는 기업들에게로 옮겨 가고 우리의 가처분 소득은 줄어들 것이다.

하늘에 대한 기업 소유권에 대한 대안은 공동소유권, 즉 모든 사람에 의한 소유권이다. 공동의 소유권 아래서, 공해 기업들은 대기에 탄소를 배출한 것에 대해 비용을 치를 것이다. 그리고 이러한 "임대"는 모든 사람에게 똑같이 - 1인 1주 - 되돌아올 것이다.

대기를 이산화탄소 배출을 위한 주차장으로 여기는 것이 유용할지도 모른다. 어떤 주차장에서 주차 공간이 용량을 초과할 때, 우리는 주차 미터기를 설치함으로써 짧은 시간으로 사용을 제한한다. 그 장소가 공공성을 가진 어떤 기관에 의하여 소유된다면, 주차인들이 지불한 돈은 모두에게 이롭도록 사용된다. 공유된 대기의 경우에도 우리는 역시 주차를 제한해야 하고, 그것에 대해 요금을 청구해야 한다. 그리고 오염자들이 지불하는 그 돈은 모두에게 득이 되어야 한다.

배출 총량규제, 배당제가 정치적으로 가장 실천적인 계획인 이유

이것은 어떻게 실행될 수 있을까? 최근에, 기후 정책 논쟁은 "탄소 상한" - 즉, 매년 대기에 버릴 수 있는 탄소 총량에 물리적 제한을 가하는 것 - 이라는 개념에 초점이 맞추어져 있다. '상한'은 탄소 방출 업체들이 허가권을 얻도록 요구함으로써, 그리고 발행되는 허가권의 숫자를 꾸준히 줄여 나가면서 실행될 것이다.

어려운 경제적 문제는 공해 기업들이 탄소 허가권을 무료로 받게 되는 것인지 아니면 경매로 구매하도록 할 것인지이다. 모든 탄소 허가증이 경매되도록 그리고 그 수익은 사회보장 번호를 가진 모든 미국인에게 매달 동등한 배당금으로 돌아가게 될 배출 총량규제, 배당제 시스템을 만들기 위한 법률안은 미국 하원과 상원 양쪽에 모두 제출될 것이다. 그 돈은 사회보장 연금처럼, 사람들의 은행 계좌 혹은 직불 카드로 송금될 것이다. 탄소 가격은 시간이 지날수록 상승하기 때문에, 자동적으로 배당금도 올라갈 것이다. 이런 식으로, 연료 가격이 아무리 오르더라도, 탄소의 단계적 삭감 동안은 가계 구매력이 보호될 것이다.

배출 총량규제, 배당제(배출 총량규제, 환급제로도 불린다.) 시스템은 많은 장점이 있다. 간단하고, 투명하며(돈이 어디로 가는지 이해하기 쉽다.), 올바른 동기를 형성한다. 화석연료 에너지를 더 많이 사용할수록, 더 높은 탄소 가격을 지불할 것이다. 모든

에너지 기업들이 오염의 대가로 지불하는 돈은 그들 사이에 거래되어서는 안 되며, 하늘의 소유자들인 우리 모두가 돌려받아야 한다.

사람이 같은 분량을 돌려받기 때문에, 보존하면 얻게 되고, 낭비하면 잃게 된다. 승자들은 이처럼 화석연료를 보존하는 모든 사람과 안정된 기후를 물려받는 우리의 아이들이 될 것이다.

더구나, 배출 총량규제, 배당제는 소득 재분배에 진보적인 영향을 미친다. 그 핵심적인 공식 – 대기의 사용에 따라 각 개인에게서 각 개인에게로 동등하게 – 은 가난한 사람, 중산층, 그리고 부유한 사람들에게 똑같이 공평하다. 그러나 가난한 사람들의 이익이 가장 많다. 이들이 가장 적게 오염시키기 때문이다.

가난한 사람들과 중산층에 대한 격려

그리고 이익을 얻는 것은 단지 가난한 사람들만이 아니다. 매사추세츠 대학의 제임스 보이스와 매트 리들에 의한 2007년 연구 – '배출 총량규제, 배당제 : 미국 가정의 수입을 보호하면서 지구온난화를 억제하는 방법' – 는 고소득자들이 다른 사람들보다 훨씬 더 많은 에너지를 사용하기 때문에, 미국인 70퍼센트 이상이 배출 총량규제, 환급제 시행으로 궁극적으로 이득을 본다는 것을 발견했다. 최근 몇 십 년 동안 소득 하락을 겪은 중산층에게 이것은 좋은 소식이다.

정치적 관점에서, 매달 배당금이 지급되는 탄소 상한은 사회 보장제도 이래 가장 인기 있는 연방 프로그램이 될 것이다. 연료비가 아무리 높이 오르더라도, 배출 감축에 대한 대중적 지지는 흔들리지 않을 것이다. 게다가 그것은 가격 상승에 따른 곤경에서

> 기후 논쟁의 핵심은 이것이다.
> '누가 하늘을 소유하는가?'
> 피터 반스

벗어나고자 하는 정치인들에게도 인기가 있을 것이다. 투표자들이 불평한다면, 정치인들은 이렇게 말할 테니까 말이다. "가격은 시장이 결정합니다. 따라서 얻을 것인가 잃을 것인가는 여러분의 에너지 사용에 의해 여러분이 결정하면 됩니다. 보존하면, 여러분은 이득을 보는 겁니다."

안타깝게도, 오염을 일으키는 산업계의 강도 높은 압력 아래서, 의회는 탄소 허가증의 15퍼센트만 경매하고 그 나머지 대부분은 다양한 기업들에 주는 배출권 거래제cap-and-trade 법률 제정에 초점을 맞추고 있다. 이 법안은 일부 좋은 특성이 있지만 빠져나갈 구멍이 너무 많고 공짜나 다름없어서, 많은 환경주의자들과 소비자 단체들이 언급하듯이 수정되거나 거부되어야 한다. 독자들이 이 글을 읽고 있을 때쯤에는, 정치권이 배출 총량규제, 배당제를 향해 나아가고 있기를 희망한다.

대릴 버큰펠드

오갈랄라 공유지 위의 집

대릴 버큰펠드에게 공유지는 단지 환경적이고 경제적인 문제가 아니다. 그것은 정신적이고 윤리적인 도전이다. 로마 가톨릭 신부였으며 텍사스 주 편핸들에서 시간제 농부로 일하는 버큰펠드는, 이상적인 목표 – 대평원의 사람들이 자신들의 행복이 공유지에 달려 있다는 것을 알게 하겠다는 – 를 가진, 작은 비영리 지역사회 자원 네트워크인 오갈랄라커먼즈www.ogallalacommons. org를 이끈다.

오갈랄라 공유지는 광대한 고원 꼭대기에 있는 오갈랄라 대수층을 말하는데, 세상에서 가장 큰 (부피상으로) 민물 대수층으로, 뉴멕시코에서 사우스 다코타까지 8개 주에 펼쳐져 있는 17만 4

천 평방 마일에 펼쳐져 있다. 미국 중서부의 이 지역은 상대적으로 강우량이 적어서 지하수는 없어서는 안 되는 필수적인 것이 되어 있기 때문에, 지하수가 끊임없이 고갈되는 현상은 이 지역의 미래를 위해 심각한 물음표를 던진다.

지금까지 텍사스, 오클라호마, 콜로라도, 뉴멕시코, 캔자스 주에 속한 25개 지역사회 혹은 카운티가 공유지에 기초한 지역사회 발전을 추구하는 가운데, 오갈랄라커먼즈와 제휴 관계를 맺었다. 이러한 "지역사회 연방"은 지속 가능한 농업과 상업의 발전을, 안정된 지역사회로의 발전과 역사의식과 문화 의식 고취를 위한 계획과 결합시킨, 발전에 대해 종합적 접근 방식을 추구한다. "우리는 협력적인 네트워크입니다."라고 버큰펠드는 설명한다. "우리는 회원 자격이 따로 없습니다. 이 지역의 모든 사람이 이미 회원이거든요. 우리 300만 지역 주민 말이에요! 다만 그들이 그 사실을 아직 모를 뿐이지요."

그러나 버큰펠드는 꿈많은 이상주의자가 아니다. 그는 일을 되게 만들려고 애쓰는 실용주의자다. 건조한 평원에서, 책임 있는 물 관리는 항상 주요한 관심사다. 오갈랄라커먼즈는 플라야 playas로 알려진 6만 개가 넘는 계절적 습지대를 보호하기 위한 노력을 주도하고 있다. "사람들은 정말 많은 형태의 삶이 이 플라야 습지대에 의존하고 있다는 것을 생각하지 못합니다."라고 버큰펠드는 말한다. "텍사스, 오클라호마, 캔자스에는 이 습지대에 대해 책임 있는 기관들이 얼마든지 있습니다. 그런데도, 습지대의 70퍼센트는 퇴화되고 있거나 점점 더 나빠지고 있습니다."

물에 대해 사람들을 교육하기 위하여, 오갈랄라커먼즈는 학생들을 대상으로 일련의 "물 축제"를 조직했다. "이 닦는 동안 수도꼭지 잠그기"에서 한 발 더 나아가, 이 프로젝트는 아이들에게 대평원 중앙과 남쪽의 복잡한 물 순환에 대해, 그리고 물 공급과 환경을 지속시키기 위해 인간이 어떻게 자연과 적극적으로 함께 일할 필요가 있는지에 대해 가르친다.

대평원의 경제적 재앙으로 인해 수많은 지역사회들이 젊은이들을 지키지 못하고 있다. 젊은이들은 학교를 마치자마자 큰 도시로 떠나는 경향이 있다. 그래서 오갈랄라커먼즈는 젊은이들이 고향에서 자신들의 새로운 잠재력을 머릿속에 그려 볼 수 있도록 일련의 '여름철 지역사회 인턴제'를 실시한다. 예를 들어, 조경을 공부하는 한 학생 인턴은 대초원의 경관을 보호하는 방식을 연구한다. 오늘에 이르기까지, CHS 재단과 현지 지역사회들, 그리고 오갈랄라커먼즈의 협조 아래, 4개 주에 인턴제를 18개 만들었다.

데이비드 볼리어

과거에 신부였고 지금은 농부인 버큰펠드가 목표로 삼은 일은 미국 중서부 지역 사람들이 자신들이 이미 공유하고 있는 것들에 대해 돌아보게 하는 것이다.

우리가 신뢰하는 신탁

피터 반스

공익을 위해 자원을 보존하는 검증된 형태의 공동소유권

헬포드 강의 강변으로 구불구불 내려가는 신록의 계곡, 거대하고 다양한 나무들과 관목으로 채워진 트레바Trebah 정원은 잉글랜드 콘월에 있는 화려한 낙원이다. 몇 년 전, 나는 그 아름다움을 즐기기 위해 이 정원을 방문했다. 그런데 그 역사나 관리 구조가 그 식물만큼이나 흥미롭다는 것을 알게 되었다.

트레바 정원은 1086년의 《둠즈데이 북Domesday Book》에 엑스터의 주교 소유로 처음 기록되었다. 많은 지주들과 농부들을 거쳐, 1831년에 한 부유한 퀘이커 가족의 손에 들어갔고, 그들은 그곳을 보기 드문 놀라운 정원으로 발전시켰다. 20세기에 그곳은 몇 번 더 소유자를 바꾸었으며, 정원은 점점 볼품없게 되었다. 마지막 사적 소유자는 정원을 회복시키는 데 별로 투자하지 않았고, 그것을 한 재단에 기부했다. 그래서 그것은 대중에게 공개될 수 있었고 미래 세대를 위해 보존될 수 있게 되었다.

오늘날, 누구라도 250파운드를 기부하면 이 신탁의 평생 회원이 될 수 있다. 회원들은 그 정원을 무료로(다른 방문객들은 입장료를 지불한다.) 이용할 수 있으며, 이 정원을 관리하는 위원회를 선출한다. 그들은 연차 보고서, 회계감사, 안건을 제출하고 투표할 수 있는 회의 통지를 받는다. 현재 이 신탁에는 대략 1천 명 정도의 투표 회원이 있다.

변화의 정원

양치식물과 진달래가 자라는 드넓은 땅을 거닐면서, 트레바 정원이야말로 우리가 만들어야 하는 더 큰 변화의 축소판이라는 생각이 들었다. 사적인 소유권으로부터 공동소유권으로 넘어가면서, 트레바는 공유되고 보존될 수 있게 되었다. 우리가 세상을 정원들을 모아 놓은 하나의 작품집 - 즉 인간이 적극적인 역할을 해야 하는 생태계 - 으로 생각한다면, 트레바 정원 신탁 모델은 매우 흥미로워진다. 그것은 자연의 선물은 사적인 소유에서 공동의 소유권으로, 그리고 제도적인 모델 - 신탁 - 로 전환될 수 있으며, 그러한 선물들을 영구적인 공유지 영역으로 관리할 수 있다는 것을 보여 주기 때문이다.

신탁이란 수혜자들을 위해 자산을 유지하고 관리하기 위해 고안된 수백 년 된 제도이다. 신탁도 신탁의 이사도 자신들의 사리사욕 때문에 행동하지 않는다. 신탁은 법적으로 수혜자를 위해서만 운영하도록 의무화되어 있다.

신탁은 수많은 규칙들에 묶여 있고, 거기에는 아래에 나오는 것들이 포함된다.

잉글랜드 콘월의 트레바 정원을 즐기고 있는 방문객들. 미래 세대를 위해 신탁에서 관리하는 특별한 식물 보호 구역이다.

• 관리자들은 충성을 다해 수혜자들에게 봉사해야 한다.

• 다르게 행동하도록 허가받지 않았다면, 관리자들은 수입을 재단의 활동에 써야 하며 기본 재산을 줄여서는 안 된다.

• 관리자들은 수혜자들에게 때맞춰 재정 정보를 공개해서 투명성을 보장해야 한다.

이러한 규칙들은 실행에 옮길 수 있다. 기본적인 실행 메커니즘으로, 불만을 품을 수혜자나 주 변호사(미국의 경우)가 신탁 이사들을 상대로 소송을 제기할 수 있다. 소송이 발생할 때, 신탁 이사들은 신중하게 행동했다는 것을 증명해야 한다. 어떤 의심을 받는다면, 그들은 벌금을 부과받거나 해고된다.

나는 각 세대가 아직 태어나지 않은 세대에게 이전과 달라지지 않은 위대한 창조의 선물을 전달해야 하는 의무를 가지고 있다고 믿는다. 우리가 이것을 달성하려면, 누군가는 자연의 선물에 대하여, 혹은 적어도 가장 위험에 처한 것에 대하여 이사로서 행동해야 한다. 문제는 그것이 누구인가이다.

정부는 하나의 가능성이다. 그러나 유일한 것이거나 불가결하게 최선의 것은 아니다. 정부는 전국의 공원과 야생 지역 같은 대부분의 경치 좋은 보물들을 보호해 왔다. 그러나 정부는 당대에 사는 사람들의 이익을 위하여 자연 자원들을 착취하라는 정치적 압력에 지속적으로 굴복한다. 그렇지만 미래 세대에게 충실하도록 그들에게 법적으로 요구되는 것은 아무것도 없다.

남은 가능성이 신탁이다.

트레바 정원 신탁은 드문 경우가 아니다.

영국 도처에서, 내셔널트러스트National Trust – 1895년에 설립된 비정부적인 단체 – 는 시골 지역 6만 에이커, 해안선 600마일, 그리고 역사적 건물과 정원 200개를 소유하고 있다. 이 단체는 300만 명이 넘는 회원이 있으며, 이들은 위원회를 관리하는 52명의 절반(다른 절반은 신탁의 목적을 공유하는 비영리적 조직이 지정한다.)을 선출한다. 미국에는 현재 트레바 정원과 비슷한 신탁 1,500개가 있으며, 900만 에이커를 관장하고 있다. 게다가, 52년 된 자연보호 협회는 전국의 1,500만 에이커가 넘는 지역을 보호하고 있다.

교외 지구 가족 농장 지키기

다른 종류의 신탁은 시 주변의 가족 농장과 열린 공간을 보호할 수 있다. 예를 들어, 샌프란시스코 바로 북쪽 마린 카운티에서 가족 소유의 구멍가게, 양, 그리고 큰 소목장이 살아남았다. 중요한 이유는 목장주들이 개발 업자들에게 판매하는 것보다 더 나은 조건을 가지고 있다는 것이다. 바로 마린 농지 신탁Marin Agricultural Land Trust: MALT에 사용권을 파는 것이다.

사용권은 토지의 사용을 영구히 제한하는, 신탁과 토지 소유자 사이의 자발적인 합의다. 소유자는 토지를 계속 소유하거나 사용할 수도 있고, 그것을 상속자에게 팔거나 넘길 수도 있다. 그러나 소유자는 토지와 관련된 일부 권리 - 예컨대, 그 땅 위에 추가적인 건물을 세우거나 나무를 잘라 낼 권리 - 를 포기한다. 권리를 획득한 신탁은 그 계약 조건이 미래의 세대는 물론 현재의 소유자에 의해서도 계속된다는 것을 확실하게 한다.

마린 카운티에서, 마린 농지 신탁은 농장 주인들로부터 사용권을 사서 4만 에이커에 이르는 농장을 보존한다. 이것은 대략 현재 경작되는 토지의 3분의 1에 상당한다. 농장 주인들은 토지가 개발되면 생기게 될 가치와 실제적인 농장으로서 토지가 갖는 가치 사이에 놓인 차이를 받아들인다. 사실상, 그들은 그 땅의 관리인에게서 대가를 지불받으면서 장래의 자본 수익을 포기하는 것이다.

마린 농지 신탁의 기금 대부분은 정부에서 나온다. 주민이 받는 것은 예전 시대의 공유지 같은 가축을 방목하는 장소가 아니라, 신선하게 현지의 먹거리를 가능하게 해 주는 지속적이며 목

이 토지는 공동체 토지

공유지 토지 신탁은 협력의 새로운 모델을 보여 준다

공유지에 기초한 관리 시스템 가운데 점점 더 인기가 높아져 가는 형태는 공동체 토지 신탁이다. 이것은 토지사용권의 형태이며, 원래 토지의 가치와 이 자산에 더해진 활용 가치를 분리하는 방식이다. 비영리적인 공동체 토지 신탁은 기증이나 매입에 의해 일정한 장소를 획득하여 토지 사용 계획을 개발한다. 이러한 계획에는 저렴한 주택, 농업, 열린 공간, 오락, 지역사회에 중요한 상업 용도가 포함된다. 이 토지는 한정된 목적에 한해서 99년 계약으로 임대된다. 임차인은 건물을 소유할 수 있으며 (그 건물을 활용할 수 있고), 팔 수도 있다. 그러나 토지 자체를 팔 수는 없다. 토지 가치의 자본화를 막기 위해, 활용에 대한 재판매 가격은 개량 비용으로 한정된다. 최초의 공동체 토지 신탁은 아프리카계 미국인 농부들에게 토지에 대한 접근권을 제공할 목적으로, 로버트 스완과 슬래터 킹에 의해 조지아 주 알바니에서 1967년에 설립되었다. 공동체 토지 신탁에 자원들을 제공하고 있는 슈마허 협회에 따르면, 미국에는 현재 토지 신탁이 200개 이상 있다.

수전 위트

가적인 풍경과 실행 가능한 농업경제이다. 그것은 교외의 스프롤현상에 대한 나쁘지 않은 대안이다.

다른 형태의 신탁들

신탁 모델은 토지에 한정되지 않는다. 수많은 공유재 유형들이 전체적으로 대중에게 그리고 미래 세대에게 이익을 주기 위해 신탁으로 관리될 수 있다. 여기, 몇 가지 사례가 있다.

● 공기나 하늘 신탁은 모든 사람이 대기에 이해관계를 가지고 있다는 것, 그리고 그것을 오염시키는 사람들은 가치 있는 어떤 것을 우리에게서 강탈하고 있다는 것에 동의한다. 이것이 미국 의회에서 도입된 지구온난화에 대한 공유지에 근거

한 해법인 배출 총량규제, 배당제의 기초이다.

- 분수계 신탁은 분수계 내에서 사용될 수 있는 비료와 살충제의 양을 제한한다. 이것은 유독한 표면수로부터 하천과 강을 보호할 것이며, 유기농에 대한 우대책을 뒷받침할 것이다. 그러한 신탁들은 물과 발전에 관한 권리를 가질 수도 있다.
- 대수층 신탁은 지하수 원천을 보호할 것이다. 지하수는 비가 보충하는 것보다 더 빠르게 고갈되고 있다. 세상 사람 수백만 명은 식수를 위해 대수층에 의존한다.

Commons Solutions

태평양 삼림 신탁

사적으로 소유된 삼림지대에서 우리 몫 지키기

숲은 목재 공급이나 미래의 택지에 그치지 않는다. 숲은 생명으로 가득 차 있는 생태계이다. 숲은 물을 깨끗하게 보존하는 것에서부터 야생동물들에게 서식지를 제공하는 것, 그리고 기후를 조절하는 것에 이르기까지, 생명 유지에 필요한 서비스를 우리에게 제공한다.

미국 삼림의 대략 80퍼센트는 사적으로 소유되며, 대부분이 위기에 빠져 있다. 목재 기업들은 많은 삼림을 소유하고 있으며, 우리 모두에게 중요한 숲의 기능을 무시하면서, 단기간에 빠른 이익을 얻기 위해 숲을 싹쓸이 벌채하는 데 집중한다. 한편으로, 작은 면적의 삼림 소유자들은 분양이나 휴양지를 계획하는 부동산 개발 업자의 유혹을 받고 있다.

최근까지, 숲에 대해 말하는 사람이 아무도 없었다. 그런데 코니 베스트와 로리 웨이번은―닥터 수스처럼―그것이 자신들의 일이라고 판단했다. 1993년에, 이들은 사용권conservation easement을 얻어 내면서 삼림을 보호하는 단체 '태평양 삼림 신탁Pacific Forest Trust'을 설립했다. 이 계약 아래서는, 삼림의 사적인 소유자들은 다른 어떤 지속 가능하지 않은 방식으로 숲을 분양하거나 벌목하거나 개발할 권리를 포기하거나 소유한 삼림을 판다. 땅이 팔릴 때조차 그 규제는 지속된다. 소유자들은 나무들을 지속 가능하게 수확할 수 있으며, 종종 현금이나 세금 혜택을 받기도 한다. 게다가 숲에 대한 이해에서 오는 마음의 평화는 책임감 있게 영원히 지속될 것이다.

태평양 삼림 신탁은 지금까지 캘리포니아, 오리건, 워싱턴 주에 있는 5만 에이커에 걸친 나무들을 보호했다.

피터 반스

●도시의 거리 신탁은 교통량이 최고조에 이른 시간에 붐비는 거리를 사용하는 대가를 운전자에게 청구함으로써 오염과 혼잡을 제한할 수 있을 것이다. 수익은 대중교통과 자전거 도로에 사용될 것이다. 그러한 정책은 보통 혼잡 통행료라는 이름으로 현재 런던, 노르웨이, 스톡홀름, 싱가포르와 다른 지역에서 현재 시행되고 있다.

●방송 전파 신탁은 우리 모두의 것인 방송 전파를 사용하는 것에 대해 상업적 방송국과 전기 통신 회사에 청구할 것이다. 그 수익은 선거 운동에 대한 부유한 기부자들의 힘을 축소시키면서, 민주주의를 뒷받침하는 정치 후보자들의 비상 업적인 방송과 미디어 예산을 지원할 것이다.

존 분커

현대판 '조니 애플시드'는
미국에서 옛날에 번창했던 1만 가지 품종 가운데 일부를 다시 발견한다

생물 다양성 — 지구상의 생명을 유지하는 생물학적 공유지 — 은 산업사회가 세상의 외진 구석까지 침투하기 시작하면서부터 위협받고 있다. 많은 이들에게, 불가사의하고 희귀한 식물과 동물 종의 멸종은 그저 당연할 뿐이다. 그러나 어떤 사람들은 이러한 상실을 가만히 받아들이지 않는다. 이들은 아마존의 열대우림, 아프리카의 사바나 대초원, 그리고 메인 주의 농가에마저 있는 유전학적으로 소중한 것들을 지키기 위해 단체를 조직한다.

존 분커는 그들 가운데 하나다. 그는 위기에 처한 갖가지의 사과 품종들을 보존하기 위해 메인 주 전역의 사람들에게 협력을 요청한다. 사람들은 버려진 농장 지대를 뒤져 오랫동안 잊었던 사과나무의 열매를 찾아서 분커에게 보낸다. 19세기에 수많은 뉴잉글랜드 마을들이 그들만의 독특한 사과를 자랑으로 여겼다. 그는 120년 전, 미국 전역에서 재배된 1만 가지가 넘는 품종들 가운데 일부라도 소생시키기를 바란다.

그 풍요로움은 이제 현저히 줄어들어, 우리가 식료품 가게에서 발견하는 사과 품종은 20여 종에 불과하다. 이 사과들이 최고의 품종이기 때문에 번성한 것은 아니라는 사실에 주목해야 한다. 많은 경우, 터무니없이 자극 없는 레드 딜리셔스Red Delicious처럼, 장거리 선박 운송을 견디기 위해서 혹은 맛이 좋기보다는 보이기 좋게 하려고 특별히 재배되었다.

분커는 크림색 육질에 자주색 껍질을 가진 맛있는 블랙 옥스퍼드Black Oxford에 대해 열광적으로 얘기하기를 좋아한다. 이 사과는 멸종될 뻔했던 것인데, 수년 전 분커가 일하던 식품 협동조합에 어떤 농부가 팔려고 가져온 사과들 속에서 우연히 발견된 첫 번째 품종이다. 그것으로 현대판 '조니 애플시드'로서의 경력이 시작되었다. 이 품종은 현재 분커가 재배하고, 자기의 회사인 '페드코 시즈Fedco Seeds'를 통해 팔고 있는 수많은 품종들 가운데 하나다.

제이 월재스퍼

분커는 오래 전래해 온 사과나무들을 찾아 뉴잉글랜드 전역의 자발적 참여자들의 명단을 만든다.

완전한 의료 개혁을 쟁취하는 방법

데이비드 모리스

미국인들은 캐나다의 의료 시스템에 시선을 돌린다.

미국인들이 공원, 보도, 자연환경, 인터넷이 다 공유지라는 사실을 이해하기는 비교적 쉽다. 누구도 그것들을 소유하고 있지 않기 때문이다.

하지만 전통적으로 사적 소유권 아래 있었던 공유재들에 관해서라면, 이야기가 달라진다. 예를 들어, 보건 의료 서비스를 이용할 수 있는 권리는 마땅히 공기, 물, 햇빛이나 혹은 우리가 평생 의지하는 다른 것들과 똑같이 우리 모두의 것이다. 어찌 되었건, 도덕적으로 우리는 의료 차원의 배려가 필요한 사람이라면 누구라도 도우려는 마음을 먹게 된다. 그리고 우리의 세금은 새로운 약제와 수술 절차를 낳는 대부분의 연구에 기금을 댄다. 그러나 이 간단한 진실은, 심지어 오바마 대통령의 의료 개혁 법안 통과 후에도, 미국에서 보건 의료 서비스의 대부분이 영리에 기초해 이루어지고 있다는 사실 - 부유한 국가 사이에서도 독특한 상황이며, 이것은 우리의 보건 의료 서비스가 더 비싸고, 많은 사람들이 이용할 권리가 제한된다는 것을 의미한다 - 에 의해 흐려진다.

만약 보건 의료 서비스가 공유재로서 더 폭넓게 인정된다면, 공공 의료권public health care option이라는 개념이 하원 의원들에게 그렇게 논쟁적이지는 않게 될 것 같다. 실제로, 국경 바로 너머의 캐나다 보건 의료 프로그램에 시선을 돌려 보면 보건 의료 공유재가 얼마나 잘 작동하고 있는지 알게 된다.

캐나다 사람들은 어떻게 의료 공유재를 만들었나

작은 시골 도시에는 의사가 없던 20세기 초에, 서스캐처원 주의 시골에 와서 병원을 개업한 의사에게 보조금을 지급하기 시작했던 데서 현재의 캐나다 보건 의료 시스템의 기원을 찾을 수 있다. 그러자, 몇몇 지역사회가 공적 기금을 지원받아 병원을 여는 일에 함께 참여했다.

1930년대에 그 명칭에 정당의 철학이 반영된 새로운 캐나다 정당, '협동 공화국 연방Cooperative Commonwealth Federation: CCF'이 서스캐처원 주에서 집권 세력이 되었다. 1946년에 주는 무상 의료를 보장하는 법률을 제정했다. 주의 수상 토미 더글러스는 보편적인 보건 의료를 제공하기를 희망하고 있었지만, 주의 재정 자원이 부족했다.

1958년, 서스캐처원에서 10년에 걸쳐 이룬 성공의 토대 위에서, 캐나다 연방 정부는 돈의 위력을 활용하여 다른 주들이 공공 의료보험을 도입하도록 부추겼다. 오타와는 아래의 원칙을 충족시키는 주의 프로그램에 대해 비용의 50퍼센트를 대기로 약속했

는데, 이 원칙은 의료를 공유 자산, 혹은 공유재로 보는 사고에
의하여 수립되었다.

1. 공공 행정:이 프로그램은 공공 당국에 의해, 비영리로 운
영되어야 한다.
2. 포괄성:필요한 모든 의료 서비스가 포함되어야 한다.
3. 보편성:해당 주나 지역의 모든 주민이 동일한 수준과 동일
한 보장 범위로 혜택을 받을 권리를 갖는다.
4. 이동성:피보험자가 국내 및 국외로 여행하거나 이동할 때,
보장이 유지되어야 한다.
5. 접근성:모든 피보험자는 병원과 의료진 서비스를 이용할
권리를 가져야 한다.

1961년이 되었을 때, 모든 주가 의료보험 프로그램 채택을 완
료했다.

보장 범위의 보편화

서스캐처원 주는 이미 프로그램 비용의 100퍼센트를 지급해
오고 있었기에, 50퍼센트의 연방 지원금으로는 공공 의료 보장
을 방문 진료까지 확장하는 게 가능해졌다. 여전히 CCF를 이끌
고 있던 토미 더글러스에 의하여 그렇게 하기로 한 공약이 1960
년 지방선거에서 주요 쟁점이 되었다. CCF는 승리했고, 1962년
7월 1일, 새로운 시스템이 시행되었다.

그것은 캐나다 의료 보장 역사에서 결정적인 순간이었다. 미국 의사 협회의 도움을 받아, 서스캐처원 주의 의사들은 미국 보건 의료 논쟁에서 설득력을 입증했던 것과 똑같은 수사를 썼다. 사회화된 의료는 공산주의적이며 의사에 대한 환자의 선택권을 제한할 것이다.

그러나 1962년에 이르도록, 서스캐처원의 주민들은 15년 넘게 공유재에 기초한 보건 의료 시스템의 혜택을 입어 왔다. 4만 명이 참여할 것을 예상하면서, 의사들이 사회화된 의료 체계에 반대하여 대중 시위를 호소했을 때, 모습을 드러낸 것은 그 숫자의 10퍼센트에 불과했다. 파업은 2주 만에 끝났다.

1964년에 의료 공유재라는 사고가 서스캐처원에 얼마나 깊이 뿌리내리게 되었는지에 대한 추가적인 증거가 있다. CCF는 선거에서 졌다. 새로 선출된 자유당은 의료 서비스에 대한 공적 보장을 반대했지만, 1962년의 법을 뒤집으려 하지 않았다.

1966년에 오타와는 지금까지 병원들에 대한 의료 계획에 자금을 제공해 왔던 것과 동일한 조건으로 의사들에 대한 의료 계획에도 자금을 제공했다. 1972년이 되었을 때, 모든 캐나다인이 새로운 국민 건강보험 보장의 대상이 되었다.

30년 후에, 미래 건강 보장 위원회Commission on the Future of Health Care는 그 과정을 다음과 같이 요약했다.

"캐나다 보건 법은 의료보험을 위한 연방 자금에 부속된 간단한 지급 조건들로 시작되었다. 시간이 흐르면서, 그것은 지급 조건을 훨씬 뛰어넘은 것이 되었다. 그 원칙들은 시간의 시련을 견뎌 냈고, 캐나다인들의 가치를 계속해서 반영해 주고 있다."

캐나다의 앨버타 주 소재라는 사실을 제외하면 다른 병원과 다를 바 없는 이 병원은 모든 사람에게 의료 서비스를 제공한다.

공유재를 방어할 때의 교훈

캐나다의 경험은 마치 자유와 같이 공유재를 지키기 위해서도 끝없이 불침번을 서야 한다는 것을 보여 준다. 탄생하자마자, 공유재는 두 개의 주요한 힘으로부터 지속적인 도전에 직면한다. 하나는 공유재를 희생시켜 자기들의 이익을 최대화해 줄 수 있는 틈새를 노리는 개인과 기업들의 교묘한 능력이다. 다른 하나는 어려운 경제 시기(혹은 시장 이데올로기에 의하여 떠밀릴 때) 동안 공유재의 유효성을 약화시켜 대중적 지지의 토대를 허물어뜨림으로써 공유재를 굶주려 죽게 만드는 경향성을 정부가 보인다는 점이다.

캐나다의 의료 공유재는 이 두 힘에 맞서 스스로를 방어해야
했다. 의료 공유재가 맞닥뜨린 틈새는, 캐나다 의료보험 법이 더
나은 서비스를 위해서는 의사나 병원이 추가 요금을 환자에게
청구할 수 있도록 허용한 것이었다. 법은 보편적인 접근을 필요
로 했다. 그러나 그것은 의사와 병원이 부가적인 요금을 청구하
는 것을 금지하거나, 환자들이 돈을 지불하여 대기자 명단을 건
너뛸 수 있도록 하는 것을 명확히 금지하지 않았다. 1984년에
캐나다는 공적으로 보장된 서비스에 대한 사용자 비용이나 추가
요금을 실질적으로 폐지하는 새로운 보건 법을 통과시킴으로써
이러한 위협에 대응했다.

보다 최근에, 캐나다의 의료 공유재는 연방 지원의 축소 문제
를 다루어야 했다. 2000년대 초까지, 지역 의료 예산에서 연방
몫은 50퍼센트에서 20~30퍼센트로 삭감되었다. 훨씬 더 길어진
대기 줄은 훨씬 노골화된 대중들의 불만과 동일한 의료 서비스
를 제공하는 영리 기업의 훨씬 더 공격적인 로비를 낳았다. 2005
년에, 의학적으로 필요한 서비스에 대하여 민간 의료 보장을 금
지시키는 것이 인권과 자유의 퀘벡 헌장을 위반하는 것이라고
캐나다 대법원이 4대3으로 결정했을 때 이 문제는 정점에 이르
렀다. 대법원장 베벌리 맥라클린은 다음과 같이 썼다. "대기자
명단에 대한 접근권은 의료에 대한 접근권이 아니다."

퀘벡은 두 가지 방식으로 응답했다. 먼저 2007년에 가장 오랜
대기 시간을 가지고 있는 무릎과 고관절 대체 그리고 백내장이
세 가지 수술에 대해 민간 의료 보장을 허용했다. 동시에, 대기
시간을 줄이기 위해 의료 시스템의 실행 구조를 개선했다. 2009

년 3월에 퀘벡의 보건 장관은 공적 시스템에서 무릎과 고관절 대체를 원하는 거의 모든 환자들은 아홉 달 혹은 그 이상이 줄어든, 세 달 안에 치료를 시작한고 발표했다. 그 당시에 CBC 뉴스는 보도했다. "퀘벡이 엄선된 수술에 한해서 민간 의료보장을 합법화한 지 2년이 넘도록, 단 한 건의 보험증권도 팔지 못했다고 보험 산업은 말한다."

자신들의 의료 시스템을 인정하면서, 2004년에 캐나다인들은 캐나다 방송 기업이 후원한 전국 여론 조사에서 토미 더글러스를 "가장 위대한 캐나다인"으로 선정했다.

Commons Sense

우리가 공유하고 있는 세균

공공 의료는 우리가 소홀히 할 수 없는 공유재다

우리의 건강이 다른 사람들의 건강에 달려 있다는 것은 간단한 의학적 사실이다. 우리는 세균, 오염, 비위생적인 환경, 질병 매개체들로부터 스스로를 밀봉할 수 없다.

감염은 울타리를 쳐 막으려는 모든 시도를 허용하지 않는다. 질병에 직면하여 나라 사이의 경계나 경제적 계급들 사이의 구획은 의미가 없다. 돈이나 민영화의 총계가 당신의 안전을 보장할 수 없다. 주고받는 바이러스와 박테리아를 통해서 우리는 완전히 서로 연결되어 있다.

에이즈, 사스 혹은 신종 플루 같은 문제가 범지구적인 유행병으로 갑자기 터져 나올 수 있는 시기에 항상 그렇듯 이것은 진실이다. 공중 보건이 위협받는 것은 정화 처리가 되지 않은 하수가 우리의 상수도에 쏟아진 그날부터 역사의 각주가 아니다. 사실상, 그것은 공공 하수도와 상수도를 통하여 수많은 치명적인 질병들을 근절할 수 있게 해 주는 공유지로서의 공중 보건에 대한 이해였다. 치명적이고 돌발적인 새로운 출현을 막기 위해 오늘날 동일한 접근 방식이 필요하다. 이것은 우리 모두를 지키기 위해, 모든 사회적·환경적 상호관계를 연구하고, 세상의 약자들과 취약한 자들을 보호할 계획을 찾아내는 것을 의미한다.

제이 월재스퍼

앤드류 킴브렐

초창기 공유재 주창자

1980년대와 1990년대 내내, 앤드류 킴브렐-워싱턴 D.C.의 공익 변호사, 환경 활동가, 작가-은 사회가 환경과 사회적 정의를 바라보는 방식을 변화시킬 수 있는 돌파구로서 공유재를 옹호했다. 그 당시에 많은 사람들은 그가 말하고 있는 이유를 전혀 몰랐거나, 설사 알았다 하더라도, 그것을 역사책 속에서 골라낸 애매한 항목으로 간주했다. 그러나 킴브렐은 환경 파괴와 경제적 불평등이 마땅히 모든 사람에게 속하는 자원들을 장악하고 있던 중세 군주들의 현대적 형태일 뿐임을 지적하면서, 그 문제를 지속적으로 제기했다.

킴브렐은 워싱턴에 본부를 둔 국제적인 기술 평가 센터Center for Technology Assessment와 식품 안전 센터Center for Food Safety의 설립자이며,《휴먼 보디 숍: 공업 기술과 생명의 매매 그리고 죽음을 가져오는 수확 : 기업적 농업의 비극》의 저자이다. 그는 수많은 소송을 제기했으며 지구온난화, 생물학 무기 전쟁, 식품 방사선 처리, 공장형 농장, 유전자공학에 대해 발언하면서, 유기농 식품 기준의 완전성을 보존하는 정치적 캠페인을 조직했다.

"공유재는 미래 세대에게 우리가 원하는 종류의 세상에 생각할 수 있게 해 주는 유망한 모델입니다."라고 킴브렐은 말한다. "공유재는, 세상의 모든 것의 상품화를 진보의 징후로 보는 것을 뛰어넘어 생각할 수 있게 해 줍니다. 모든 것의 상품화는 단기적으로는 부를 창조하지만 장기적으로 재앙을 창조할 뿐입니다."

제이 월재스퍼

변호사이면서 활동가이기도 한 킴브렐은 유전공학, 공장형 축산, 생물학 무기에 맞서 싸우고 있다.

민영화가 우리의 건강을 해친다

데이비드 볼리어

유전자와 의약품에 대한 특허권 제한 조항들은
의학적 치료에 대한 접근을 방해한다.

미국 특허청은 발명뿐 아니라 유전자에 대해서도 특허권을 준다. 1981년에 생물 형태의 특허권을 인정한 미국 연방 대법원의 비준과 더불어, 제약 회사와 생명공학 회사들은 유전자를 연구하고, 실험하고, 혹은 조사하는 사람들의 활동이 특허권의 이윤 잠재력과 상충될 경우, 그들에 대한 배타적 통제권을 합법적으로 주장할 수 있게 되었다.

유전자에 대한 재산권 인정은 의학적 혁신에 박차를 가하고 질병을 치료하기 위한 불가결한 유인이라는 이유로 산업계에 의해 방어된다. 그러나 실제로는 유전학적 지식에 대한 배타적 특허권은 특허권 소유자들에게 경합하는 연구를 좌절시키고 혁신적인 결과물을 억누르며 과도한 가격을 청구할 수 있는 능력을 부여하는 사실상의 독점 형식이라는 것이 분명하다. 최종적인 결과는 일부 여성들이 폭로하고 있는 것처럼 건강에 대한 위험이다.

솔트레이크 시에 있는 민간 기업 '미리어드 제네틱스Myriad

Genetics'는 BCA1과 BCA2로 알려진 유전자 특허권을 소유하고 있다. 이러한 유전자들을 가진 여성들은 유방암과 난소암에 걸릴 위험성이 상당히 높다. 그러나 특허권 때문에, 미리어드만이 그 유전자에 대한 진단 테스트를 할 수 있다. 미리어드는 BCA 유전자를 연구하도록 허용된 유일한 연구 센터이기도 하다. 다른 모든 사람은 자격증 수수료를 요구할지도 모르는 공식 허가가 필요하다. 여러분이 하버드나 UCLA 혹은 훌륭한 유럽의 의학 센터의 의학 연구자가 된다 하더라도, 이 유전자들에 대한 연구를 시도하지 마라. 미리어드의 유전자 특허권을 위반하게 될 테니.

그리고 여러분이 BRCA 유전자 돌연변이를 가지고 있는지 어떤지를 확인하기 위해 진단 테스트를 받고 싶다면, 여러분은 미리어드 제네틱스에 갈 수 있다. BRCA 분석 테스트에는 3천 달러가 든다.

유전자에 특허권을 주는 문제는 유방암에 제한되지 않는다. 전반적으로 유전자 특허권은 지식에 울타리를 치고 제한함으로써 과학적 연구와 진단 시험을 방해한다. 2010년 3월에, 미국 시민 자유 연맹American Civil Liberties Union: ACLU과 공공 특허 재단 Public Patent Foundation은 암과 관련된 두 개의 인간 유전자 특허권이 비헌법적이며 따라서 무효임을 주장한 소송에서 이겼다. 15만 명이 넘는 유전학자, 병리학자, 전문 연구자 들을 대표하는 네 군데 과학 단체를 대신해 제기된 이 소송은 현존하는 수천 개의 인간 유전자 특허권의 합법성을 문제 삼는다.

"특허권이 보호해야 하는 것은 인간 신체의 유전자 같은 자연

에 존재하는 것들이 아니라, 발명품 같은 것입니다."라고 ACLU
의 소속 변호사는 말한다. "인간 신체에서 분리된 유전자는 산
에서 추출된 금과 달리 더 이상 특허권 대상이 아닙니다."

납세자 기금 연구의 사유화

의학적 치료의 사유화는 그것이 가능하다 할지라도 공적으로
투자된 연구에서 발생하는 특허권에 적용될 때, 훨씬 더 분노를
불러일으킨다. 30년 전, 연방 차원의 연구에 대한 지적 소유권
은 공적 영역에 머물러야 하며 인가가 될 경우엔 최소한 배타적
이지 않을 것을 기준으로 해야 한다고 광범위하게 합의가 이루
어졌다. 그런 식으로 납세자들은 공동의 투자로부터 충분한 가
치를 얻을 수 있었다. 그러나 1970년대 후반에 의학, 전기, 화학
제품 회사들이 연방 연구의 공적 소유권을 폐지하기 위해 대담
한 로비 캠페인을 시작했다. 연방 차원에서 투자된 연구의 성과
에 대해 대학의 특허권을 인정하는, 1980년의 베이－돌 법Bayh-
Dole Act 제정 이래로, 우리는 한때 자유롭게 모든 사람이 이용할
수 있는 학문 연구를 사유화하고 팔기 위한 붐이 일어나는 것을
보고 있다.

1980년에서 2000년 사이에, 대학들이 확보한 특허권 수는 10
배로 성장했으며, 로열티와 자격증 수수료는 10억 달러－대체로
상위 12개의 연구 대학이 향유한 수익－가 넘었다. 사실상, 이
것은 공적 투자의 사유화이다. 설사 대중들이 새로운 의약품을
위해 위험이 수반된 기초적인 연구에 가장 큰 몫을 지불할지라

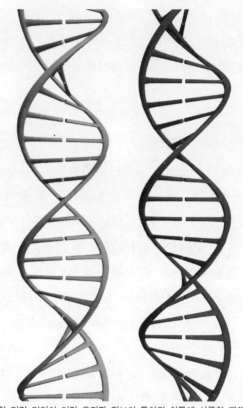

한 민간 기업이 인간 유전자 정보의 특허권 취득에 성공할 뻔했
다. 다행히도 공적 기금을 지원받은 한 연구 팀이 그들을 제쳤다.

도, 장기간의 자기 자본 수익률은 제약 회사나 소수의 대학으로
가는 경향이 있다. 미국에서 우리는 항암제 택솔Taxol, 우울증 치
료제 프로작Prozac, 고혈압 치료제 카포텐Capoten, 수많은 에이즈
바이러스HIV나 에이즈 치료제를 통해 이러한 경향을 보아 왔다.
  결론은 시민들이 의약품을 비롯해 여타 의학적 치료에 대해
보통 두 번을 지불해야 한다는 것이다. 첫 번째는 연구에 자금을

대는 납세자로서, 그리고 두 번째는 의약품의 독점 가격을 지불하는 소비자로서. 이것은 순전한 양도이다. 왜냐하면 새로운 의약품 연구를 상업화하기 위한 유인으로서 기업들에게 배타적 특허권이 필요한지 명확하지 않기 때문이다.

다국적 기업들은 더 이상 단순히 국내에서 공유재 지식에 대한 소유권을 주장하는 데 만족하지 않는다. 현재 그들은 수세기에 걸쳐 원주민들에 의해 획득된 식물학적, 생태학적 지식에 대한 특허권을 주장하기 위해 이른바 생물 해적질biopiracy로 알려진 책략을 위해 개발도상국을 샅샅이 뒤지고 있다. 그들은 새로운 의약품이나 유전자 조작 곡물을 만들 때 사용될 수 있는 식물이나 미생물을 발견하기 위해 마다가스카르, 브라질, 과테말라 같은 가난한 다른 나라들로 이동하고 있다. 그러나 세스 슐만이 자신의 책,《미래 소유Owning the future》에 쓴 것처럼, "도대체, 누가 지구의 유전자와 문화적 유산에 대한 소유권을 주장할 자격을 가져야 하는가?"

누가 우리의 염색체를 소유하는가?

몇 년 전, 우리는 온전한 인간 게놈 - 인간 생명의 정보 그 자체인 유전자 배열 2만 3천 개의 소유권을 상실할 뻔했다. 유전자 지도를 사유화하려는 적극적 시도에 나섰던 한 신생 민간 기업 셀레라Celera가 그것을 하나의 거대한 민간 데이터베이스 안에 담은 것이다. 이렇게 이 기업은 데이터베이스에 접근할 자격을 인가하는 방식으로 게놈 데이터의 사용에 대한 독점권을 행사하게 되었을 것이다. 다행히도, 공공 부문 과학자들로 구성된 팀이 먼저 유전자 데이터의 대부분을 해독함으로써, 인간 게놈 – 헤아릴 수 없는 수많은 미래의 의학적 발견의 원천 – 대부분이 현재 사회의 공유재 안에 있음을 보증해 주고 있다.

9장

정보와 문화를 자유롭게

창의성이라는 연금술

브래드 리히텐슈타인

협력은 예술과 과학을 비롯한 모든 것을 진작시킨다.

미국 건국의 아버지들은 사상의 측면에서 기꺼이 공유지를 받아들였다. 가장 참신한 사상은 이전의 사상에서 나오는 것이기에, 사회의 공유재산(하나의 문화 공유지)으로 존속되어야 한다는 것을 그들은 잘 알고 있었다. 실제로, 이 나라의 초창기 저작권법과 특허법은 새로운 문화 창작물들을 가능한 한 빨리 사회의 공유재산으로 이전시키는 것을 명확히 목표로 했다. 1790년에 저작권은 14년간 지속했고, 한 차례 갱신으로 14년을 더 지속할 기회가 있었다. 1998년, 소니 보노 법Sonny Bono Act이 의회에서 통과된 이후로, 오늘날 저작권은 최초 창안자의 사후 70년간, 기업 소유권의 경우에는 창안 후 120년간 지속한다.

지적재산권 법의 출현으로, 과학을 비롯한 여타 학술 영역에서의 획기적 발견들에서부터 예술과 대중문화의 전통에 이르기까지 우리가 창조한 것들과 관련해 생각할 수 있는 모든 측면이 사적 소유권으로 국면이 전환된 것은 최근의 일에 불과하다. 오늘날, 사람들은 향신료, 치유 효력을 지닌 약초, 수세기 동안 활용되어 온 요가 동작들에 대해 배타적 권리를 주장하려고 한다. 이를 미국 특허청 설립자 가운데 한 사람이면서, 그 유명한 프랭클린 난로에 대해 특허권 신청을 거부한 벤저민 프랭클린과 비교해 보자. 왜냐면, 그는 자신이 단지 전에 나왔던 난로에 관한 아이디어들 위에 쌓아 올린 것일 뿐이라고 말했기 때문이다. 그는 이렇게 썼다. "우리가 다른 사람들의 발명으로부터 큰 혜택을 누리기에, 우리는 어떤 발명으로라도 다른 사람들을 섬길 수 있음을 기뻐해야 한다."

소설가 조너선 레덤은 〈하퍼스〉 지에 실린, '영향력의 황홀경 The Ecstasy of Influence'이라는 글에서 생각을 자유롭게 주고받는 일이 예술에서 어떻게 영향을 주는지를 기록했다. 그 글에서 그는 음악(델타 블루스의 선구자 선 하우스에서 시카고의 블루스 연주자 머디 워터스로, 그리고 영국의 록 밴드로), 애니메이션(고양이 프리츠Fritz the Cat가 없었다면, 렌과 스팀피 쇼Ren

공유자들

& Stimpy Show는 없었을 것), 문학(오비디우스의 '피라무스와 티스베' 설화에 관한 이야기가 셰익스피어의 로미오와 줄리엣의 영감이 되었고, 이것이 다시 웨스트 사이드 스토리의 영감이 되었다.)을 통해 다른 데서 빌려 온 영향력의 원형들을 추적했다. (아이디어가 어디선가 불쑥 튀어나온다는, 유레카 이론에 반대되는) 새로운 생각들의 상호 협력적 본성이라는 자신의 핵심적 주장을 입증하기 위해, 그는 자신의 각 문장에 영향을 준 것들을 모두 각주로 달았다.

과학의 공유

과학 분야에서 나온 문화 공유지에 관한 주목할 만한 사례는 모든 인간 유전자의 암호 해독을 위한 세계 곳곳의 과학자들의 거대한 공동 노력인 인간 게놈 프로젝트이다. 이 프로젝트에서 발견된 새로운 정보는 각자 자신들의 연구에 사용되고 또 그 안에서 개선될 수 있도록 모두에게 공유되었다. 이 프로젝트는 산출된 데이터의 판매를 노리던 민간 벤처 기업과 경쟁하고 있었다. 그 민간 기업은 인간 게놈 프로젝트에 앞서는 유전자 암호 해독에 성공하지 못했는데, 그것이 다행인 것은 그들이 가진 데이터에 지불하는 엄청난 비용으로 인해 뒤이어 수많은 과학적, 의학적 진보가 힘들어졌을지도 모르기 때문이다.

인간 게놈 프로젝트는 두 가지 가정에 기초한 공유재 접근 방식을 활용했다.

(1) 유전자는 자연의 일부이며 따라서 우리 모두의 것이다.

(2) 정보의 공유는 정보를 사유화하는 것보다 더 생산적이다.

시장적 사고방식을 벗어 버리자

민영화된 시장 대신 공유지 원리에 따라 성공적으로 관리되는 시스템들의 사례가, 그리스 연안 어업에서부터 탄자니아와 인도네시아의 숲, 오픈 소스 소프트웨어 운동에 이르기까지, 오늘날 세계 곳곳에 존재한다.

그러나 사람들 대부분은 공유자들이 가축을 치기 위해 사용해 온 토지를 개인 지주들이 자기네 것이라 주장하며 (말 그대로, 울타리로) 둘러친 17~18세기의 영국에서, 공유지가 사라지기 시작했다는 것을 배워 왔다. 하지만 공유지는 오늘날에도 영국, 스코틀랜드, 웨일스 도처에 난 수만 마일의 보도 위 사유지를 누구나 무료로 횡단할 수 있다는 합법적으로 보호받는 통행권의 형태로 영국의 농촌 지역에 두루 존속되고 있다. 이것은 문화 영역에서도 진실이어서 우리 모두의 것인 이야기, 노래, 사상, 지식, 연구 덕분에 우리는 창의적인 여정에 나서게 된다.

플라톤, 석가모니, 레오나르도 다빈치, 셰익스피어, 바흐, 다윈, 플로렌스 나이팅게일을 비롯해 다른 수많은 이들의 창의성을 이용하는 것은 권리를 침해하는 일이 아니다.

18세기 잉글랜드의 저 울타리들은, 오늘날 놀랄 만한 속도로 진행되고 있는 문화 "사유화"에 대한 강력한 상징이 되어 준다. 여기 두 가지 사례가 있다. 미디어 기업들은 인터넷상의 자기네 공간에 대한 할증 요금을 지불하지 않는 웹사이트에 방문객의 접속을 떨어뜨리고 싶어 하는데 이는 '망 중립성'이라는 공유지 원리를 혼탁하게 하는 침해로 거대 기업들의 정보의 흐름에 대한 지배를 허용해 줄 것이다. 또 하나의 사례는 사회적 공유재산에 속하는 자료들을 제 것으로 삼은 다음 결국은 판권 소유를 토대로 왕국을 세운 주식회사 월트 디즈니다. 디즈니의 이 수법은 인어공주, 로빈 후드, 멀리 미키 마우스가 나온 최초의 만화 영화 '증기선 윌리'로까지 거슬러 올라간다. '증기선 윌리'의 경우, 버스터 키튼의 캐릭터 '증기선 빌Steamboat Bill'에서 직접적으로 차용한 것인데도, 우리 중 누군가가 미키 마우스의 이미지를 작업에 사용하려 한다면 곧 '마우스'의 변호사로부터 연락을 받게 된다.

창의적 공유지

어느 누구도 사람들이 창조적인 작업으로 정직하게 생계를 꾸려 나갈 가능성에 대해 부정하지 않는다. 그러나 최근에 저작권과 지적재산권이 만연하면서 예술가, 과학자, 수많은 여타의 창조자들이 자신들이 가장 소중한 작업을 하는 데 필요한 자료에 접근할 권리를 부정당하고 있다. 이는 이들의 생계와 전체로서의 사회의 요구에 대한 훨씬 더 중대한 위협이기도 하다. 공기와 물, 땅에서부터 예술과 문화, 새로운 발견물들에 이르기까지 우리가 함께 공유하는 것들을 조명하고자, 나는 지금 '우리가 가진 것:디제이 스푸키의 공유지로 떠나는 여정'이라는 영화를 만들고 있다. 나는 우리가 만들고 있는 이 영화를 다른 사람들이 자발적 공유 표시 방식Creative Commons license으로 리믹스하고 다른 목적으로 활용할 수 있도록 온라인에서 공유함으로써, 내가 역설하는 것을 실천하고자 한다.

디즈니는 공공 영역을 약탈하고 있다

－그리고 그 대가로 아무것도 돌려주지 않고 있다.

*주식회사 디즈니가 1937년 이래 공공 영역에서 무단 차용한 이야기들 중 일부

알라딘
이상한 나라의 앨리스
80일간의 세계 일주
아틀란티스
미녀와 야수
신데렐라
치킨 리틀
크리스마스 캐럴
데이비 크로켓
슬리피 홀로의 전설
헤라클레스
노트르담의 꼽추
정글북
아서 왕
인어 공주
올리버 트위스트
피노키오
포카혼타스
로빈 후드
백설공주
잠자는 숲 속의 공주
로빈슨 가족
삼총사
보물섬
버드나무에 부는 바람

*주식회사 디즈니가 1937년 이래 공공 영역에 기증한 이야기들

없음

지식이 사유재산이 될 때

데이비드 볼리어

특허권, 저작권, 그리고 상표권의 남용은
모두의 소유인 것들을 가두어 봉쇄한다.

지난 20년 동안, 현대사회는 지식도 부동산이나 주식처럼 소유되어야 한다는 생각에 빠져들었다. 물론, 애초의 생각은 저작권, 상표권, 특허권은 사람들의 창조적인 노력에 대해 보답하고, 그렇게 함으로써 공익에 도움이 되고자 하는 것이었다.

이러한 근본주의적인 접근 방식은 지식이 우리 문화에서 어떻게 순환해야 하는지에 관한 폭넓은 토론을 차단한다. 그 신봉자들은 엄격한 저작권과 특허권 독점이라는 문 뒤로 가두어 두지 않을 때 귀중한 지식이 생산되고 보급될 수 있다는 어떤 생각도 없애 버리려는 의지가 확고하다.

나는 저작권과 특허권의 가치를 인정한다. 경우에 따라, 새로운 작업에 투자하기 위한 의미 있고 필수적인 동기를 제공하기도 한다. 그러나 오늘날 저작권과 특허권은 - "과학을 비롯한 유용한 예술에서 진보를 촉진하기 위해" 미국 헌법이 보장하는 것과 같은 - 원래의 목표들을 훨씬 넘어서고 있으며, 그 자체가 존재 목적이 되어 가고 있다. 저작권과 특허권은, 신중하게 사적

이해와 공적 요구의 균형을 잡는 대신 노골적이고 반사회적인 지배와 탐욕의 도구가 되어 가고 있다.

침묵하는 캠프파이어

저작권법의 확장에 관한 놀랄 만한 이야기 하나가 미국 작곡가, 작사자, 출판사 협회American Society of Composers, Authors, and Publishers:ASCAP와 관련 되어 있는데, 이 기구는 라디오 방송국, 주크박스가 있는 레스토랑을 비롯해 레코딩된 음악이 연주되는 장소들로부터 연주권 수수료를 받는다.

ASCAP는 협회의 활동 범위가 여름 캠프로까지 확장되어야 한다고 결정을 내렸다. 왜 캠프파이어에서 부르는 청소년들의 노래는 수수료를 지불해야 하는 "공연"으로 간주되어서는 안 된다는 말인가? ASCAP는 1996년에 미국 캠핑 협회와 교섭을 갖고 수많은 여름 캠프들로부터 일괄적인 연주권-각 캠프마다 시즌 별로 300달러에서 1,400달러에 달하는 금액-을 원한다고 말했다.

이것은 격렬한 논쟁을 불러일으켰다. 걸스카우트가 "이 땅은 당신의 땅This Land is Your Land"과 "마법의 용, 퍼프Puff, the Magic Dragon"를 노래하는 것에 대해, ASCAP가 돈을 원한다는 것이 알려지자, 언론은 노발대발했다. 실제로 아이들이 음악이 없고 저작권이 없는 것으로 분류되는 "밭장다리 닭The Bow-Legged Chicken"과 같은 마카레나에 맞추어 춤을 추고 있다는 캠프에 관한 이야기들도 들려왔다. ASCAP 관계자는 냉담하게 기자에게 말했다. "그들[캠프]은 공예 작업을 위해 종이와 삼실, 접착제를 구입합니다. 그렇다면 음악을 위해서도 지불할 수 있지요." 결과적으로, 대중의 격렬한 항의 끝에, ASCAP는 물러섰다. 그러나 저작권 음악의 "공개 공연"에 대해 여름 캠프에 청구할 수 있는 법적 권한에 대한 주장은 여전히 남아 있다.

바비 인형 소송

너무도 많은 이러한 전투들에서, 쟁점은 이렇다. "누가 친숙한 이미지들의 '대중적 의미'를 통제해야 하는가?" 마텔 사는 바비의 문화적 "의미"를 지키려는 데서 가히 전설적이다. 마텔 사는 허가받지 않고 바비를 사용하는 것을 공격했다. 그들은 감히 바비를 살찐 혹은 다운증후군을 가진 것으로 표현한, '비뚤어진 바비distorted Barbie'라 불리는 마크 네피어의 사진들을 목표로 삼아 공격했다. 본질적으로 알아볼 수 없는 심하게 일그러진 이미지들조차 마텔 사는 용납할 수 없다고 간주했다.

마텔은 바비 인형의 성인 수집자들의 요구에 맞추어 제작되는 한 잡지를 공격하기도 했다. 심지어《잘 가, 바비: 신체 이미지와 정체성에 관한 젊은 여성들의 발언Adios, Barbie: Young Women Write About Body Image and Identity》이라는 책을 낸 시애틀 출판사에 제목을 바꾸도록 압력을 가하기도 했다. 자유로운 표현에 대한 이러한 극단적인 단속은 자칭 '바비 해방 기구Barbie Liberation Organization' 같은 문화 방해자들culture jammers을 낳았는데, 이들은 바비 인형 안에 든 발성기관을 지아이 조 인형 안에 든 발성

기관과 바꿔 놓았고 지아이 조가 "우리 꿈의 결혼식 계획을 세워 봐요."라고 말하면 바리톤 음색의 바비가 "복수는 나의 것."이라고 고함을 치도록 만들었다.

미국 연방 순회 법원이 마텔 사의 괴롭히기식 소송에 제동을 걸었다는 소식을 전할 수 있어 기쁘다. 유타 주의 사진작가 톰 포사이트는 '먹이사슬 바비Food Chain Barbie'라는 전시회를 위해 바비 사진 78장을 준비했다. 믹서기에 구겨져 들어가는 것을 비롯해 부엌에서 이루어지는 여러 다른 동작들을 담고 있었다. 포사이트의 사진은 불과 몇 장밖에 팔리지 않았다. 전시회를 열기 위해 대략 5천 달러를 썼고, 손해를 봤다.

그건 대수도 아니다. 마텔 사는 바비를 조롱해서는 안 된다는 메시지를 주고 싶어 했다. 그들은 포사이트에게 무료 법률 상담소를 찾으라고 요구하면서 그 소송으로 몇 년을 끌었고, 포사이트에게 변호사 비용으로 200만 달러를 쓰게 했다. 결국 포사이트가 승리했고, 순회 법정 재판부는 선고에서 상표권 가치를 떨어뜨린다는 "근거 없고 불합리한" 주장을 제기하는 마텔 사를 신랄하게 질책했다.

단어 사용에 주의하라

단어들의 사유화는 역시 또 하나의 불온한 추세다. 고질라 상표권을 소유한 일본 기업은 도마뱀처럼 생긴 만화 캐릭터가 등

> 사람들은 말할 때 다채로운 표현을 쓰려고 사용료를 지불하지 않고, 아이들에게 동화를 들려주려고 자격증을 따지도 않는다.
>
> 조너선 로

장하는 다베질라Davezilla라는 웹사이트를 비롯해 접미사 -zilla를
사용하는 사람이라면 누구를 가리지 않고 협박하는 습관을 가지
고 있다.

맥도널드는 131가지나 되는 단어와 문구 들이 자기네 소유라
며 권리를 주장한다. 샌디에이고에 본사를 둔 이 기업은 아일랜

드어 접두사 Mc에 대한 소유권을 주장한다. 그리고 식당 주인들이 맥베건Mcvegan, 맥스시McSushi, 맥먼치McMunchies라는 식당 이름을 쓰지 못하도록 막았다. 의류 업체 랄프 로렌은 미국 폴로 협회가 자기네 의류 제품의 polo라는 단어를 사용하는 것이 상표권 위반이라고 주장하면서 협회가 내는 폴로 매거진을 공격했다. 마스터 카드는 랄프 네이더가 2000년 대통령 선거에서 선거 운동 광고에 'priceless'를 사용하는 것을 공격했다. 네이더의 표현의 자유에 대한 권리는 결국 승리했지만, 샌프란시스코에서 운동 경기를 열고자 했던 게이 선수들은 게이 올림픽Gay Olympics이라는 이름을 사용할 수 없었는데, 올림픽이라는 단어를 누가 사용할지 결정하게 될 미국 올림픽 위원회U.S. Olympic Committee가 그 단어를 소유하고 있기 때문이다. 장애 아동을 위한 스페셜 올림픽은 승인되었지만 게이 올림픽은 승인되지 않았다.

전하는 바에 따르면, TV 선동가 빌 오라일리는 코미디언 알 프랑켄이 오라일리 자신을 비롯한 다수의 우익 권위자들을 조롱한 책의 부제에서 "공정하고 균형 잡힌fair and balanced"이라는 표현이 사용되고 있다는 것을 알게 되었을 때 격노했다. 연방 법원은 폭스 뉴스 사건을 고려할 가치가 없다고 일소에 부쳐, 프랑켄이 승소했다. 그러나 자신을 대변해 줄 돈이 많이 드는 변호사를 고용할 수 없는 사람들도 있다. 로스앤젤레스에 사는 한 여성은 자신이 내는 지역신문에 감히 '비치우드 보이스Beechwood Voice'라는 이름을 붙였다가, 〈빌리지 보이스the Village voice〉로부터 소송을 걸겠다는 협박을 받았다. voice라는 단어를 신문 이름으로 사용한 것이 자기네 상표권의 가치를 떨어뜨린다는 주장이었다.

이러한 사연들은, 수많은 유명한 기업들이 모든 정신 문명을 사유재산처럼 상품화하고 싶어 한다는 것을 말해 준다. 이 시장 근본주의적 접근 방식이 저작권과 상표권 가진 작품들로 이루어진 방대한 목록에 대한 시장 가치를 보호해 주기 때문에 이것이 디즈니 사, 타임 워너 사, 그리고 루퍼트 머독 사에 유리한 것은 우연한 일이 아니다. 또한 유력한 기업을 제외한 거의 모두가 쓰게 되는 그런 종류의 지방에 있는 전문적이지 않은 소규모의 비상업적인 표현을 즉시 억눌러 버린다. 결국 이렇게 문화적 공유 자산들이 대량으로 사유화에 이르게 된다.

공유지 영웅 요나스 솔크

유용한 지식과 관련해, 늘 상황이 이런 식이었던 것은 아니다. 이러한 이야기들을 소아마비 백신을 발명한 요나스 솔크와 비교해 보자. 언론인 에드워드 R. 머로가 "누가 이 백신에 대한 특허권을 가지고 있습니까?"라고 물었을 때, 솔크는 대답했다. "글쎄요, 사람들…… 이라고 말하겠습니다. 특허권! 그런 건 없습니다. 태양에 특허를 낼 수 있을까요?" 이 이야기는 우리에게 지식의 소유권에 대한 현재의 개념들은 필연적이지도 보편적이지도 않다는 것을 상기시켜 준다. 그것들은 과학적·문화적 공유 자산들을 사유재산으로 만들기 위한 점차 증가하는 시장 압력의 결과이다.

지식의 사유화는 (최소한, 미국에서는) 법원이 특허가 가능한 상품들의 범위를 확대하면서 특허권을 얻는 데 요구되는 기준을 낮추어 오는 가운데 그 정도가 심해졌다. 소프트웨어 프로그램에 장착된 수학적 알고리즘을 소유하는 것은 현재 가능하다. 과학 연구를 수행하는 데 필요한 바로 그 도구들이 현재 사적 소유이며, 값비싼 수수료를 지불해야 이용할 수 있다.

현대의 특허권 법령들이 1950년대와 1960년대 당시에 있었더라면, 생명공학과 컴퓨터 과학에 어떤 일이 벌어졌을지 상상해 보자. 애당초, 생명공학도 컴퓨터 혁명도 일어나지 않았을 것이다. 너무 많은 필수 지식이 특허권 덕분에 출입 금지 구역이 되었을 것이다.

반공유지의 문제

지식에 대한 과잉 특허는 때때로 "반공유지anti-commons" 문제를 초래하는데, 어떤 주어진 분야에서 재산권의 숫자가 너무 많고 파편화되어 있어서 연구를 실행하는 데 어려움이 따르게 된다. 권리를 얻는 데 따르는 거래 비용이, 솔직히 말해, 너무 종류가 많고 비싸다. 예를 들어, 하나의 말라리아 항원에 대해 34개의 "특허 집합"이 있고, 그 연구의 각기 다른 부분들에 적용되는 특허권들을 수많은 다른 나라의 각기 다른 당사자들이 소유하고 있다. 말라리아 백신 하나를 확보하기가 어려울 수밖에 없는 한 가지 이유는 특허권이 너무 복잡하고 비싸서이다.

서로 나누어 가지는 일과 사회적 공유재산이 시장을 손상시키지 않는다는 사실에 주목할 가치가 있다. 오히려 정반대다. 시장을 활성화한다. 2005년 1월에, 나는 공동 주최자 중 한 사람으로

'공유를 위한 만반의 채비 : 패션 그리고 창의성의 소유권'이라는 회의에 참석했다. 의류 디자인에서 개방성의 힘을 탐색하는 회의였다. 아무도 제품의 창의적 디자인을 소유할 수 없다는ー회사 이름과 로고만 상표권으로 소유할 수 있는ー바로 그 이유 때문에, 모든 사람이 디자인 공유에 참여할 수 있다. 그 결과는 더 활기 있고 혁신적이며 경쟁력 있는 시장이다. 이것이 오픈 소스 컴퓨터 작동 시스템을 가진 리눅스가 소프트웨어 영역에 미치는 바로 그 효과이다. 그것은 한때 마이크로소프트가 독점해서 지배한 시장에 고부가가치의 혁신과 경쟁을 위한 새로운 계기를 열어 주었다.

예일 대학 교수 요차이 벤클러는 정평이 난 저서《네트워크의 부The Wealth of Networks》에서, 엄청난 양의 지식 생산이 실행되기 위해서는 시장을 통하기보다는 공유를 통하는 것이 보다 효율적이라고 주장한다. 돈으로는 왜 요구되는 지식을 단순히 "사는" 데 그치지 않는가?라는 윤리학적 측면의 문제를 제기하는 것이다. 돈은 지식 공유지를 작동하게 하는 사회적 원동력을 파괴하는 경향이 있기 때문에, 자발적인 연구에 방해가 될 수 있다. 그것은 창의성과 훌륭한 연구에 필수적인 사회적 신뢰와 정직, 윤리의 토대를 허물게 된다.

일단 공유지에 관해 이야기를 시작하게 되면, 논의는 완전히 새로운 궤도에 들어서게 된다. 시장은 원자화된 소비자들에게 이바지하면서 이익을 기대할지 모르지만, 공유지는 공동체에 이바지한다.

팻 무니

전 지구의 생물 다양성을 지키는 파수꾼

현재 공유지의 사유화가 대체 어디까지 와 있는지, 팻 무니가 정신이 번쩍 드는 그림으로 표현해 준다. 기업들은 농업 작물의 모든 종류를, 심지어 물질의 기본 요소들까지 전매특허 상품으로 만들고 있다. 캐나다에 자리 잡은 ETC 그룹의 집행 이사로서, 무니는 기업 합병과 생물공학의 남용을 비롯해 이러한 사유화를 가속시키는 잘못된 공공 정책들에 맞서 오랜 싸움을 벌여 오고 있다.

ETC 그룹은 농업과 과학에서 기업의 사유화에 맞서 싸운다.

최근 독일에서 열린 한 공유지 회합에서 그는 "기업 합병이 막대한 생물 다양성의 상실을 추동하고 있습니다."라고 말했다. 현재 전 세계 종자 시장의 70퍼센트 가까이를 불과 열 개 기업이 지배하고 있다는 것이다. 세 개 기업 – 몬산토와 듀퐁, 신젠타Syngenta – 은 시장의 절반을 지배한다. 이러한 시장 합병은, 전통의 지속 가능한 농법들을 일소하고, 유전공학과 같은 위험한 신기술을 규제하려는 시도들을 제압하면서, 차례로 기업 농업의 정치적 영향력을 강화해 왔다.

ETC 그룹은 미세한 직물과 기기를 만들기 위해 원자에 의한 원자의 조작이 이루어지는 나노 기술과 같은, 급속하게 발전 중인 신기술에 따른, 현재 진행 중인 또 다른 수많은 중대한 사유화에 대해서도 우려를 제기한다. 이미 하버드 대학이 주기율표상의 23개 원소에 대한 나노 기술적 변형에 대한 특허권을 가지고 있다고 무니는 언급한다. 만약 구리처럼 공유재인 한 원소의 '합성 성분'을 사용하고자 하는 어느 누구라도 하버드 대학이나 혹은 또 다른 소유권자에게 허가를 얻어야 한다면, 장래에 어떤 일이 생기겠는가?

더 우려스러운 것은, 새로운 생물 형태의 발명과 같은, 우리 지구의 기본적인 양상이 바뀌면서 오게 될 환경을 비롯한 여타의 결과들에 대해 과학자들이 실제로 알지 못한다는 사실이다.

공유재는 그러한 사유화를 막아 내는 데 유용한 개념일 수 있으며, 그 이유는 공유재가 기술의 도입에 대해서뿐 아니라 과학과 경제의 장래 목표와 관련하여 모든 것을 결정하는 기업의 권력에 대해서도 전혀 제한을 두지 않아야 한다는 시장 패러다임의 논법에 도전하기 때문이라고 무니는 주장한다. 하지만 생물 다양성, 식품, 그리고 주기율표상의 원소들이 우리 모두의 소유인 공유재로서 여겨질 때는, 이러한 중대한 이슈들에 대한 대중적 논의의 성격이 바뀐다.

데이비드 볼리어

333

"그들이 없었더라면",
밥 딜런의 부채

> 우디 거스리, 로버트 존슨, 쿠르트 바일
> 그 외에도 수많은 익명의 발라드 가수들에게
> 빚지고 있다는 것에 대해, 그는 숨김없이 솔직하다.

밥 딜런의 자서전 《연대기Chronicles》는 위대한 예술가들이 공유자라는 데 좋은 입증 자료이다. 그들의 성공은 얼마간 문화 공유재인 이 방대한 유산 덕택이다.

밥 딜런이 그 유산들에 대한 부채 지도를 그리는 것이 가능할까? 찾아갈 수많은 곳들, 예를 들어 블루스 작곡가이자 연주자이며 가수였던 로버트 존슨의 음반들과 같은 것들을 딜런 자신이 말해 주고 있다.

"존슨이 노래를 시작하면, 그는 갑옷으로 완전 무장한 제우스의 머리 위에서도 훌쩍 뛰어내릴 수 있었을 것 같은 사나이였다. …… 그러면 나는 다음 몇 주 동안은 (그 음반을) 반복해서 듣고 또 들었다. 한 소절 한 소절, 한 곡 한 곡, 녹음기를 뚫어지게 응시하고 앉아서…… 종잇조각에 하나하나 받아 적음으로써, 나는 가사와 패턴, 고풍스러운 곡과 그가 사용한 자유 연상의 구성을 보다 면밀하게 검토할 수 있었다."

정확히 똑같은 일이 미니애폴리스에서 일어난 적이 있었는데, 그보다 몇 년 전 밥 딜런이 우디 거스리의 노래를 처음으로 들었을 때였다. 딜런은 19세기 후반에 프랜시스 제임스 차일드가 수집한 오래된 영국 발라드와 행크 윌리엄스에 진 막대한 빚에 대해서도 설명하고 있다. 그는 미네소타 대학의 한 영어 교수에게서 이러한 것들에 대한 가르침을 받았다. "나는 그 모든 지혜롭고 시적인 표현들이 마치 내 것인 양, 나만의 것인 양, 주석 없이 이 모든 노래들을 줄줄 읊어 댈 수 있었다."

첫 번째 음반사인 리즈 뮤직에서 처음으로 녹음하던 시절을 딜런은 이렇게 묘사한다. "내가 가진 곡은 많지 않았지만, 오래된 블루스 발라드 곡들에 절verse들을 재배열하고, 머릿속에 떠오르는 것들 아무거나 애초의 곡 여기저기에 덧붙이고, 타이틀을 달면서, 현장에서 작곡을 해 나갔다. 나는 포크 음악 체계에 전적으로 토대를 두고 현장에서 곡들을 만들어 내고는 했다."

"해적 제니"

아마도 가장 인상적인 사례는, 여자 친구가 딜런을 베르톨트 브레히트 - 쿠르트 바일의 음악의 밤 행사에 데려가 거기서 노래들을 들었던 시점에 그가 보인 교육적 관심이다. "그 노래들은 본질적으로 포크 음악 같았지만 또 포크 음악과는 달랐는데, 매우 세련되어서였다. …… 가장 강렬한 인상을 준 노래는 열렬한 갈채를 받은 발라드…… '해적 제니Pirate Jenny'였다. …… 나중에, 나도 모르게 무엇이 그렇게 마음을 움직이게 했는지, 왜 그토록 감동적이었는지 그 이유를 찾아내고자, 그 노래를 해체하

밥 딜런

우디 거스리

고 있는 나 자신을 발견했
다."

딜런은 자신의 초창기 곡
들의 목록 - "탬버린 맨Mr.
Tambourine Man", "해티 캐
럴의 외로운 죽음Lonesome
Death of Hattie Carroll" "소낙
비A Hard Rain's A-Gonna Fall",
그 밖의 여러 곡들 - 을 제
시하면서, 이어서 이렇게
말한다. "내가 발라드 곡
'해적 제니'를 듣지 않았더
라면, 이런 곡들을 쓸 수 있
다는 생각은 꿈에서도 할
수 없었을지 모른다. 1964
년이나 1965년경, 나는 로
버트 존슨의 블루스 대여섯
곡을 의식하지 못한 채, 그
러면서도 가사의 회화적 형
상화에 보다 초점을 두면
서, 이용했던 것 같다. 로버
트 존슨의 음반을 듣지 못했더라면 - 곡을 쓰기에 내가 충분히
자유롭거나 충분히 고양되었다는 느낌을 받지 못했을 것이기 때
문에 - 작업을 도중에 중단해 버렸을지도 모르는 곡들이 아마도

수백 개는 될 것이다."

같은 맥락에서, 딜런은 프랑스 시인 아르튀르 랭보의 시구절, "나는 타자다 Je est un autre"를 읽은 것에 대해 쓰고 있는데, "그 구절은 '나는 누군가 다른 사람이다 I is someone else'로 번역된다. 그걸 읽었을 때, 순간적으로 깨달았다. 완벽하게 이치에 맞았다. 누군가 좀 더 일찍 내게 이 말을 해 주었더라면 얼마나 좋았을까."

문화 공유지에서 살아가고 작업하는 모든 위대한 예술가들은 "나는 타자다"를 자신들의 좌우명으로 삼고 있는지도 모른다.

디제이 스푸키

힙합 리믹스 거장

베레모를 쓴 힙합 음악가 폴 밀러는 살아 있는 협력의 화신이다. 공연하고 녹음할 때 쓰는 이름은 (윌리엄 버로우스의 소설 〈노바 익스프레스Nova Express〉의 한 등장인물에게서 따온) 디제이 스푸키 DJ Spooky다. 그의 리믹스 앨범과 디제이 공연들은 상상 가능한 모든 자원 – 오노 요코에서 메탈리카, 그리고 현대 미니멀리즘 작곡가 스티브 라이히, 1960년대의 자메이카의 팝 음악, D.W. 그리피스의 영화 '국가의 탄생Birth of Nation', 태평양 제도의 민속음악 전통에 이르기까지 – 에서 재료들을 "훔쳐 온다."

그러나 실제로 그는 자신의 절충주의를 낳았다. 음악을 만들어 내는 하위문화들을 찾아 세계 곳곳으로 떠나는 그의 여정은 원주민 부족에게서 언더그라운드 전자음악으로, 남극대륙에서 앙골라로, 그리고 리우 해변의 신년 전야제 파티로 끝도 없이 이어진다. 그렇게 해서 새로운 무언가가 만들어져 나온다.

선 라, 필립 글라스, 윌리엄 버로우스를 비롯해 수십 명에 이르는 비슷한 유형의 사람들의 샘플링에 관한 에세이집인 《해방된 사운드Sound Unbound》에서, 밀러는 리믹스 문화의 철학과 의미를 깊이 탐구한다.

밀러는 저작권의 부자연스러움을 지적한다. 실제로, 아무도 완전히 새로운 어떤 것을 창조하지 못한다. 왜 가장 최근의 개별 저작자가 저작권법이 명령하는 대로 작품에 대한 모든 공적을 가져가야 하는가? 예전 작품들의 재사용을 공공연하게 찬양하는 사회는 그 재사용을 통해 실제로 "과거가 살아 있도록" 지켜 내는 것이라고 그는 주장한다. 새로운 예술은 선조들과 진행 중인 대화이다.

데이비드 볼리어

한 사람의 공유자이면서 동시에 사운드 아티스트의 상징.(개봉을 앞둔 영화 '우리가 가진 것들: 공유재를 찾아 떠난 디제이 스푸키의 원정' 중의 한 화면)

두 가지 중요한 정보 공유재의 부침

데이비드 모리스

정부는 폭넓은 견해를 보장하고 독려하는 전통적 역할에서
손을 떼고 있다.

태초에는 우체국이 있었다. 인터넷보다, 케이블보다, TV보다,
라디오보다 먼저였다. 우편 배달은 매스 커뮤니케이션의 주된
수단이었다. 미국을 세운 사람들은 그 중요성을 이해했기에 우
체국이 공공 기관이 되어야 한다고 생각했다. 미국 헌법 1조 8절
7항은 말한다.

"의회는 우체국과 우편 수송 도로를 설치할 권한이 있다."

의회는 미국 우체국이 전매 회사가 되기를 원했다. 1792년에
도보, 말, 선박을 이용한, "우체국에 경쟁이 될 모든 우편 서비
스의 설립, 혹은 우체국의 총수입에 손상을 줄 모든 수송"뿐만
아니라, "우편 수송 도로상에서" 모든 편지와 소화물의 민간 수
송을 금지했다.

그러나 우체국은 이러한 법률의 틈새를 찾아낸 민간 기업들에
대처해야 했다. 1845년에 가장 이윤을 많이 내는 대도시의 경로
만을 골라서 운영하는 민간 우편 기업에 대한 대응으로, 의회는
허술한 구멍을 차단하고, 특정한 유형의 민간 우편 배달에 대한

벌금을 인상했다.

우체국에는 단순히 편지를 배달하는 것보다 더 일반적인 의무—정보를 가능한 한 널리 확산하는 일에 전념한다는—가 있었기에 이것이 정당화되었다. 실제로, 우체국이 역사적으로 우송료를 설정하는 방식이 공공 자산으로서 우체국의 성격을 보여 준다.

공익으로서의 정보

맨 처음부터, 의회는 충분한 정보를 가진 유권자와 하나로 통합된 국가에는 정치 소식이 결정적으로 중요하다고 판단했다. 1792년의 우편 법은 신문 인쇄 업자들이 각기 다른 신문들을 무료로 발송하도록 허용했는데, 이것은 국내외 정보의 출처에서 시골의 마을까지 정보의 흐름에서 중요한 역할을 했다. 1800년대 초 내내, 지방신문들의 내용은 다른 간행물들에서 오려 낸 전국 혹은 국외 뉴스들로 구성되었다. 1792년도 우편 법은 또한 상대적으로 낮은 가격으로 100마일까지는 1센트로, 100마일 이상은 1.5센트의 비용으로 구독자들에게 신문의 우편 배송을 제공했다. 이 정책은 1830년대에 미국을 여행한 알렉시스 드 토크빌의 관찰과도 일치한다. "적은 수의 가입자들로도 충분히 그 비용들을 감당할 수 있는 것으로서, 신문사를 차리는 것보다 쉬운 일은 없다. 미국에서 자체의 지방신문을 가지고 있지 않은 시골 마을은 거의 없다."

신문에 대한 이러한 특별한 법령은 서서히 제2종 우편물도 할

인된 요금을 적용해 나갔고, 점점 더 광범위하게 할인된 요금이 되었고, 이는 우체국이 교육적, 문화적으로 혜택이 된다고 인정하는 다른 종류의 매체들을 포괄하는 것으로 확장했다. 결국 정기간행물, 잡지, 비영리 출판물, 도서관 자료와 책 들이 포함되었다.

국가를 알리고 하나로 통합하는 것뿐만 아니라, 지방의 지역사회들을 강화하는 것도 우체국의 목표였다. 1845년에 의회는 간행물이 있는 곳에서 30마일 이내의 지역에는 주간신문을 무료 배달하는 것을 승인했다. 1852년에는 출판물이 속한 주 내에서 배포되는 소규모 신문이나 잡지를 기준 가격의 반액으로 우송하도록 허용했다.

우체국은 광고 우편물에는 맨 처음부터 요금을 더 높게 매겼다. 20세기 초에 잡지와 신문 들이 광고 수단을 바꾸면서, 의회는 창의적인 해결책을 고안해 냈다. 정기간행물의 경우, 읽을거리에는 낮은 우편료를, 광고에는 더 높은 요금을 매겼다.

우체국 민영화

정보 공유재로서 우체국의 역할은 학교에서 대중교통에 이르기까지 주로 공공 기관들이 겪는 문제점들이 일어나기 쉽다. 예산 삭감, 관료주의적 관성 때문에 시간이 흐름에 따라 겪는 서비스의 저하, 그리고 민영화된 서비스를 지지하는 사람들의 격렬한 공격 등이 그러한 것들이다.

위기는 1966년 10월, 시카고 우체국이 산더미 같은 우편물에

깔려 사실상 마비되면서 찾아왔다. 그 일로 의회 청문회와 특별 위원회가 열렸고, 다음과 같이 결론이 났다. "오늘날 우체국은 하나의 사업이다. 모든 경제적 기능과 마찬가지로, 우체국도 사용자들에게서 나오는 수입으로 유지되어야 한다. 우편 서비스에 어떤 자원들이 할당되어야 할 것인지는 시장이 결정해야 한다." 그 보고서는 "우체국이 서비스 가격 책정에서 그 이용자들을 부당하게 차별하도록 허용"되어서는 안 된다고 덧붙였다. 그 사고는 공유재로서 우체국의 사명을 무시했다.

1970년에, 의회는 각료 급의 우정성을 독립적인 미국 우정 공사United States Postal Service:USPS로 개편했다. 이사회의 11인 가운데 9인은 대통령이 임명하고 미국 상원이 승인한다. 요금은 우편 요금 위원회가 정하고, 이사회의 승인을 받는다.

공유재로서 우체국의 역할은 서서히 배제되어 갔다. 1979년에 USPS는 "매우 긴급한" 편지들을 민간이 배달하는 것을 허용했다. 이것은 페덱스를 비롯한 그 밖의 택배 업체들이 진출하게 해주었다. 1986년에 민간 국제 우편 배달이 가능해졌다. 그러나 우편 서비스를 민영화하거나 우편 서비스의 독점을 폐지하려는 의회의 시도들은 좌절되었다.

1970년 개편 이후, USPS는 자력으로 존속할 것으로 예상되었다. 우편물 분류는 더 이상 수취인들에게 가는 우편물의 가치를 반영하거나 정보의 흐름을 독려하도록 이루어지지 않는다. 2007년에 USPS는 규모가 큰 미디어 기업들에는 우송물을 위한 공지를 보다 잘 준비할 수 있도록 사내 기술 설비를 가능하게 한 실질적인 유보 조항을 둔 반면, 비영리 정기간행물에 대한 요금을

내가 공화당의 얼굴입니다!!

거참 묘하군!
내가 늘 그 사람들을
그렸는데 말이야!!

우익 라디오 토크쇼 및 폭스 뉴스와 더불어, 러시 림보의 등장은
방송 산업에서 공정성 원칙의 폐기로까지 거슬러 오를 수 있다.

대폭 인상했다.

1913에서 1955년까지, 제1종 우편의 첫 단위 요금은 3센트를
유지했다. 물가 인상을 감안하더라도, 8센트에 지나지 않았을 것
이다. 1955년부터 2009년까지 그 요금은 44센트로 올랐다. 물가
인상을 감안한다면, 제1종 우표를 사는 데는 이제 24센트의 비
용이 드는 것이다.

2006년 장래 은퇴자의 의료보험 기금을 위해 우체국이 10년

동안 매년 50억 달러를 제공하자는 의회의 요청에 주로 기인한 것으로, 의회의 요청은 보험 통계상의 필요성보다는 국가 부채가 더 적게 보이게 하려는 정치적 요구와 연관된 요즈음 USPS의 "적자"는 우체국들이 문을 닫고, 일일 우편 배달을 폐지하고, 제1종 우편과 우체통에 대한 독점을 없애거나 혹은 그 운영을 완전히 민영화하면서, 우체국의 정보 관련 사명을 대폭 줄이자는 새로운 요청에 더욱더 힘을 보탰다. 이 논쟁이 진행되는 내내, 우체국의 공공 서비스 성격은 대체로 무시되었다.

USPS가 지닌 정보 공유재로서의 기능은 전통적으로 그래 왔듯이, 여전히 중요하고, 일반 세금에 의해 유지되어야 한다. 미국인 대다수, 특히 가정용 인터넷 통신을 구매하거나 값비싼 택배 서비스를 이용할 돈이 없는 사람들은 여전히 우편제도에 의존한다. 그리고 그 모든 조롱들과는 대조적으로, USPS는 대단히 효율적이며 폭넓은 지지를 받고 있다. 2007년 갤럽 조사는 거주지 고객의 92퍼센트가 자신들의 우편 서비스를 우수하거나, 매우 좋거나, 좋다고 평점을 매긴다는 것을 확인해 주었다.

미국의 방송 전파

신문과 우편 이후, 라디오는 대량 전달의 주요한 수단이 되었다. 방송 전파가 한때는 힘 있는 미디어 기업들이 아니라 시민에 의하여 소유되었고 또 공유재로도 여겨졌다는 사실, 그리고 지금도 그러하다는 사실은 쉽게 잊힌다.

방송의 시대 여명기에는 자유 시장이 지배적이었다. 정부는 아무런 법령도 만들지 않았다. 1912년 라디오 법은, 원하는 시민들에게 라디오 방송 인가를 내줄 권한을 연방 상공 노동부에 주었다. 그러자 1922년까지 564개 방송국이 운영에 들어가고, 전파들이 서로 방해를 일으키는 일이 자주 생기는 등 혼란을 야기하면서, 이제 막 싹트기 시작한 요람기에 있는 산업의 존폐를 위협했다. 라디오 방송국 소유자들은 정부가 나서서 혼란을 수습할 것을 요청했다.

문제는 그 일을 어떤 방법으로 할 것인가였다. 몇 가지 선택지가 검토되었다. 스스로 원했던 것처럼, 미 해군이 모든 방송국을 통제할 수도 있었다. 가장 높은 가격을 써낸 입찰자들에게 주파수들을 경매할 수도 있었다.

혹은 영국 방송 회사에 해당하는 것이 미국에 만들어졌을지도 모른다.

애초의 영국 방송 회사는 1922년에 민영 전기통신 회사 6개로 이루어진 그룹에 의해 설립되었다. 1926년 말, 영국 방송 회사는 칙허장의 조건에 따라 방송 전파에 대한 독점적 통제권을 가진, 영국 방송 협회British Broadcasting Corporation, BBC가 되었다. 칙허장은 시민의식과 시민사회를 유지하고, 교육과 배움을 증진하고, 창의성과 문화적 우월성을 고무한다는, BBC가 수행할 공공 서비스의 윤곽을 그렸다.

칙허장에 의해 BBC는 정치적, 상업적 영향력으로부터 자유로워야 하고, 오직 시청자와 청취자들의 기대에만 부응할 것을 요구받는다. 칙허장은 BBC가 영국 내에서 텔레비전이나 라디오, 혹은 인터넷 등 어떠한 서비스에서도 상업 광고를 내보내는 것을 금지한다. 그리고 영국 내에서 판매된 라디오와 TV 수상기에 부과된 수신료로 재정을 충당한다. 수신료를 정당화하기 위해 BBC는 상업 방송국들이 일반적으로 제공하지 않으려 하는 프로그램을 제작하는 것 외에도, 시청자 지분을 높게 유지할 것을 기

위대한 페이스북 반란

사용자들이 올리는 것들의 소유권을 웹사이트가 차지하려고 할 때,
공유자들이 반격에 나선다.

이용자들이 사이트에 올리는 어떤 내용에 대해 페이스북이 은밀히 자신의 소유라고 권리를 주장하려 했을 때, 반란이 일어나게 되었다. 이 모든 게 시작된 것은, 2009년 2월, 이용자들의 서명에 의한 동의가 있어야 한다는 법률적 효력을 갖는 "서비스 조항 terms of service: TOS"을 페이스북이 변경시키려 했을 때였다. TOS는 "동의 I agree" 버튼을 클릭함으로써 실제로는 아무도 읽지 않지만 명목상으로는 모든 사람이 동의하는 매우 모호한 법적 용어이다.

본래, 새로운 TOS는 설사 우리가 계정을 폐쇄하더라도, 우리가 페이스북에 업로드한 모든 것이 페이스북의 재산이 된다는 것이다. 따라서 우리의 사진, 글, 음악, 그리고 (우리의 페이스북 페이지에 재게시된 경우에는) 블로그도 페이스북 소유가 될 것이었다. 또한 원하는 경우 페이스북은 우리가 올린 내용들에 대한 2차 저작권자가 되는 쪽을 택할 수도 있었다. 짐작컨대, 바이러스성 히트 viral hit를 판매하거나, 상업적 목적을 위해 광고 업자들이 전문적이지 않은 내용이나 사진을 사용해서 돈벌이를 할 수 있다고 생각했던 것 같다.

페이스북이 이렇게 콘텐츠 횡령에 주의를 환기시키지 않았던 반면, 소비자 조합과 관련된 블로그인 컨슈머리스트 the Consumerist는 공개적으로 알렸다. 곧 로스앤젤레스의 비디오 게임 프로듀서인 줄리어스 하퍼가 '새로운 서비스 조항에 반대하는 사람들 People Against the New Terms of Service'이라고 불리는 페이스북 그룹을 조직하는 일에 합류하면서, 13만 6천 명이 신속하게 모였다. 〈뉴욕타임스〉에서 이 싸움을 보도한 후, 페이스북 반란이 터졌다. 2월 18일, 페이스북은 이전의 서비스 조항을 복구하기로 결정했다.

새로운 TOS는 "실수"였다고, 나중에 페이스북은 주장했다. 주의를 끌지 않으면서, 이용자들이 만들어 낸 어마어마하게 쌓인 내용들에 대해 좀 더 광범위한 권리를 가져갈 수 있을 거라는 게 페이스북의 생각이었을 가능성이 훨씬 더 크다.

싸움을 수습할 수 없게 되자, 페이스북은 현명하게 물러섰다. 페이스북은 "서로 공유하고 관계를 맺을 수 있는 자유"를 다룰, 이용자들을 위한 "권리 장전"을 이용자들이 고안해 내게 했다. 그러나 궁극적으로 이용자들이 생성시킨 내용들을 누가 통제해야 하느냐의 문제를 해결하는 데서, 그 기업의 현명한 대응은 충분한 답이 되지 못한다. 여전히 페이스북의 웹사이트라고 말하기 때문이다.

데이비드 볼리어

대받는다.

미국은 영국을 따라잡지 않기로 하고, 대신에 사적으로 소유된 방송국에서 이루어지는 상업 방송을 택했다. 물론 주파수가 사적으로 소유된 것은 아니었다. 1927년의 라디오 법은 방송 전파가 공공 자원임을 선언했다. 방송사들은 자신들의 방송 주파수에 대해 아무런 비용도 지불하지 않는 대신, 주파수에 대한 소유권을 갖지 못했다. 단기 인허가 갱신 여부는 방송국이 공익에 봉사하는가에 따라 판단하게 되어 있었다. 방송사들은 "공공 수탁자"로 간주되었다. 연방 통신 위원회Federal Communications Commission:FCC의 전신인 연방 라디오 위원회Federal Radio Commission:FRC가 설명하듯, "방송국은 공공의 소유로 운용되어야 한다. …… 어떤 지역사회의 주민들이 방송국을 소유하여 '이 방송국을 우리를 위해 관리하라'는 명령의 견지에서 최고의 인물에게 맡겨야 하는 것과 같은 이치다." 위원회는 "일반적인 공공 서비스 방송국"에 대립되는 "선동 방송국"이 될 여지는 전혀 없다는 것을 분명히 했다. 1930년에 FRC는 전파를 유대인, 로마 가톨릭교회 관리들, 사법부를 공격하는 설교를 방송하는 데 주로 사용한 로스앤젤레스 방송국에 인허를 갱신하지 않음으로써 공익의 의미를 명확히 했다. 1949년에, FCC는 나중에 공정성 원칙으로 알려지게 된 것을 도입하면서, 공익이 의미하는 것을 다시 정의했다. 방송사들은 "공공의 이슈들에 대한 방송 시간이 합리적으로 배정"되도록 전념해야 했다. "그리고 그러한 이슈들에 대한 보도는 대조되는 견해들의 발표에도 기회를 제공한다는 의미에서 공정해야" 했다.

1959년에 의회는 1934년의 통신 법을 개정하면서 공정성의 원칙이 법에 의해 규정된 권한을 가졌음을 재차 확인했다. 1969년에, 미국 연방 대법원은 그 원칙의 적용을 확인하면서 옹호했다. "의회는······ 기본적인 문제들에 관해 방송사 자체의 견해 이외에는 모든 견해를 방송 전파에서 배제하도록······ 좌시해서는 안 되며 허가해 주지 말아야 한다." 1974년에 FCC는 공정성의 원칙이 "공익을 위해 작동되어야 할 유일하고 가장 중요한 요구"라고 칭했다.

인가 갱신을 위해 신청서를 작성할 때, 방송사는 그 지역사회의 중대한 이슈들을 찾아내고 다루기 위해 자신들이 어떻게 노력했는지에 관한 상세한 정보를 제공해야 했다. 프로그램 일람표는 인가가 갱신되어야 하는지 여부를 결정하는 데 기초가 되었다.

해체된 정보 공유재

1981년에 시작된 로널드 레이건 대통령의 임기와 함께, 방송 인허에 관한 규칙들은 갑자기 바뀌었다. FCC는 인가 갱신을 위한 근거로 상세한 프로그램 정보를 제공해야 한다는 요구 사항을 폐지했다.

1984년에 FCC는 뉴스와 사회문제 편성에 관한 최소한도를 설정하는 프로그램 편성 지침을 없앴고, 공정성 원칙의 적용을 중지했다. 시민들이 이 원칙을 복구하기 위해 소송을 제기했을 때, 레이건이 임명한 항소법원의 두 판사 로버트 보크와 안토니아

스칼리아는 공정성의 원칙은 1959년 의회의 재확인에도 불구하고, 법이 아닌 지침일 뿐이라고 결론지었다. 1987년 8월, FCC는 만장일치로 공정성의 원칙은 공익에 위배된다고 결정했다.

정치인들은 그들이 우리의 공유재를 손상시킬 때 자신들이 무엇을 놓치고 있는지 알아야 한다.
벨 와일리, 퍼블릭 엑세스 방송인

공은 다시 의회로 넘겨졌다. 하원은 압도적인 3대1 차이로, 그리고 상원은 2대1에 가까운 차이로, 공정성의 원칙은 사실상 법임을 분명하게 강조하는 법안을 통과시켰다. 공정성의 원칙에 찬성 투표한 사람들 가운데는 하원 의원 뉴트 깅리치, 상원 의원 제스 헬름스 같은 지도적인 보수주의자들도 있었다. 그러나 로널드 레이건은 그 법안을 거부했고, 상원에서의 표가 거부권을 기각시킬 만큼 충분치 못했다.

그 노력의 실패는 라디오(그리고 다음으로는 텔레비전)를 강한 영향력을 발휘하는 일방적인 정치적 대변자로 바꿔 놓았다. 당시까지만 해도, 라디오의 청취자 전화 참여 프로그램은 공익 이슈들에 초점을 맞추어 모든 견해들을 제시함으로써 FCC의 지역 사회 서비스 요구를 준수해 오고 있었다.

FCC가 공정성의 원칙을 폐기한 후 몇 달 만에, 노골적인 태도에 편파적 관점을 가진 러시 림보의 프로그램이 방송을 탔다. 림보는 전국의 방송사에 자신의 쇼를 무료로 제공하면서 전혀 새로운 방식으로 영업에 나섰다. 몇 주 만에, 56개 방송국이 그 쇼를 선택했다. 4년 만에 600개가 넘는 방송국들이 그 쇼를 내보내게 되었다. 역사상 그 어떤 토크쇼보다 가장 빠른 확산이었다. 림보의 형식에 대한 모방이 시작되었다. 라디오 토크 방송 숫자는 1987년에서 1993년까지 두 배 넘게 증가했다.

1993년에 이 나라는 이러한 새로운 실체들이 정치적으로 지니는 힘을 깨달았다. 민주당이 장악하고 있던 의회와 백악관은 공정성의 원칙 법안을 만들려는 노력을 재개했다. 림보는 자신의 청취자들을 동원했다. 그 법안은 결코 투표로 연결되지 못하고 말았다. 내셔널 퍼블릭 라디오National Public Radio, NPR에 따르면, "하원과 상원 양쪽의 수석 보좌관들은 그 원칙을 다시 시행하려는 노력이 대부분 토크쇼 진행자들 때문에 중단된다는 것을 개인적으로 인정한다."

1994년에, 라디오 토크 프로그램은 적극적으로 총선에 개입했다. 그해, 놀랍게도 공화당이 거의 40년 만에 하원을 장악했을 때, 뉴트 깅리치는 그것을 "최초의 라디오 토크 선거"라고 불렀다. 1995년 초에, 공화당은 림보를 위한 특별한 행사를 열어, 그를 의회의 명예 회원으로 명명했다. 그들은 그를 다수당 메이커라 불렀다.

보수적인 새 다수당은 주파수를 완전히 팔아넘기고, 방송 전파에 관한 기본 규칙들을 파기하는 등 강력한 힘을 가진 미디어 기업들에게 경품의 향연을 베풀어 줌으로써, 방송 전파가 모든 사람의 소유이며 공공 신탁으로 관리되어야 한다는 인식을 거의 일소해 버렸다.

15년 후, 라디오 토크 프로그램은 정치적인 담론의 본질을 바꿔 놓았다. 라디오 토크 프로그램이 우리의 문화를 변화시켜 왔다고 설득력 있게 이야기하는 사람들도 있다. 미디어 학자 헨리 지루는 인종주의, 적대감, 타인들에 대한 경멸에 의해 더 한층 특징지어지는 "잔인함의 문화"를 많은 이들이 지금 '혐오 라디오hate radio'라 부르는 프로그램의 표적이 되는 모든 정치적 인사들을 향해 당장이라도 폭발시킬 것 같은 위협과 관련지어 설명한다.

연방 라디오 위원회가 공공 방송 전파가 "선동 방송"이 될 여지는 없다고 선언하면서, 유대인과 사법 당국을 공격하는 방송국의 인가 갱신을 거부한 때로부터 75년이 지나, 방송 전파는 선동과 악의로 가득 채워졌다. 오늘날, 공유지 규칙을 벗어 버린 방송 전파는 증오를 먹고 산다.

와일리는 사람들이 스스로를 표현할 권리를 위해 싸운다.

타 스튜디오에서 어릴 적부터 경험을 쌓은 한 아이가 바로 조지 틸먼 주니어다. 그는 현재 헐리우드에서 지도적인 아프리카계 미국인 영화 제작자 가운데 한 사람이며, 텔레비전 시리즈 '소울 푸드 Soul Food'의 연출일 뿐 아니라, '명예로운 사람 Man of Honor', '이발소Barbershop', 그리고 '악명 높은Notorious'의 감독이기도 하다. 마타의 다른 졸업생들은 뉴스캐스터, 프로듀서, 상업 TV 방송국 기술자로 진출했다.

미 전역의 퍼블릭 액세스 채널처럼, 마타 커뮤니티 미디어는 강력한 공유지 의식에서 설립되었다. 민간 케이블 TV 운영자들이 케이블 선을 소비자 거주지까지 확장하는 데 공적인 사회 기반 시설에 의존하기에, 현지의 제정 법에 일치되는 연방 통신 정책은 오랫동안 민간 업자들에게 현지 주민들이 스스로 텔레비전 프로그램을 만들어낼 방안을 제공하라고 요구해 왔다.

밀워키의 시장에서 이익을 많이 내는 보답으로, 타임 워너 케이블 사가 일반 대중을 위해 영상 제작 설비와 케이블 채널을 제공하는 데 동의했다. 이렇게 해서 마타가 태어나게 되었다. 그러나 케이블 업체들은 공공연하게 보장된 독점에서 엄청난 돈을 버는 데 대한 보답으로 자신들이 공공의 무언가를 소유한다는 생각에는 결국 반대했다. 그리고 퍼블릭 액세스 정책에 대한 공격을 필사적으로 지속해 왔다. 먼저, 일군의 케이블과 전기통신 로비스트들은 50개 주 전체에서 퍼블릭 액세스 방송을 보장하는 연방 법을 폐지하도록 의회를 압박했다. 그리고 다음으로는 지역의 퍼블릭 액세스 프로그램에 대한 지원 예산을 대폭 삭감하도록 주 의회를 공격했다.

"우리의 기금은 1999년에 57퍼센트 삭감되었습니다. 600명을 훈련시키다가 100명을 훈련시키는 것으로 줄었지요."라고 와일리는 기억을 떠올린다. 2012년까지, 비상업 방송에 대한 모든 공적 기금은 폐지될 것이다. 하지만 와일리와 마타는 굴복하지 않을 것이다. 이들은 현재 재단 보조금과 시청자 재정 지원을 위한 생방송 호소on-air appeal의 도움 속에 밀워키에서 방송을 계속하고 있다.

지원 예산 삭감이, 퍼블릭 액세스 방송이 성취할 수 있는 것들에 대한 야망을 가진 와일리를 단념시키지는 못했다. 그녀는 현재 공유지라는 이슈에 직접적으로 초점을 맞추게 될 정규 프로그램을 알아보고 있는 중이다. "사람들이 공유지를 잘 알게 되었으면 좋겠습니다. 그리고 정치인들이 자신들이 공유지를 손상시킬 때 놓치는 것들에 대해 알게 되기를 원합니다."

제이 월재스퍼

신문 구제하기

그 첫걸음은 신문을 정보 공유재로 바라보는 것이다.

보도국의 기자들과 편집자들을 포함해 대다수의 말에 따르면, 일간신문의 시대는 끝났다. 뉴스 속보를 앞질러 보도하고 있으며 대부분의 광고 업자들을 손에 넣은 인터넷과는 신문이 경쟁할 수 없다.

하지만 사실 이러한 부고는 오해다. 실제로, 고급 신문의 독자 수와 독자의 질은 웹 때문에 그 어느 때보다 더 높다. 가정 배달과 가판대 판매가 내려가고 있을 때조차, 인터넷은 신문이 제공 하고 있는 심층 보도 기사를 찾으려는 엄청난 수의 새로운 독자들을 끌어들이고 있다. 그것은 시대에 뒤떨어진 것은 신문 자체가 아니라(외람되지만 사람들은 온라인상에 "인쇄될" 때조차 신문 이라고 부른다.), 20세기 내내 신문을 유지해 온 사업 모델 - 광고에서 나오는 넉넉한 수입에 추 가되는, 배포 부수에서 나오는 빈약한 이윤 - 이다.

신문이 살아남기 위한 다른 사업 모델을 생각해 내려면, 우리는 신문 자체에 대해 생각을 달리 하면서 출발해야 한다. 아예 사업이 아니라 공공 서비스로서, 정보 공유재의 일부로서 말이다. 만약 상실해서는 안 될 본질적인 공공 서비스로 우리가 일간신문을 이해한다면, 어떻게 해야 신 문들이 계속 발행되도록 할 수 있을까? 반드시 수익성을 낼 것 같지는 않더라도 다른 중요한 기 구로 살아남는 방식을 찾으려 한다면, 하나보다는 많은 답이 있을 수 있겠는데, 다음은 공유지 에 기초한 몇 가지 해결책들이다.

- 독립적인 기구를 통한 납세자들의 지원. 사람들이 납부하는 세금의 아주 작은 비중을 차지하 는 데 대한 보답으로 고품질의 뉴스와 문화를 제공하는 성공적인 사례로서 NPR, PBS, 그리 고 공공 방송 공사Corporation for Public Broadcasting를 주의 깊게 보아야 한다.

- 독자 후원과 협찬. 공공 라디오와 텔레비전은 정보를 제공하는 것에 대해 높은 비용을 지불하 는 데 대한 다른 실제적인 방안들을 제시한다. 독자, 재단, 시민 단체, 심지어 사사로운 개인 들조차 질 높은 보도에 기부를 할 수 있다.

- 지역사회 소유권. 아무도 프로 미식축구 팀 그린베이 패커스를 소유할 수 없다. 이 팀에 대한 공유는 지역사회의 사람들 사이에 폭넓게 확산되어 있다. 〈로스앤젤레스 타임스〉나 〈보스턴 글러브〉라고 안 될 이유가 있는가?

- 비영리적인 지위. 미국에서 가장 존중받는 신문 중 하나인 〈세인트피터스버그 타임스〉는 수년 동안 비영리적인 포인터 협회Poynter Institute가 소유하고 있다. 최근에 워싱턴에 지부를 연 - 폐 쇄 대신 - 유일한 뉴스 기구임을 자랑하는, 미니애폴리스와 세인트폴의 새로운 온라인 일간지 〈민포스트MinnPost〉를 포함해 다수의 비영리 실험들이 진행 중이다.

제이 월재스퍼

모두를 위한 예술

레이철 브린

공유 자산으로서의 창의성에 주목하라.

예술은 공유 자산인가? 아니면, 집합적 창조성이라는 이 의미가 예술가 자신들의 개인주의적 속성에 대한 침해인가? 이것은 내 예술 작업 속에서, 그리고 동시에 미국 전역의 예술가들과의 대화 속에서, 내가 탐구하고 있는 주제이다.

내가 이야기를 나눠 본 대부분의 예술가들은 공유재에 기초한 사회를 향한 운동을 우리 생활의 모든 것에 예술이 제공하는 의미와 가치를 증대시키는 하나의 방식으로서 환영한다. 예술 시장의 현재 상태 - 점점 더 사유화되고, 글자 그대로 그리고 비유적으로도, 예술의 손이 미치지 않는 배타적인 영역의 일부처럼 터무니없이 과도한 가격에 이루어지는 예술의 매매 - 는 우리 모두를 아프게 한다. 예술계로 파고드는 끊임없는 시장의 팽창은 우리가 예술의 제작과 참여에 대해 가지는 권리를 보호해야 한다고 요구한다. 예술과 문화 공유재로 시장이 더 깊게 잠식해 들어오지 못하도록 막는 것은, 새로운 창조를 위해 필요한 재료, 생각, 작업 방식을 보다 자유롭게 얻기 위한 예술가들의 역량을 보호해 줄 뿐만 아니라 가장 넓은 의미에서 사람들이 예술을 향유하고 예술 속에 함께하는 것을 보장한다.

중국에 살아 있는 예술 공유재

공유재로서의 예술과의 첫 만남은 중국에 거주하면서 전통적인 종이 공예 예술을 연구하는 엄청난 행운을 얻었던 1998년에서부터 2001년까지 사이에 이루어졌다. 나는 사람들이 여전히 동굴 집에 살고 있는 황하강을 따라 매우 먼 마을까지 여행했다. 옌춘Yen Chuan 마을에서, 흔한 가정용 가위와 자신들의 힘센 손만을 사용해 복잡한 종이 디자인을 만드는 수많은 나이 든 종이 공예 예술가들을 만났다. 그것은 어머니에게서 딸에게로 전수되는 전통이었다.

내가 방문한 여성들 각각은 대개는 아이들의 교과서 페이지들 사이에 보관되어 있는 종이 공예를 꺼내, 내가 볼 수 있도록 펼쳐 보여 주었다. 이따금 같은 무늬를 다른 여성의 집에서 보기도 했다. 본래의 무늬가 어디서 기원한 것인지 물었을 때, 여성들 중 누구도 대답할 수 있을 것 같지 않았을뿐더러, 그 질문을 이해할 수조차 없는 것처럼 보였다. 스스로를 납득시키려는 거듭된 시도 끝에, 중국에서는 누가 처음으로 무늬를 고안해 냈는지에 대해 아무런 특별한 주의도 기울여지지 않는다는 사실을 불현듯 깨닫게 되었다.

이와 유사하게 누빔을 비롯한 그 밖의 전통 여성 공예에 대한 가르침은 하나의 예술 공유 자산인 종이 자르는 전통을 공유하

중국의 종이 자르기는 다른 수많은 전통 공예들과 마찬가지로 개인에게 영광을 돌리기보다는 아이디어를 공유하는 데 기초해 있다.

고 모방하는 것이 장려될 뿐 아니라 그것에 의존함으로써 이루어진다. 젊은 여성들은 먼저 다른 사람들의 방식을 모방함으로써 종이 공예를 배운다. 결국, 이러한 전통이 세대를 통해 전수되면서 동일한 무늬가 다른 집으로 흘러든다. 하나의 형식이 얼마간 새로운 형식에 포함되고, 각기 다른 지역들이 어떤 특정한 스타일과 특색 때문에 알려지게 되기도 한다.

거기에 활기차고 살아 있는 공유재가 있었다. 하지만 시장에 기초한 사고에 흠뻑 젖어 있는 문화와 예술적 감수성 안에서 살아가는 우리들에게 그것이 어떤 의미를 줄 수 있을까? 우리들 대다수에게는, 상황이 어떻게 달라질 수 있는지 상상해 보는 것이 쉽지 않은 일이다.

인간이 물려받은 기본 유산인 창의적 표현

창조성은 모든 인간이 타고난다. 그것은 우리가 태어나면서 가지고 있는, 선물로서 혹은 유산으로서 공유하고 있는 어떤 것이다. 뉴멕시코의 무용가 크리스 말트루드는 그것을 이렇게 설명한다. "어떤 종류의 예술이나 표현 - 공연, 문학, 영상 - 도 절대적으로 필요한 것이며, 모두의 것입니다. 나는 창의성을 타고난 권리라고, 즉 우리 모두가 가지고 있으며 우리 모두가 공유하고 있는 어떤 것이라고 생각합니다."

공유재에 기초한 선물 경제를 광범위하게 탐구한 시인인 루이스 하이드는 예술가의 창조적 에너지에 대해 어느 정도는 인간의 노력을 통하지 않은 채로 우리에게 선물로 주어진 영감과 직관에 의하여 생성된, 예술의 내면생활이라고 말한다. 이것에 대해 이야기하는 또 다른 방식은 어느 정도는 예술적 표현이란 인간이라는 존재의 본질적 측면에서 나오는, 즉 우리 모두가 "공동으로" 가지고 있는 어떤 것이라는 것이다. 이것이 바로 우리가 예술을 공유 자산으로 이해할 수 있는 하나의 방식이다.

그러나 공유재로서 예술을 이해하는 것은 우리가 예술가의 창조적인 에너지가 표현될 때 생겨나는 것들을 바라보기 시작할 때 보다 명백한 중요성을 갖는다. 뉴욕을 중심으로 활동하는 시인이자 새로운 미디어 예술가인 살 랜돌프는 이렇게 설명한다. "나는 예술에 대해 식사 준비, 과학, 음악과 같은 인간의 다른

문화 활동으로 생각합니다. 우리가 하는 모든 것은 우리의 문화
적 상황에 의존합니다. 사람 100만 명이 이미 만들고 있지 않았
더라면, 우리는 스크램블 에그를 만드는 법을 알지 못했을지도
모릅니다. 그림 그리는 것에 관해 떠오르는 생각들 - 물감, 붓,
화폭에 윤곽 그리기, 화폭에 색칠할 수 있는 것들 - 은 문화 때문

비극적으로 분열된 사우스캐롤라이나 주
한 지역사회가 공동의 역사를 발굴한다

과거를 공유하는 것은 미래를 위한 전망을 밝게 한다

역사는 우리 삶에 놀랍도록 강력한 영향을 미치는 공유재의 한 형태이다. 우리 모두는 과거에
일어난 일로부터 교훈을 배울 권리가 있다. 실제로 어떤 일이 일어났는지를 두고 상반된 견해를
가진 사람들이 다투는 가운데 종종 격렬한 논쟁이 벌어지고는 한다.

역사는 또한 치유의 한 형태가 될 수도 있다. 공동의 과거를 탐구하는 사람들은 그들이 실제로
많은 것을 공유하고 있다는 것을 깨닫게 된다. 사우스캐롤라이나 주 유니온 카운티에서 특히 어
려운 시기 동안에 발생한 일이 바로 그러한 경우다. 몇 개의 섬유 공장이 폐업한 뒤 분투하던
1994년에, 불안감에 시달리던 엄마 수전 스미스가 지역의 호수에 차를 빠뜨려 어린 두 아들을
익사시키는 일이 발생하면서, 이 시골 마을은 갑자기 전국적으로 주목을 받게 되었다. 당시 그
녀는 그 차를 강탈해 자신의 두 아들을 죽인 어떤 흑인 남성에 관한 이야기를 지어냈다. 처음에
는 그 지역사회를 분열시켰던 오래된 인종적 상처가 터지면서, 많은 주민들이 그녀의 말을 믿었
다. 수년이 흐르도록 사라지지 않고 머무르면서 그 사건은 백인과 흑인 모두에게 자신의 지역
사회에 대한 좋지 않은 느낌을 가져다주었다.

결국, 현지 라디오 방송국을 소유하고 있던 아트 서튼은 비극을 넘어서야 할 때라고 판단하고,
유니온 카운티의 역사에 관한 연극을 상연하기 위해 그룹을 만들었다. 시카고에서 온 연극 단체
인 커뮤니티 퍼포먼스Cmmunity Performance Inc.와 함께 준비를 하면서, 지역 주민들은 불편한 진
실을 눈 감고 넘겨 버리지 않으면서도, 동시에 자존감과 희망을 불어넣어 줄 현지의 사연들과
사건들에 관한 야외극 '큰 솥의 불을 줄여라Turn the Washpot Down'를 창작했다. 이 극은 열한 번
매진을 기록했고, 부갈로 브로드캐스팅Boogaloo Broadcasting이라는 현지 연극 조합의 창설을 낳
았다.

"극의 강력한 효과는 진실에서 나옵니다."라고 〈아메리칸 시어터 매거진American Theater
Magazine〉의 비평가 린다 프라이 번햄은 말한다. "공유된 시련과 기쁨에 대한 공명, 다른 어디에
도 없는 한 장소에 대한 극의 묘사로부터 나오는 것이지요.' '큰 솥의 불을 줄여라'는 지역사회
에 깊은 영향을 미쳤다. "그것은 이미 지역사회의 영혼을 구제했다."라고 번햄은 쓰고 있다.

제이 월재스퍼

예술가들을 굶주리지 않게 하는 새로운 방식

문화를 지원하는 공유재에 근거한 생각들

모든 문명은 예술 – 모든 사람이 이용할 수 있어야 하는 조각과 그림, 신화와 이야기, 음악과 춤 – 을 필요로 한다. 하지만 예술가들과 문화 일꾼들도 먹어야 산다. 그들이 무료로 혹은 값싸게 작품을 공유한다면, 생계는 어떻게 유지할까?

많은 나라들에서, 정부는 자긍심을 갖고 예술을 후원한다. 그러나 미국에서, 공공 기금은 강력하지 않고, 최근 몇 년 동안 많이 약화되었다. 아래에, 우리가 의존 예술가들을 지원해 줄 공유재에 기초한 몇 가지 방법이 있는데, (좀 더 풍부한 공공 기금과 함께라면, 이상적으로) 확장될 수 있다.

• 음악 공연 신탁 기금Music Performance Trust Fund은 하나의 모델이다. 1930년대와 1940년대에 라디오 방송국들이 녹음된 음악을 방송으로 내보내기 시작했을 때, 음악가들이 우려할 만한 근거가 있었다. 자신들의 개별적인 생계만 위협받았던 게 아니었다. 라이브 공연의 미래도 위협받게 되었던 것이다. 수많은 예술가들이 녹음을 거부한 파업이 있은 후에, 음악가 조합과 음반 업계는 음악 공연 신탁 기금을 만들었다. 각각의 음반이 판매되는 동안, 음반 회사들은 신탁 기금에 수수료의 일부를 지불하고, 신탁은 그 돈을 무료 공연을 후원하는 데 사용한다. 매해 신탁은 전국의 공원, 학교, 그리고 병원에서 무료 콘서트를 1만 회 정도 공연할 수 있을 만큼 음악가들에게 돈을 지원한다.

• 샌프란시스코 호텔 세금 신탁San Francisco Hotel Tax Fund은 비슷한 생각으로, 심포니 오케스트라에서부터 대담한 샌프란시스코 마임 공연단에 이르기까지, 지역사회의 예술 단체들을 인수한다.

• 하버드 법대 교수인 윌리엄 피셔 교수는 작품이 얼마나 자주 내려받기 되는가에 기초하여 공공 기금으로 예술가들을 보상하는 시스템을 제안한다.

• 경제 정책 연구 센터Center for Economic and Policy Research의 경제학자 딘 베이커는 세액 공제로 조성된 교환권 시스템을 제안한다. 이것은 모든 사람들이 사용할 수 있도록 공공 영역에 자신들의 작품을 배치하는 예술가들에게 자금을 지원한다.

• 작가 루이스 하이드는 다양한 장르에서 판매량이 큰 예술가에게서 수수료를 받아, 다음 세대의 연주자, 작가, 그리고 다른 재능들을 지원하는 기금으로 투입되어야 한다고 제안한다.

피터 반스

에 우리가 생각하게 되는 모든 것들입니다. 간단하게 그것을 보여 주는 것이 사회생태학 또는 우리가 살아가는 방식입니다. 우리는 공유재에 빚지지 않고서는 어떤 것도 만들지 못합니다."

이것은 예술이 어찌하여 공유재인가에 대한 또 다른 측면의 시각을 보여 준다. 공유재는 우리가 나 아닌 다른 모든 사람의 창의적 표현과 연결되는 것이다. 즉 우리보다 앞서 간, 그리고 오늘날 가능한 것들을 지각하고 상상하고 이해하는 방식에 영향을 미치고 있는, 역사와 문화의 보고인 것이다. 새로운 어떤 것은 다양한 문화적 재료의 결합 ─ 가족으로부터 전수되는 전통, 지역사회에 의해 우리에게 주어지는 의례와 의식들, 우리가 매일 알게 되는 대중문화의 상호작용 ─ 에서 나온다.

뉴욕에서 활동하는 화가 조이 가넷은 말한다. "예술은 수없이 많은 문화적이고 역사적인 문헌, 상징, 의미, '사고방식'뿐 아니라 아직 오지 않은 그러한 문헌, 상징, 의미, '사고방식'의 근원들까지도 포함합니다. 예술은 동시대의 문화와 이전에 지나간 모든 것 사이의 교량입니다. 예술은 과거, 현재, 그리고 미래의 정보가 물웅덩이로 고여 드는 것을 허용합니다. 따라서 공유재는 시간을 가로질러 확장됩니다."

"예술가들은 실제로 자신들의 작품을 만드는 데 들어가는 특정한 모든 재료들에 대해 그저 부분적으로만 알고 있을 뿐입니다."라고 그녀는 덧붙인다. "이렇게 새롭게 창조된 문화적 재료는 모두의 것입니다. 그것은 공유재에서 나온 것이고, 나오자마자, 공유재로 돌아갑니다. …… 우리 각자가 특정한 어떤 예술 작품을 다르게 체험하는 사이, 예술은 우리를 연결해 주는 접착제 역할을 합니다."

우리 모두가 소유하는 보물

의식적으로건 혹은 무의식적으로건, 예술은 우리가 얻고 그리고 다시 되돌려 주는 자원으로 공유재를 이해하게 해 준다. 예술은 공유재 그 자체일 뿐만 아니라 다른 공유재들에 생명을 불어넣고 또 그 공유재들을 설명해 주기도 한다. 이처럼 중요한 역할 때문에, 단지 스스로를 예술가나 문화 일꾼으로 부르는 사람들뿐만 아니라 우리 모두가 점점 커 가는 시장의 힘이 예술계에 미치는 영향에 대해 우려해야 한다. 워싱턴 D.C.에 있는 예술과 사회 변화 자원 센터인 '프로비전스 라이브러리Provisions Library'의 이사장 돈 러셀이 요점만 골라 말해 준다. "인간 행위의 역사를 살펴보면, 우리는 예술이 인간이 처음 지니게 된 것들 가운데 하나라는 것을 이해할 수 있습니다. 바로 사회적 목표와 생존에 필요한 일들과 사상을 형성하는 일 말입니다."

문화적, 역사적, 그리고 국가의 보물로서 예술은 한 인간 집단으로서 우리 모두가 상속받은 어떤 것이다. 우리 모두가 소유하는 것이기에, 공유하는 방식을 알아내야 한다. 보스턴에서 활동하면서 예술에서 참여와 분배로 가는 길을 탐구하는 캐서린 디그나지오는 말한다. "소유권에 관한 질문이 우리가 참여하고 있는 공적 영역, 즉 사람들이 모일 수 있고, 경험들을 공유할 수 있으며, 살아가는 세상에 대한 비판적인 대화에 참여할 수 있는 창조적인 공간들이라는 개념을 활짝 열었습니다."

캐서린은 보스턴의 연구 단체이자 예술가들이 모인 단체인 '무한히 작은 것들 협회Institute for Infinitely Small Things'의 창립 회원이기도 하다. 협회는 영상 자료를 가지고 있다. '하버드 광장에서 무료로 할 수 있는 57가지 일들'이라는 제목을 가진 영상을 단체의 웹사이트에서 볼 수 있다. 이 영상은 공원에서 개인들이 뛰어놀고, 게임하고, 즐기고 있는 모습들을 보여 주는데, 미국에서 가장 고급 주택들이 들어선 쇼핑 구역에서도 여전히 간단하게 누릴 수 있는 비시장적 방식이 존재한다는 것을 우리에게 상기시켜 주는 해학적인 예술 작품이다. 예술가들은 우리가 공유지를 알아보고 공유지에 이름을 붙이게 해 준다. 그리고 그렇게 함으로써, 우리 모두의 소유인 공유지를 되찾는 일에 한 걸음 내딛게 해 준다.

10장

공유지를 회복하기 위해
우리가 할 수 있는 일

공유지 혁명을 일으키기 위한
간단한 51가지 방법

제이 월재스퍼

> 더 나은 세상을 만들기 위하여,
> 우리가 - 혼자서 혹은 남들과 함께 - 할 수 있는 일

> 우리가 바람을 일으킬 수는 없을지 모른다. 하지만 바람이 올 때
> 받을 수 있도록, 우리들 각자의 돛을 올릴 수는 있다.
> _E. F. 슈마허

개인적 삶

1. 모든 문제들에는 개인적이고 개별화된 해법이 있다는 지배
   적인 신화에 도전하자.

2. 시장 바깥에 얼마나 많은 삶의 기쁨이 존재하는지 - 정원
   가꾸기, 낚시질, 대화 나누기, 음악 연주하기, 공놀이, 사랑
   하기, 노을 보기 - 에 주목하자.

3. 공유지가 주는 것들을 누릴 시간을 내자. (브라질의 급진적
   교육학자 파울루 프레이리는 언젠가 단언했다. "우리 일정표보
   다 우리가 더 크다.")

4. 우리 아이들에게 공유지를 소개하자. 우리가 공유지를 향
   유하는 모습과 공유지를 유지하기 위해 다른 사람들과 함께
   노력하는 모습을 보여 주자.

5. 안전하다는 느낌이나 만족감은 돈보다는 친구들에게서 얻
   기가 더 쉽다는 것을 명심하자.

6. 우리 주변에 있는 사람들의 멘토 - 공식적이건 비공식적이

건-가 되자. (그리고 가르침을 주는 만큼 배움을 받을 태세가 되어 있어야 한다.)

7. 함께 사는 동거인과 협력하여 생활하는 것을 생각하자.

8. 두려워하지 말고 도움을 요청하자.

9. 즐기자. 공유지를 회복시키려는 가장 큰 이유는 공유지가 우리의 삶을 풍요롭게 해 주기 때문이다.

지역사회 안에서의 삶

10. 스쳐 가는 사람들에게 미소를 보내고 인사를 건네자. 비록 짧더라도, 자연스럽게 관계를 맺는 것으로 공유지는 시작된다.

11. 할 수만 있다면 언제라도 걷거나, 자전거를 타거나, 대중 교통을 이용하자. 자연환경을 위해서 좋을 뿐 아니라 우리를 위해서도 좋다. 운전대를 잡으면, 만날 수 있는 사람들이 매우 적다.

12. 공유 공간을 마치 우리 것인양 간주하자. (실제로, 우리 소유다.) 그 장소를 눈여겨보자. 정돈하고 깨끗이 하자. 문제점들을 기록하고 상황을 바로잡자. 개선을 위한 캠페인에 나서자.

13. 각자 음식을 가져와 한데 모여 식사를 하자. 마을 잔치를 열자. 지역사회 합창단, 금요일 밤 포커 게임, 메이데이 축제, 그 밖의 다른 여러 가지로 교제의 구실을 삼자.

14. 집 밖으로 나가 현관이나 앞마당, 혹은 거리에서 - 생활의

공유지를 되찾는 일이 늘 수월하지만은 않을지도 모른다. 하지만 그것은 즐거운 일이다.

강물 속으로 들어설 수 있는 곳 어디서건 – 시간을 보내자.

15. 자연스럽게 모이고 싶어 하는 우리 이웃들을 위한 "마을 광장"을 만들거나, 아니면 어떤 장소를 그렇게 지정하자. 공원, 운동장, 공터, 혹은 지역 주민 센터나 커피숍, 아니면 거리의 어느 모퉁이라도 좋다.

16. 벤치, 분수대, 광장, 공원, 인도, 자전거도로, 운동장, 그 밖의 중요한 공동의 사회 기반 시설을 더 많이 설치하도록 운동을 조직하자.

17. 현지의 공유지 일람표를 작성하고 관리하자. 새롭게 발견한 것들을 대중적으로 알리고, 지역사회의 이 자산들을 기념하고 이용하기 위한 방안들을 제안하자.

18. 범죄를 예방하고 범죄에 대한 공포를 진정시킬 수 있도록

이웃을 조직하자. 범죄에 대한 공포가 범죄 그 자체보다 공동체의 기운을 꺾는 경우가 훨씬 더 많기 때문이다.

19. 거리는 자동차의 것이 아니라 사람들의 것이라는 사실을 기억하자. 운전은 조심스럽게 하고, 자신들이 도로의 왕이 아니라는 사실을 운전자들에게 상기시켜 줄 자동차 서행용 장치를 비롯한 개선책을 추진하자.

돈과 경제

20. 할 수만 있다면 늘 현지에 있는 자영 점포에서 구입하자. 더 많은 정보를 원할 경우, 참고할 웹 페이지는 다음과 같다. www.amiba.net, www.livingeconomies.org

21. 거리가 멀리 떨어진 곳에 있는 상인에게서 온라인으로 구매하기 전에 현지의 상인에게서 구하거나 주문할 수 있는지 알아보자. 그렇게 하면, 우리 돈이 지역사회에 머무르게 된다.

22. 우리가 현재 돈을 지불하여 구입하고 있는 것들 가운데 얼마나 많은 것들이 협력적인 방식으로 얻어질 수 있는지 조사해 보자. 도서관에서 DVD 빌리기, 헬스클럽을 관두고 아침 조깅 클럽 만들기 등이 있다.

23. 잔디 깎는 기계에서부터 자녀 양육, 집 수선, 차량에 이르기까지 모든 것들을 공유하도록 이웃 간의 교류를 만들자.

24. 물물교환을 하자. 내 컴퓨터를 수리할 수 있는 솜씨를 가진 누군가와 내가 가진 파이 굽는 솜씨를 맞바꾸자.

25. 타임 달러 시스템^{Time Dollars system/www.timebanks.org}이나 지역에 기초한 화폐^{www.smallisbeautiful.org}가 만들어진 과정을 조사하자.

26. 공유지 안전 클럽^{commonsecurityclub.org}을 조직하자. 경제 위기는 혼자서 헤쳐 나갈 수 있는 게 아니다.

27. 우리의 돈이 어디로 흘러가는지 주시하자. 우리가 이용하는 가게, 기업, 그리고 금융 기구가 공유지를 어떻게 손상시키는가 아니면 어떤 도움이 되어 주는가?

28. 할 수 있는 한 더 많이 공정 무역, 유기농, 소규모 생산자들이 지역에서 만든 재화를 구입하자.

사회 변화

29. 대중교통, 학교, 도서관, 공원, 사회 서비스, 경찰과 화재 방지, 예술 프로그램과 그 밖의 공공 자산에 대한 예산 삭감에 반대하는 캠페인에 참여하자.

30. 환경보호, 인권, 노동자 권리, 지속 가능한 발전, 원주민, 기후변화와 관련된 실천을 위해 일하는 지구 곳곳의 활동가들을 지원하자.

31. 공유지를 보호하는 일의 중요성에 관해 선출직 관료들과 지역 활동가들과 함께 이야기를 나눌 기회를 만들자. 시민 그룹, 비영리 조직, 노동조합, 전문가 협회, 그리고 실업계 인사들과도 마찬가지로 대화의 기회를 갖자.

32. 세금을 지원받은 연구로 개발된 상품에 대한 사적 특허권

인정에 항의하자. 공적 기금으로 조성된 연구 데이터를 인 터넷상에서 모든 사람이 이용할 수 있도록 요구하자.

33. 공유지에 관해 (신문, 잡지사) 편집장들에게 편지를 쓰고, 지역 웹사이트에 올리고, 라디오 토크 프로그램에 전화하 고, 친구들에게 이야기하자.

34. 모든 곳에서 배우자. 독일이 우리에게 의료보험에 관해 어 떤 가르침을 줄 수 있는가? 아프리카는 지역사회 연대에 관해, 원주민들은 공유지 그 자체에 관해, 각각 어떤 가르 침을 줄 수 있는가? 가까운 이웃이나 마을에서는 어떤 현 명한 생각을 얻을 수 있는가?

환경

35. 우리가 버린 것이 아닌 쓰레기도 줍자.

36. 할 수 있다면 늘 병에 든 물을 피하자. 수돗물은 일반적으 로 안전하다. 여전히 지역 상수도에 대해 염려한다면, 여과 장치를 구하고, 현지 공무원들이 물을 깨끗이 하도록 압박 하자.

37. 마을의 방치된 땅에 꽃과 채소를 심는 게릴라 원예사가 되자.

38. 공동체 정원www.communitygarden.org이나 현지 농수산물 직판 장을 조직하자.

39. 자연 지대를 복구하고 공터를 아름답게 꾸미기 위해 팔 걷고 나서자.

40. 우리 집 배수구, 우리 집 잔디, 우리 집 쓰레기통, 우리 집 빗물 배수관으로 흘러가는 모든 것들이 결국 우리가 마시는 물과 공기로 돌아온다는 사실을 기억하자.

41. 집에서도 직장에서도, 에너지를 덜 사용하고, 쓰레기를 덜 만드는 새로운 방식을 찾자.

42. 지역사회에서 지속 가능성을 도모하기 위해 할 수 있는 일을 모색하는 연구 그룹을 만들자.

43. 할 수 있다면 늘 집 가까운 데서 생산된 재화 – 맥주에서 의복, 하드웨어까지 – 를 구입하자. 먼 거리에서 선박, 트럭, 항공으로 재화를 운송하는 것은 환경에 압박을 준다.

정보와 문화

44. 공공 도서관을 애용하고 후원하자.

45. 학교에 다니는 어린이들이 상업적 영업 활동의 포로가 되어서는 안 된다고 요구하자.

46. 위키피디아, 자유 열람형 교육 프로젝트, 자유 열람형 잡지와 같은 온라인상의 공유지에 우리의 지식을 제공하자. 공유지 문제를 탐구하는 우리 자신의 온라인 공동체를 만들자.

47. 우리 자신의 글, 음악, 영상, 그 밖의 창조적인 활동들에 대해 자발적 공유 표시 방식CCL 사용하자.

48. 우리 지역사회를 위해 공공 예술 프로젝트를 만들어 보자.

공유지 의식

49. 스스로를 공유자로 생각하고 열정을 나누자.

50. 교회, 회당, 혹은 사원에서 우리 이웃이나 동료들과 함께 공유지 토론 그룹이나 북클럽을 시작하자.

51. 희망을 확산시키자. 공유지에 근거한 해법들이 오늘날의 긴급한 문제들을 어떻게 치유할 수 있을지 설명하자.

공유자가 되려면

줄리 리스타우

> 그것은 커머닝, 즉 안전과 위안,
> 기쁨을 찾고자 다른 사람들과 관계를 맺는 자연스러운 행위,
> 바로 거기서부터 시작된다.

최근 보스턴에서 한 공유지 안전 클럽의 회합이 있었다. 최근처럼 경제적으로 불안한 시기에 서로가 잘 이겨 나갈 수 있게 해 줄 방안을 논의하고자 사람들이 함께 모이는 미국 곳곳에서 이루어지는 수많은 모임 중 하나로, 그 자리에서 누군가가 도구 교환에 관한 의견을 내놓았다. 제설기, 손수레, 고가 사다리, 가지치기 가위, 다양한 드릴 세트, 삽, 써레, 그 밖의 주민들이 함께 사용할 수 있는 장비를 가진 사람들의 명단을 이웃 주민들이 갖게 되는 것이다.

버진 제도에서 자란 한 회원은 고향에 가면 어떤 이웃이 사다리를 갖고 있다는 것을 알았을 때 자신은 자연스럽게 그걸 사용하는 건 당연하게 여길 거라고 말했다. 자신들이 아는 누군가가 이미 사다리를 갖고 있다면 새로 하나를 구입하겠다고 생각하는 사람은 아무도 없을 거라는 것이다. 이것이 커머닝이다. 이것은 개인적 삶에서 공유지에 관한 아이디어를 실행한다는 것을 의미한다.

버진 제도 사람들은 경제적 측면에서 보면 보스턴에 사는 사람들보다 더 가난하지만, 그들은 가장 호화스러운 미국 공동체들에서마저 결여되어 있는 풍요롭고 안전하다는 느낌을 누리고 있다. 하지만 북아메리카와 유럽 사람들도 점점 더 그들의 이웃을 둘러보기 시작하고 있고, 그러면서 이렇게 말한다. "사람들이 떼를 지어 신 나게 돕기 시작한다면, 우리가 이러한 범죄, 환경, 사회, 경제문제들을 해결할 수 있다고 생각합니다."

이것은 커머닝으로의 전환을 보여 주는 것이며, 지배적인 YOYO("각자 스스로You're on your own") 윤리에서 WITT("우리 모두 함께WE'RE IN THIS TOGETHER") 윤리로, 사고에서 보다 폭넓은 전환을 반영하는 것이다. 이러한 경향의 중심에, 자신들이 보고자 하는 세상의 "공동 창시자"가 되기 위해 함께 참여하는 사람들이 있다. 그들은 다른 누군가가 그 일을 해 주기를 바라며 기다리지 않는다.

커머닝은 평범한 시민들이 자기네 지역사회의 미래를 만들어 나갈 결정에 적극적으로 참여하고 행동을 취할 수 있게 해 주는 일종의 "제3의 길"이다. 이윤 추구에 골몰하는 시장 방식에 고착되어 있지도 않고, 멀리 떨어진 정부 당국에 의존하지도 않는 길 말이다. (그렇지만, 그것을 실행에 옮기는 사람들 대다수는 그것을 커머닝이라고 부르지는 않는다. 사람들은 그것을 단순히 공유 감각이라고 여길 뿐이다.)

커머닝이라는 행위가 이루어지는 토대는 (우리가 서로를 돌보게 되리라는 잠재적 기대에 기초한) 사회적 관계들의 네트워크와 어떤 것들이 우리 모두의 것이며 그것들이 지속 가능하고 공평

하게 이용되어야 한다는 사실에 대한 공통된 깨달음이다. 이것
이야말로 공유지의 정수다.

공유하기는 늘 우리와 함께 해 왔다

커머닝이라는 용어를 대중화시킨 사람은 역사학자 피터 라인
보우이다. 그가 쓴 책《마그나카르타 선언》에서는 앵글로 아메
리칸 민주주의의 건국 문서가 기본적인 요구를 충족시키기 위해
공유지를 이용할 인민의 권리를 반복적으로 재확인하고 있음을
보여 준다.

영국의 인민 대다수가 산업혁명이 잔혹하게 시작되기 전, 공
유지에서 최소한의 생계 수단을 구했다. 그들은 공유자들로 알
려졌다. 그러므로 커머닝이라는 단어는 공유지와 밀접한 관계를
맺고 살아가는 사람들을 기술한다.

"내가 커머닝이라는 단어를 쓰는 것은 공유지the commons에 맞
는 동사형 표현을 원하기 때문입니다."라고 라인보우는 설명한
다. "우리가 공유지를 박탈당하고 있는 지금에야 우리가 그걸
알아차리게 된 것 같기는 하지만, 그래도 커머닝은 늘 우리와 함
께 해 왔습니다."

공유지의 상실로, 사람들은 생계 수단과 경제적 안전, 사회적
관계에 필요한 기본적인 요구를 충족시킬 수 있는 그들의 자율
성을 빼앗긴다. 이처럼, 커머닝은 우리가 필요로 하는 것들을 우
리에게 팔려고 하는 기업을 비롯한 다른 외부의 힘들에 의존하
기보다는 우리의 삶을 우리 자신의 손에 맡겨 주는 것이다. 커머

우리는 어디서나 공유자들을 만나게 될 것이다.

닝은 시장경제에서 매매되는 것들이 우리의 삶에 의미를 준다고 우기는 현대 생활의 지배적 패러다임에 저항하는 길이다. 커머닝은 다르게 사는 방식을 찾으려는 생각을 품은, 우리의 상상 속의 숨겨진 방으로 접근하는 길이다.

"커머닝의 대부분은 기억에 의존합니다."라고 라인보우는 말한다. "우리는 몇몇 잊힌 전통들과 문화적 관습들을 부활시키는 중입니다." 그러나 즉각 이어서 지적한다. "우리는 공유지를 그저 발견만 하고 있지 않습니다. 동시에 우리는 발명 중이기도 합니다. 옛날 방식으로도 새로운 방식으로도, 우리는 서로 상호작용하고 또 책임지는 방법을 배우는 중이고…… 사회적, 경제적 생활을 교류하고 조직하는 자연 그대로에 보다 가까운 방식을 깨달아 가는 중입니다."

공유지에 기초한 사회는
어떤 모습일까?

2035년, 공유지의 나라

제이 월재스퍼

폭스 뉴스 특집 기사

폭스 뉴스-월스트리트저널-내셔널리뷰 정보 중계국

작성 : 2035. 8. 3. 오후 2:38

인디애나 주, 사우스 벤드

불과 몇 해 전만 해도, 쇼핑객과 사무 노동자, 기분 전환을 위해 찾아온 사람들로 북적거리는 사우스 벤드 시내 중심가의 광경은 충격적이었을 것이다. 아주 오래 전이었다면, 사상자가 생길 위험을 거의 무릅쓰지 않은 채 저녁 8시 사우스 벤드 중심가에서 대포를 쏠 수도 있었다. 하지만 중심가는 이제 밤낮 없이 사람들로, 일하러 혹은 쇼핑하러 오는 게 아니라 활동의 중심지로 오는 수많은 사람들로 가득하다.

지난 5년 동안, 그 구역에 주택 6.800채가 새로 지어졌고, 그와 나란히 수많은 새 사무실 건물들과 레스토랑, 술집, 가게, 극장, 갤러리 들이 들어섰다. 사우스 벤드에서 최근에 완공된 농산물 직판장은 매일 방문객 1만 명을 끌어들이고, 라파예트 거리에는 연달아 세 블록에 걸쳐 본사를 둔, 합동으로 소유된 10여 개 금융 기구들이 모여 있어 "소비자 신용 조합의 월가"로 불린다. 이들 가운데 하나인 '몬드라곤 아메리칸 신탁Mondragon American Turst'은 교외 지구 택지를 생태 마을로 변모시키는 설계 개념을 대중화시켰는데, 현재 월가의 두 개 은행을 빼면 가장 큰 곳이다.

미국의 여느 곳만큼이나 사우스 벤드 역시 공유지 - 물과 야생 지대에서부터 인터넷과 문화적으로 가치 있는 것들에 이르기까지 우리 모두에게 속하는 자산 - 의 밝은 전망에 투자함으로써 번영을 이루었다. 공유지는 21세기의 화급한 문제들을 해결해 줄 수 있는 공유와 협력이라는 새로운 윤리를 일컫기도 한다고

인디애나 주 사우스 벤드에서 노트르담 미식축구 팀에 대한 충성심은 2010년대 초반에 그 지역사회가 진지하게 공유지를 받아들인 이래, 변하지 않은 유일한 것이다.

옹호자들은 말한다. 이 공유지 정신이 시청, 영업소, 지역의 단체들에 큰 변화를 가져오면서, 사우스 벤드의 모든 층위에서 이루어지는 의사 결정에 영향을 미치게 되었다.

공유지 사상이 이론적이고 추상적으로 보이는 반면, 공유지에 기초한 정책들은 실질적인 결과를 보여 준다. 사우스 벤드의 실업률은 2퍼센트 아래서 맴돌고, 시는 지방자치단체의 서비스의 질에서나 시민 단체들의 영향력 측면에서도 상위권에 머무른다. 경제활동의 상당한 몫이 현지인 소유의 기업과 협동조합의 손에 놓여 있기 때문에, 사우스 벤드에서 새롭게 창출된 부는 멀리 있는 기업 본사로 가지 않고 지역사회의 곳곳으로 확산된다. 그 지역의 월마트 중 마지막 여섯 개 점포가 지난해 문을 닫았고, 타겟Target, 홈 디포우Home Depot, 이케아IKEA, 갭Gap은 지난달 자신들이 사우스 벤드에서 고용한 전 종업원의 55퍼센트에 이르는 인력에 대한 일시 해고를 공표했다.

고교 졸업생 비율이 시 역사상 가장 높고, 대학이나 기술 훈련 프로그램으로 가는 학생이 93퍼센트에 달한다. 세인트조셉 강과 지역 호수들은 낚시나 수영을 하기에 좋을 정도로 맑다. 자전거 타기와 보행자 친화적인 지역 사업을 장려하는 정책에 부응하는 경전철 노선 세 개는 한때 투박했던 이곳에 파리풍에 가까운 도시적인 매력을 부여한다.

과거에 사로잡힌 것인가?

인상적인 성과가 있지만, 일부에서는 사우스 벤드가 산업혁명이 시작된 이래, 인류의 진보와 번영에 동력이 되어 온 경제 발전의 흐름에 거슬러 나아가면서 과거로 회귀하고 있다며 책망한다. 사우스 벤드 상공회의소 소장을 지낸 디트리히 캠벨은 "완전한 시장경제의 사유화된 작동만이 서로 경쟁하는 세계에서 살아남는 유일한 길이라는 것이 수차 입증되어 온 시점에 협력과 공동체에 관한 애매하고 공허한 생각들에 신념을 둔 사람들의 어리석음"에 대해 마구 비난한다. "오늘날 우리 시에서 시도되고 있는 장치들은 곧 망가질 것이며, 우리는 지금껏 경험한 적 없는 최악의 상태가 되고 말 것입니다."

1995년에서 2007년까지 하원 의원을 지내기도 했던 격한 성격의 캠벨이 상공회의소에서 물러난 것이 6년 전이었고, 지금은 일가가 경영하는 스포츠 용품점 주인이 상공회의소 소장을 맡고 있다. 올해 처음으로, 회의소는 사우스 벤드의 유명한 '주 축제'에 공동 후원자로 이름을 올렸는데, 이 축제는 15년 전 지역 활동가들에 의해 사우스 벤드 주민들이 공동으로 소유한 것들 - 공원이나 예술 단체들에서부터 현지 온라인 공동체, 그리고 노트르담 미식축구 팀에 대한 충성심까지 - 을 기념하기 위해 시작되었다. 작년에는 방문객 80만 명을 불러 모으면서, 인디애나 주 축제보다는 못해도 인디애나폴리스 축제에는 앞서는 전국에서 두 번째로 큰 행사가 되었다.

사우스 벤드 시장 레이키샤 클루진스키는 이제는 한때 황폐해졌던 도심 구역들의 1인당 소득이 20세기에 중산층이 빠져나가 형성했던 교외 지역보다 더 높다고 자랑한다. 그러나 즉각 이렇게 덧붙인다. "우리는 이 지역을 하나의 통합된 지역사회로 바라봅니다. 그리고 결정을 내리는 기준을 모든 사람을 위해 최선이 되는 것에 둡니다. 더 부유하거나 더 가난한 구역들이 사회복지의 주요 기준들에서 거의 차이를 보이지 않습니다. 공동선에 대한 우리의 헌신 때문에 이것이 가능합니다."

"정부, 지역의 사회단체, 비영리 기구, 사기업이 다 함께 힘을 모아 당장의 긴급한 문제들을 해결하는 한편, 미래 세대들이 일상의 삶 속에서 공유지의 혜택을 누리도록 보장하기 위한 활동을 이보다 더 철저히 해낸 사례를, 나는 알지 못합니다."라고 푸에르토리코 대학에서 신망받는 E. F. 슈마허 경영 대학원의 학장 살람 산체스는 말한다. "사우스 벤드는 우리에게 지속 가능하고, 번영하고, 굳이 말하자면 유쾌한 미래로 가는 방향을 가르쳐 주고 있습니다."

"일부 완고한 시장 광신자들은 공유지에 대한 이 모든 강조가 인류 진보로부터의 후퇴라며 여전히 불만을 말합니다."라고 산체스는 덧붙여 말한다. "그러나 그것은 우리가 진보의 의미를 환경 재앙을 일으키고, 빈곤을 증대시키고, 사회적 소외를 부르고, 우리 삶의 거의 전부를 상업화하는 것을 피할 수 없는 것으로 믿는 경우에만 오로지 이치에 맞는 말입니다. 바보가 아니라면, 어느 누가 그걸 받아들이겠습니까?"

사우스 벤드에 좋은 게, 나라에도 좋다?

사우스 벤드가 지역 시민 단체, 사회운동, 노동조합, 실업계, 종교 단체에서 훈련된 시민들의 열성적인 활동 덕분에 공유지에 대한 전망을 고취시키면서 미국의 여느 지역사회보다 최대의 성과를 이루어 내는 사이, 영국의 뱅고어에서부터 캘리포니아 주 버클리, 캐나다의 오타와, 멕시코의 오하카에 이르기까지, 어디에서나 유사한 정책들이 실행에 옮겨지고 있는 게 보인다.

한때 누가 보아도 경제적으로 속수무책이었던 인근 인디애나 주의 개리는 되살아난 미시간 호 수산업의 중심으로 이제 번영을 누리고 있다. 큰 타격을 입었던 뉴욕 주의 버펄로는 세계에서 인정받는 친환경 엔지니어링 기업들의 본거지로 번창하고 있다. 군사기지가 폐쇄된 후 텍스-멕스 헐리우드Tex-Mex Hollywood로 알려진 음악과 미디어의 수도로 떠오른 덕분에, 텍사스 주 샌안토니오는 더 급속히 발전하고 있다.

확고부동한 공화당원들조차 이제는 공유지를 장려하는 조치들이, 로널드 레이건 시절에 시작되어 부시 통치 아래서 강화된 공공 자산에 대한 앞뒤 가리지 않는 사유화에 수정이 불가피하다는 것을 보여 주고 있다고 인정한다. 미국 우파의 가장 극단에 서 있지 않는 한 에너지, 경제, 환경 입법을 관리하는 로비스트를 쓰고 싶어 하는 사람은 아무도 없다.

"그 시절은 어두운 시대였고, 다행히도 이제 과거가 되었습니다."라고 (한때 헤리티지 재단으로 알려졌던) 시어도어 루스벨트 협회 회장 뉴트 깅리치 3세는 단언한다. "시장에 대한 신념을 기업에 대한 복종과 동일시한 것은 엄청난 실수였습니다. 우파 활동가들은 우리가 옳지 않았다는 것을 인정할 수 있습니다. 지역 사회단체들과 함께 일하는 소규모 자영업자들이 이 나라의 구원이 되어 왔고, 우리는 이제 힘이 정부 쪽으로 너무 기울지 않게 미래는 이미 와 있다.
단지 불규칙하게 분포되어
있을 뿐이다.
윌리엄 깁슨, SF 작가

하는 데 노력을 기울일 것입니다. 공공 부문은 어떤 일들은 매우 잘 해낼 수 있습니다. 모든 것은 아니지만요."

　　10년 이상의 공백을 이겨 내고 최초의 공화당 소속 대통령이 된 인물이 자신의 선거운동 중 공유지에 기초한 사회에 대한 지지 의사를 표하는 데 매우 신중했다는 것은 의미심장한 일이다. 집무를 시작한 지 19개월이 지난 후에도, 그녀는 한때 논쟁적이었던 정책들에 대한 중대한 변화를 전혀 제안하지 않은 채, 새로운 개발 계획 전체를 대상으로 '지역사회 영향 평가Community Impact Statement'를 의무적으로 시행하고, 전 세계적으로 '지역별 경제를 위한 마셜 플랜Marshall Plan for Local Economics'에 새롭게 착수하고, 미국 원주민 부족들에게 자치권을 인정했다.

　오늘날, 공유 자원을 사용하는 기업들이 내는 사용자 수수료로 지원되는 보편적인 공공 의료보험이나 무료 대학 등록금, 모든 주식 거래의 서비스 수수료로 지원되는 24세가 된 미국 시민 모두에게 15만 달러씩 제공되는 아동 신탁 기금 같이 압도적으로 인기가 있는 조치들을 공격하는 정치인들이 전혀 없음은 말할 것도 없다.

　물론, 정치적 실천은 공유지의 전반적 목표의 단지 일부만을 보여 줄 뿐이다. 아마도 가장 큰 영향은 사람들의 생활을 개선하는 일에 전념하는 지역사회와 시민 단체들의 번영으로 나타날 것이다. 베스트셀러 작가이자 남부 침례교 목사인 페기 창은 말한다. "공동 가구 주택에서 청소년 봉사단, 거의 모든 마을마다 만들어지는 마을 광장에 이르기까지, 공유지는 아침부터 한밤중까지 우리 삶을 활기차게 해 줍니다. 그것은 '나me'에서 '우리 we'로의 극적인 전환이나 다름없습니다."

실제로, 시장경제에 대한 수요가 삶의 거의 모든 측면들까지 들이닥친 몹시 힘들었던 시절 이래, 현대사회의 일상의 리듬은 극적으로 바뀌어 왔다. 창은 그 변화에 대해 의기양양하게 이야기한다. "장시간 노동과 돈 걱정, 가족과 친구에게도, 즐거움과 종교를 위해서도 낼 시간이 없었던 기억들은 이제 악몽 같기만 합니다. 공유지의 재발견으로 사람들은 정말 중요한 것에 대해 더 많이 생각할 수 있게 되었습니다."

자유주의적 실낙원

이러한 문화적 전환을 가장 생생하게 볼 수 있는 곳이 텍사스 주 카토와 같은 마을이다. 과거에 공유지에 기초한 사회에 정반대였던 곳을 찾고 있다면, 카토가 바로 그곳이 될 것이다. 2002년에 외부 제한 주택지gated community로 지어진 휴스턴 외곽의 이 교외 지구는 정부 서비스를 거의 완벽하게 받지 않는다는 사실 때문에 미디어의 주목을 두루 받았다. 현지 상수 시설은 벡텔 사의 자회사가 맡았고, 그 지역사회의 거의 모든 아이들이 사립학교에 다녔다. 방범 활동마저 영리 기업에 의해 관리되어, 사설 경비 용역 회사에 얼마나 많은 요금을 지불하느냐에 따라 가구별로 각기 다른 수준의 보호를 받을 수 있었다. (예를 들어, 일부 저가 상품들은 불법적 방해 행위나 가택 침입 강도, 혹은 가정 불화로 인한 신고에 대해서는 보장하지 않았다.)

카토는 택지 개발 업자가 계획했던 거주자 12만 5천 명을 결코 어디서도 끌어들일 수 없었다. 그 숫자는 2015년 1만 1천 명 가량이었던 것에서 줄어들어 오늘날에는 4,200명에 머물러 있다. 언젠가, 공동의 정원을 만들 장소를 측량하는 것에 관한 진지한 논의가 있었지만, 인근에 휴스턴의 확장 중인 통근 열차 노선 가운데 한 역이 개통된 2022년에 그 마을은 유예되었다. 실질적인 방향 전환이 일어난 것은 10년 전 '살기 좋은 카토를 만들기 위한 시민 연합People United to Build Livability in Cato:PUBLIC'의 결성과 함께였다.

PUBLIC의 참여자 가운데 한 사람인 버피 아인 부숌은 이렇게

2012년에 이런 배경으로 찍힌 텍사스 주 카토는 극단적인 개인주의를 실험하는 곳으로 유명해진 곳이었다. 당시 이 마을에서는 정부 서비스는 거의 아무것도 제공되지 않았고, 시민 단체 또한 극히 소수였다.

회상한다. "그 당시, 누구라도 말할 수 있는 것은 카토에 문제가 있다는 것이었습니다. 인도도 없고, 공원도 없고, 현지인 소유의 기업체 하나 없으며, 아무도 누가 이웃인지 알지 못했으니까요. 그곳에는 사람이 없었습니다. 진실을 말하자면, 끝도 없이 이어진 스트립 몰, 차량들이 질주하는 6차선 도로, 외벽용 비닐 판자에 녹빛 줄들이 난 낡은 맥 맨션 너머로 보이는 것은 아무것도 없었죠. 하지만 그런 지역사회에도 다행히도 밀고 나갈 힘이 있었는데, 여기 사는 많은 사람들이 상황을 개선해 보고자 기꺼이 팔을 걷고 나서고 있었습니다."

한 커피숍의 뒷방에서 매주 모임을 가지면서, PUBLIC은 마을의 문제점들을 해결하기 위해 일정표를 작성했다. 공동 육아, 멘토링 시스템, 이웃 간 연장 물물교환, 승용차 공유 클럽, 사육제 카니발 행진, 매년 추수 감사제, 이러한 것들이 열의가 넘치는 이 조직의 첫 번째 업무 목록이었다. 그런 다음 새 공원, 공립학교, 여가 센터, 재활용 창고가 세워졌는데, 연방 지원금으로 자금이 충당되기는 했어도 주로 현지 자원봉사자들의 힘으로 이뤄낸 것이었다. 텅 빈 쇼핑센터 부지가 중심가로 탈바꿈했고, 오래된 해군 조합 매점 자리는 현재 라틴 문화 센터가 차지하고 있다. 현지 교회들이 지역사회 공동 소유의 식품점과 카페, 철물점, 피트니스 센터, 술집을 세우는 데 앞장섰다. 휴스턴 파크 행정구에서는 컨트리클럽과 고급 스파의 관리를 넘겨받아 문을 열면서 대중에게 개방했다.

어느 봄날 저녁 시간을 한가로이 거닐면서, 그 마을이 민영화된 유토피아 창조를 위한 실험으로 시작되었다는 사실을 기억해

내는 사람은 거의 없을 것이다. 실제로 역사상 실재했던 보호주의자들은 마을 정문에 설치되어 있었다가 지금은 철거된 경호실 옆에 서 있던 경제학자 밀턴 프리드먼의 동상을 구하기 위한 전투에서 패했다. 이제 그 자리에는 2021년 텍사스 장기 무더위로 인한 희생자들을 기리며 세워진 기념비가 서 있다.

공유지의 지구화

지난 10년 동안 대다수 미국인들이 자신들을 점점 더 "공유자들"로 여기게 되었다는 사실은 – 수많은 미국인들을 포함해 – 세계 곳곳의 사람들을 깜짝 놀라게 했다. 캐나다의 경우에는 공유지를 기반으로 사회를 세울 만한 사회민주주의적 감성을 가지고 있고, 멕시코의 경우에는 공유지의 정신을 지켜 나가게 해 줄 원주민과 소농 전통에서 오는 혜택을 얻고 있는 반면, 미국은 억센 개인주의의 이상이 이끄는 대로 움직여 왔다. 사회적 비용이 얼마나 들거나 상관없이, 사유화와 극단적인 시장경제를 이보다 더 열렬하게 신봉한 나라는 없었다. 하지만 지난 15년 동안에 이 나라의 정치 지형은 다시 만들어졌고, 미국인들은 진심으로 – 오늘날 공유하는 삶을 특징지어 주는 비공식적 물물교환과 나눔의 네트워크라는 – 커머닝의 원리를 받아들였다.

그렇다면, 어떤 일들이 일어난 것인가?

학자, 블로거, 평범한 시민 들이 수많은 이론들을 제공해 주는데, 이 모든 이론들이 디지털 공유지의 등장을 언급한다. 미국인들은 다른 나라 사람들과 더 긴밀한 접촉을 갖기 위해 인터넷과 그 밖의 다른 새로운 기술들을 이용함으로써, 세계 곳곳에서 일어나고 있는 일들에 대한 정보를 기하급수적으로 얻고 있다. 사우스 벤드나 휴스턴 교외 지구 같은 곳에 사는 평범한 시민들은 프랑스가 더 좋은 - 그리고 더 저렴한 - 의료보험을 누리고 있다는 것을 알게 되었다. 또한 에콰도르의 헌법은 생태계의 권리를 보호한다는 것도 배웠다. 일본인이 미국인보다 일하는 시간을 더 적게 쓰고, 해마다 적어도 일주일 더 많은 휴가를 즐긴다는 사실도 알게 되었다. 이런 정보를 통해 자기들이 일 중독자임을 깨닫고 충격을 받았다.

이러한 학습 과정은 공유지 사상이 지구적 차원에서 정착된 이번 세기의 20년 동안에 격렬하게 실행에 옮겨졌다. 콜롬비아, 브라질, 오스트레일리아에서 성공적으로 진행된 원주민들의 자치권에 대한 주장은 캐나다의 유콘 준주에서부터 멕시코의 유카탄 주에 이르기까지 유사한 시도들에 불을 지폈다. 먼저 중국에서, 그다음에 자메이카에서, 영국에서 터져 나온 "거리 해방Free the Streets"운동은 시민들이 자동차가 통행하는 것을 대폭 감소시키기 위해 단결하도록 영감을 주었다. 독일 바이에른에서 선구적으로 시작된 특허권과 저작권법에 대한 급진적 재개편은 북아메리카에서도 채택되었다.

우리의 삶을 어떻게 나아지게 할 것인지에 관한 위대한 생각들이 한 군데 오래 머무르는 일은 없었다. 마다가스카르에서 선구적으로 시작된 원시림 복구 운동은 북반구 전역에서 뿌리를 내렸다. 고령 인구를 돌보기 위한 덴마크의 풍부한 경험에서 나

> 시장경제 지배 아래서 우리는 목재로 쓸 숲을 볼 수 없다.
> 제이 월재스퍼

온 전략은 곧 선진국 곳곳에서 시행되었다. 파키스탄 카라치에서 생각해 낸 '커먼 웰스 페스티벌Common Wealth Festival'은 사우스 벤드, 남아프리카공화국의 프리토리아, 그 밖의 수많은 다른 곳에서 본받았다.

"민주주의는 지구적 차원의 공유지의 등장으로 거대한 큰 걸음을 앞으로 내디뎠습니다."라고 사서 출신으로 멕시코 할리스코 주의 주지사가 된 페르난다 바스콘셀로스 루이즈는 단언한다. "갑자기 사람들에게 무제한으로 정보를 이용할 수 있는 권한이 주어졌던 것인데, 그것은 전에는 늘 전문가, 미디어, 정치인 들에 의하여 통제되고 있었습니다. 지금은 배관공이든 교사든 동일한 전문 지식과 자료를 가지고 멋지게 해법을 제안할 수 있습니다. 그것은 평범한 갑남을녀들에게 매우 긍정적인 성과로 다가오는, 새로운 시민권 시대의 시작을 알렸습니다."

지구적 차원의 소통이 광범위하게 확산됨으로써, 역설적으로 지역에 뿌리를 둔 문화에 대한 사람들의 열정이 불타오르기 시작했다. 카라치 커먼 웰스 페스티벌의 설립자이자 현재 유엔 공유지 발전 위원장UN Commissioner for Commons Development인 홋세인 "마하트마" 우스마니는 말한다. "우리 시대의 특징은 사람들이 한 발은 더 넓은 세계에, 또 한 발은 자신들의 지역사회에 확고히 뿌리내리고 있다는 것입니다. 우리는 '글로컬 시대Glocal Age'에 살고 있으며, 사람들은 지구적인 것과 지역적인 것의 각각의 장점을 향유할 수 있습니다."

"우리가 물 부족이라는 시련에 직면해 있으면서도, 무력 충돌과 대규모 테러 활동을 더 적게 치르고 있는 이유가 바로 이것

때문이라고 생각합니다."라고 우스마니는 이어서 말한다. "집단 정체성에 대해 모든 인간이 지니고 있는 강력한 본능은 파키스탄이나 인도에서 이슬람교나 힌두교나 기독교와 같은 추상적인 믿음을 향해서보다는, 현재 자신들이 살고 있는 지역이나 도시로 향하고 있습니다. 우리 지역 축구 팀이 최고라거나 우리 치즈가 옆 계곡에서 먹었던 것보다 훨씬 맛이 좋다는 것을 열렬하게 믿는 것이 우리에게 훨씬 더 건전합니다."

우리 집 뒷마당에서 전 세계로

공유지에 대한 글로컬 정신은 어젯밤에 시작된, 이곳 사우스 벤드의 커먼 웰스 페스티벌에서 충분히 표현되고 있다. 기술, 오락, 디자인 바자회에서는 가장 최신 영화와 음악, 블로그, 소프트웨어, 그린웨어greenware, 스마트웨어smartware, 슬로우웨어slowware, 시, 건축 법규, 뉴스 보도, 영상 매시업, 기술 사양, 게임 모형, 인쇄 활자체, 세계 도처에서 모여 든 패션 디자인을 내려받기를 사람들에게 권유한다. 그뿐만 아니라 페스티벌에 온 사람들은 맥주 75종, 포도주 40종, 버번위스키 13종, 식초 31종, 치즈 116종, 소시지 56종, 서아프리카 스타일의 카사바 맥주 8종 등 사우스 벤드 안에서 만들어진 모든 것을 시식하거나 시음할 수 있다.

"사우스 벤드는 세상의 중심입니다. 이곳에 사는 우리 모두에게는 그렇습니다."

자신이 폴란드 소시지 애호가임을 인정하면서 레이키샤 클루

진스키 시장은 말한다. "우리 모두가 함께 소유하고 있는 우리 주변의 멋진 것들을 우리가 발견하게 해 주는 것, 그것이야말로 공유지의 위대한 선물입니다."

공유지 정신을 떠올리게 해 주는
최고의 영화와 소설, 음악, 예술들

가장 좋아하는 것들을 공유해 보자.

여전히 진행 중인 작업이라 현 시점에서 많은 것들, 특히 서구 지역이 아닌 곳의 문헌들이 빠져 있다. 공유지 정신을 담은 멋진 이야기들과 예술 작품들의 추천을 기다린다. jay@on thecommons.org로 이메일을 보내 주기 바란다.

시와 소설

로빈 후드
가난한 사람들에게 베풀면서 공유지를 지킨, 신념을 가진 산적에 관한 이 이야기는 14세기 이래로 되풀이해 들려오고 있다.

"돌멩이 수프Stone Soup"
협동에 따른 기쁨을 떠올리게 해 주는 프랑스 동화.

존 클레어John Clare의 "추억Remembrances"(1832)
자신들이 유지했던 문화와 어린 시절 누렸지만 이제는 잃어버린 공유지에 대한 영국 낭만파 시인의 만가.

레프 톨스토이의 "부활"(1899)
자신의 마지막 소설에서 톨스토이는 자신의 광대한 농장을 소작농들에게 돌려주기

로 한 러시아 공작의 이야기를 연대기 순으로 다룬다.

존 스타인벡의 "통조림 공장 골목Cannery Row"(1945)
태평양이 바라보이는 곳, 몬터레이의 통조림 공장 골목 뒤편 공터에, 사고뭉치 공유자 패거리가 살아간다.

존 니콜스John Nichols의 "Milagro Beanfield War"(1974)
미국 뉴멕시코 주 북부, 공동체가 소유한 관개용 수로가 현지 문화의 중심이 되고 있는 밀라그로라는 시골 마을에서 벌어지는 기적 같은 이야기로, 1988년에 로버트 레드포드 감독에 의해 영화로 만들어졌다. 국내에는 〈반항의 계절〉로 알려져 있다.

로알드 달의 "우리의 챔피언 대니Danny, the Champion of the World"(1975)
씩씩한 아홉 살 소년이 돈 많은 지주가 지역의 숲을 파괴하지 못하도록 막아 내는 이야기.

제임스 갤빈James Galvin의 "초원The Meadow"(1992)
와이오밍 주의 작은 땅뙈기에 대한 시인의 묘사. "초원의 역사는 이런 식이다: 아

무도 소유하지 않는다. 그리고 앞으로도 영원히 그러할 것이다."

음악

잭 힐튼Jack Hylton의 "인생 최고의 것들은 모두 공짜다The Best Things in Life Are Free" (1925)
"달은 모두의 것", 프랭크 시나트라와 샘 쿡 등 여럿이 함께 부른다. "봄에 피어나는 꽃/노래하는 개똥지빠귀/밝게 비추는 햇빛/모두가 여러분의 것이며 또한 내 것."

아론 코플랜드Aaron Copland의 "서민을 위한 팡파르Fanfare for the Common Man" (1942)
보통 사람들을 교향악 축제.

우디 거스리의 "이 땅은 네 땅This Land is Your Land"(1944)
좀처럼 불리지 않는 원곡의 가사를 잊지 말자. "길을 걷던 중, 표시가 보였다/그리고 거기에는 이렇게 쓰여 있었다 '허가 없이 침입하지 마시오'/하지만 반대편에는 아무 표시도 없었다/그쪽이 당신과 나 우리 모두를 위한 길이다."

"함께 일하라Let's Work Together"—캔드 히트Canned Heat(1969), 드와이트 요아쿰Dwight Yoakum(1990)
에이시드 블루스인 캔드 히트 버전이나 요아쿰의 흥키통키 재즈 버전, 어디에나 담겨 있는, (1950년대 R&B 히트곡인 "캔자스 시티Kansas City"를 쓴) 윌버트 해리슨의 외우기 쉬운 곡조는 공유하는 삶에 대한 송가라 할 수 있다. "함께라면 우리는 견딜 수 있어요/흩어지면 우린 넘어져요/자, 우리 정신차려요/그리고 함께해요."

빌리 브랙Billy Bragg의 "뒤엎어진 세상The World Turned Upside Down"(1985)
영국의 작곡가 레온 로셀슨Leon Rosselson

이 17세기 영국의 평등주의 운동 단체 디거스Diggers에 관해 만든 노래로 빌리 브랙의 히트곡이다. "가난한 자, 용기를 내라/부자여, 조심하라/이 땅은 공동의 재산이 되었다/이제 모두가 공유한다."

레너드 코헨Leonard Cohen의 "우리 시대를 위한 목가Villanelle for Our Time"(1999)
시인 F. R. 스콧의 희망적인 시어를 코헨이 부른다. "열정으로, 고통으로 되살아나/이제 우리 일어나 보다 위대한 역할을 맡으리/이것이야말로 우리의 출발점이 되는 믿음/다시 사람들은 공동체를 경험하게 되리라."

스티브 얼Steve Earle의 "지금 혁명이 시작된다The Revolution Starts Now"(2004)
"우리의 뒷마당에서/우리가 사는 동네에서."

브루스 스프링스틴의 〈시거 세션The Seeger Sessions〉(2006), 〈라이브 인 더블린Live in Dublin〉(2007)
포크 전통에 대한 격렬한 찬사들인 두 앨범에는 (대부분 공개된, 사회적 자산인) 멋진 노래들과 미국의 수많은 음악 스타일들이 씨줄과 날줄로 얽혀 있다.

시각 예술

디에고 리베라Diego Rivera, 호세 오로스코Jose Orozco, 데이비드 시케로이스David Siqueiros를 비롯한 1930년대 멕시코의 벽화가들.
선구적인 대중 예술 운동은 멕시코 전역, 나아가 전 세계의 보통 사람들에게 예리한 사회적 메시지들을 전달했다.

샐 랜돌프Sal Randolph의 '프리 마니페스타Free Manifesta', '프리 비엔날레Free Biennial'(2002)
랜돌프의 작업은 재능 기부의 중요성과 경제적 대안의 전망에 초점을 맞춘다. 두 전시회를 비롯하여 모든 예술가들에게 열

394

려 있는 많은 전시회가 프랑크푸르트와 뉴욕의 공공장소들에서 열린다.

영화

프랭크 카프라Frank Capra 감독의 〈멋진 인생It's a Wonderful Life〉(1946)
영화 속 주인공 조지 베일리보다 더 공동선을 체현해 낸 헐리우드 영화 주인공을 떠올리기는 힘들것이다.

월트 디즈니 영화사의 〈모터 마니아Motor Mania〉(1950)
구피가 주인공으로 나오는 디즈니 만화영화로, 미국의 도로들이 자동차들의 식민지가 된 모습을 그리고 있다.

구로사와 아키라 감독의 〈데르수 우잘라 Dersu Uzala〉(1975)
전설적인 일본 감독이 20세기 초 러시아 탐사단을 구한 숲에 사는 원주민에 관한 감동적인 이야기를 통해 시베리아의 놀랄 만큼 아름다운 자연과 문화를 포착해 낸다.

닐스 고프Nils Gaup 감독의 〈길잡이 Pathfinder〉(1987)
스칸디나비아의 사미족 원주민 전설에 기반한 매혹적인 모험담으로, 완전히 사미어로 촬영되었다.

케빈 코스트너 감독, 주연의 〈늑대와 함께 춤을Dances with Wolves〉(1990)
라코타 수 족의 생활 방식을 받아들인 미군 중위에 관한 "환경 친화적 서부극"이다.

켄 로치 감독의 〈네비게이터The Navigators〉(2002)
고통스럽지만 유머가 넘치는 영국 영화로, 영국 철도의 민영화로 노동자 다섯 명에게 벌어지는 일들을 그린다.

존 헨더슨John Henderson 감독의 〈바비의 모험The Adventures of Greyfriars Bobby〉(2006)
죽은 주인의 무덤을 떠나지 않으려는 테리어 강아지를 온 마을 사람들이 돌보는 이야기로, 스코틀랜드 지역의 실화에 기반한 영화다.

앤드류 스탠튼Andrew Stanton 감독의 〈월-E〉
지구가 거대 기업에 의해 지배되다가 버려진다. 이 애니메이션 모험담에서, 홀로 남은 로봇이 생명을 되살리기 위해 움직이기 시작한다.

관개용 수로에서 위키까지

게마인구터Gemeingüter
공유지의 독일어 표현.

공개 대 무료open vs. free
인터넷을 비롯한 디지털 플랫폼에서, 공
개된open 소프트웨어나 콘텐츠는 모든 사
람이 접근 가능하지만, 그렇다고 해서 저
절로 그 소프트웨어나 콘텐츠가 원하는
대로 제한 없이 무료로free 사용할 수 있게
되는 것은 아니다.

공공 신탁 독트린public trust doctrine
로마법으로 거슬러 올라가는 법률 원리
로, 국가가 시민들을 위해 특정한 자원들
—특히 수자원에 대한 접근—이 사적인
이익에 양도되는 것을 금지하면서 신탁하
는 것을 말한다.

공공 자산public assets
공적으로 소유되고 주로 정부 기구에 의
해 관리되는 공유지 요소들. 수도, 대중교
통, 도서관, 학교, 도로, 하수관, 통신 시
스템과 같은 것들로, 민영화 시도의 상습
적 표적들이다.

공공재public goods
그 유용성을 훼손시키지 않으면서 모두가
사용할 수 있는 상품과 서비스를 의미하
는 경제 용어.

공공장소public spaces
모두에게 공개되어 있고 공동체의 사회
적 · 공적 삶에서 중심적인 역할을 하는
장소들로, 공원, 보도, 광장, 공공 건물,
도심 등을 말한다.

공동 자산common assets
시장에서 가치를 갖는 공유지 부분들. 국
유지의 목재나 광물이 그렇듯, 라디오 방
송 역시 공동 자산이다.

공동선common good
비록 일부 개인들에게는 때로 불편할 수
있을지라도 대중 전체에게 최선이라고 판
단되는 정책이나 관례.

공유자commoners
공유지를 되찾고 회복하는 일에 전념하는
사람들을 일컫는 현대적 용어.

공유 자원common pool resource(CPR)
모든 사람이 사용할 수 있도록 허용되는
한정된 자원.(예, 호수나 바다의 물고기
들, 개천의 관개용수.)

공유지 기반 사회commons-based society
경제, 정치, 문화, 지역사회의 삶이 온갖
다양한 공유지 규칙들과 공유지의 기본
원칙들을 장려하는 것을 중심으로 이루어

지는 사회.

공유지 기반 해결commons-based solutions
사람들이 자원을 협력적이고 지속 가능하게 관리하도록 해서 현재의 문제점들을 고쳐 나가는 독특한 개선책과 방침들.

공유지 패러다임commons paradigm
공유지를 되찾고 확장하는 것이 사회의 작동에 핵심적이라는 세계관.

공유지/공유재, 커먼즈commons
우리가 공유하는 것들. 우리 모두의 것인 자연과 사회의 창조물들은 모두 미래 세대들을 위해 보호되고 지속적으로 보존되어야 한다.

공유지의 비극tragedy of the commons
1968년에 생물학자 개럿 하딘이 공동으로 소유된 자원들의 약탈이나 파괴가 불가피하다는 것을 보여 줌으로써 대중화된 용어. 나중에 하딘은 자신이 실제로는 관리되지 않는 공유지의 비극을 묘사했던 것이라고 물러섰다.

공유지의 풍요cornucopia of the commons
열린 참여를 환영하는, 온라인 공유지에서 일어나는 "더 많이 사용할수록 더 행복해지는" 효과를 묘사하는 용어. 소프트웨어 프로그래머 댄 브리클린이 "공유지의 비극" 신화를 논박하기 위해 만들어 낸 용어.

리눅스Linux
가장 대중적인 오픈 소스 컴퓨터 운영 체제.

망 중립성net neutrality
모든 사용자들에게 차별 없는 열린 접근을 보장하는 인터넷의 정책 원리. 망 중립성 옹호자들은 인터넷에 대한 접근을 통제하는 기업들에게 특정한 웹사이트와 특정한 형태의 디지털 트래픽을 편들도록 허용된다면 인터넷이 더 이상 개방적이고 혁신적인 공유재로서 기능하지 않을 거라고 주장한다.

모조 공유지faux commons
유튜브와 같은 온라인 공유지로, 사용자가 생산하는 콘텐츠를 위한 공간. 자치적인 공유지로 보이지만 실제로는 영리 기업들에 의해 통제된다.

물 공유재water commons
물은 누군가의 사유재산이 될 수 없으며, 정당하게 인류 전체, 지구 자체의 것이다. 따라서 적절히 관리되어야 한다는 윤리.

민영화하다privatize
공유지를 비롯한 공공 서비스나 공공 자산을 사유재산으로 바꾸는 것. 앞서 나온 울타리 치기와 유사. 민영화는 지난 30년에 걸친 자유 의지론과 우익 정치 운동의 핵심적인 목표였다.

반半공공장소semipublic spaces
공공장소와 매우 유사하게 기능하는 사적으로 소유된 장소들. 커피숍, 공터, 참배 공간, 박물관, 지역사회 정원 등이 있다.

반공유지anti-commons
사유재산권 요구들이 너무 제약적이고 파편적이어서 경제적 거래 비용이 너무 높아짐으로써 자원을 공유하고 혁신할 수 없는 무기력을 낳을 때 일어나는 기능 장애 상황.

배출 총량규제cap-and-dividened
기업들이 오염 허용에 대해 지불하고 그 수입은 공평하게 시민들에게 되돌리는 공유지에 기반한 환경 규제 시스템. 환급제로도 불린다.

비에네스 코무네스bienes communes
공유지를 스페인어로 대략 번역한 표현.

사회의 공유재산 또는 권리 소멸 상태
public domain
주로는 저작권 보호 기한이 만료되었기 때문에 누구라도 자유롭게 사용 가능한 창의적이고 문화적인 작품들. (시장 가치가 없기 때문에) 기본적으로 쓸모 없는 작품들의 저장고로 오랫동안 간주되어 온 사회의 공유재산은 이제 새로운 창의성과 혁신에 불가결한 자원으로 인식된다.

상품화commodification
비상업적 상품이나 서비스를 판매용 상품으로 바꾸는 과정.

생물 해적질biopiracy
유전자와 초목을 비롯한 개발도상국들의 전통적인 생물 자원들에 대한 다국적 기업들의 전용과 사유화.

선물 경제gift economy
시장의 거래 관계와 달리, 선물 경제는 아무런 답례품 없이, 그리고 개별적 권리 부여에 대한 엄격한 회계 작업 없이 지역사회에 자발적인 선물 제공을 중심으로 이루어진다.

스탠딩Standing
법률 또는 법원의 결정에 이의를 제기하는 소송을 제기할 목적으로, 시민들이 손해를 입었거나 법률적 문제로 충분한 이해관계가 있다는 사실을 법정에서 보여 줄 수 있는 시민의 능력을 말한다. 미국 법정에서는, 공유지를 방어하기 위해 당사자들이 소송을 제기하도록 하는 법률적 지위를 증명하기가 지나치게 어려운데, 법이 대체로 개인의 권리와 사유재산의 이익을 보호하고 공동으로 보유한 자원에 대한 시민들의 이해관계에는 묵살하거나 냉담하기 때문이다.

시장 기반 사회market-based society
대부분의 의사 결정이 경제적인 시장의 엄격한 지시에 의해 강제되는 사회. 미국 바깥에서는 신자유주의와 유사.

시장 패러다임market paradigm
단순히 효율적인 경제적 도구로서가 아니라 사회의 모든 요소들이 어떻게 작동해야 하는지 가리키는 도덕적 규준으로서 시장의 작용을 떠받치는 세계관. 이 패러다임은 교육에서부터 보건 의료, 예술에 이르기까지 인간의 모든 노력에 대해 이윤 추구가 좌지우지해야 한다고 간주한다.

신탁Trust
수익자 편에서 자산을 관리하기 위해 만들어진 법인. 정부 영역 밖에서 공유지를 보존하고 관리하는 데 유용한 도구가 될 수 있다.

아세키아acequia
뉴멕시코 주 지역사회들에서 수세기에 걸쳐 내려오는 협력적 관개 시스템.

아이커먼즈iCommons
문화와 정보에 대해 공유지에 근거한 공유를 옹호하는 크리에이티브커먼즈Creative Commons의 독립 프로젝트.

알로하aloha
하와이 주에서 규정된 전통적 정의로, 알로하는 "공동의 생존을 위해 각자가 다른 모든 각자에게 소중하다는, 관계의 근본적 속성"을 의미한다.

에히도ejido
주에서 보유하고 개별 가구에 나누어 주는 멕시코의 공동 소유 땅으로, 매매될 수 없다. 1917년 헌법에서 정해졌다.

오픈 비즈니스 모델open business models
이윤을 남기는 방식으로 상품과 서비스를 제공할 목적으로 온라인 공동체와 오픈 디지털 플랫폼에 의존하는 비즈니스의 새로운 분야.

오픈 사이언스open science
저작권법, 특허법, 대학 규정들에 의해 초래된 제한들을 축소시키면서, 가능한 한 공개적으로 과학적 발견을 사용 가능하게 만들려는 연구 관행과 윤리 기준.

오픈 소스open source
자발적 참여자들에 의해 개발되어 공중이 비용을 거의 혹은 전혀 들이지 않은 채 광범위하게 사용할 수 있게 한 소프트웨어의 한 형태. 오픈 소스는 이제 광범위한 분야에서 협력적이고 자발적인 노력을 묘사하는 데 종종 사용된다.

오픈 액세스open access
공유지의 특정한 형태에 따라 그 의미가 달라지는 용어. 목재나 방목지처럼 한정된 자연 자원으로 봤을 때, 오픈 액세스 체제는 남용 혹은 파괴를 가져올 수도 있는 그 자원을 누구라도 사용할 수 있음을 의미한다. 또한 정보처럼 무한한 자원으로 보면, 오픈 액세스 체제는 그 자원을 고갈시키지 않고 오히려 가치를 증대시킬 가능성이 크다.

오픈 액세스 출판open-access publishing
저널의 기사들과 책들을 자유롭게 활용 가능하도록 하기 위해 종래의 상업적 출반을 무시하고 자발적 공유 표시 방식에 의지하는 과학과 학술적인 출판에서 급상승하는 경향.

외부 효과externality
시장 거래 비용으로 포함되지 않는 경제 활동의 사회적 비용이나 환경적 비용.

우분투Ubuntu
"네가 있기에 내가 있다I am because of you are." 나눔, 공동체, 관용의 철학을 반영하는 전통적인 아프리카 표현이다. 남아프리카의 반투어에서 유래했지만, 그 사상은 대륙 전역의 수많은 언어들에서 나타나고 있다.

울타리 치기, 인클로저enclose
공유하던 자원을 사유재산으로 바꾸는 일. 아래에 나오는 사유화privatize와 유사.

위키Wiki
수많은 사람들이 공유된 정보에 기여하고 교정에 참여하여 그 발전에 협력할 수 있게 해 주는 웹 기반 소프트웨어. 비록 위키피디아가 인터넷에서 가장 눈에 띄는 위키 프로젝트이기는 하지만, 다양한 주제의 위키들이 광범위하게 존재한다. 위키wiki는 "빠르다"는 뜻의 하와이 말이다.

이리아치Iriachi
일본의 전통적으로 공동 소유된 땅.

자발적 공유, 자발적 공유 표시 방식Creative Commons and Creative Commons licenses
샌프란시스코에 소재한 비영리 기구로, 저작권 보유자들이 그들의 창의적 작업들의 복제, 공유, 재사용이 법적으로 가능하도록 허용하는 무료 공개 인가를 제공한다.

자본주의 3.0Capitalism 3.0
경제 운용 시스템이 공유지와 환경, 국민의 복지를 지킬 수 있도록 새롭게 디자인된 미래의 자본주의 단계. 기업가 피터 반스의 책 제목에서 따온 표현이다.

자유 소프트웨어 운동free-software movement
컴퓨터 프로그래머들이 저작권 법률의 제약 없이 소프트웨어 코드에 접근하고 개조하고 개선하고 공유할 수 있는 합법적 자유를 가질 수 있도록 보장한 방안으로, 1980년대에 해커 리처드 스톨먼이 시작했다. 일반 공중 라이선스General Public License는 자유 소프트웨어를 가능하게 하는 법률상의 혁신이다.

전부 원가 계산full cost accounting
환경 파괴, 지역사회 추방처럼 공유지에 의해 부담된 비용을 포함하도록 주어진 시장 거래 비용 범위를 넘어서는 경제적 평가 방식. 위에 나온 외부 효과. 외부 효과externaility 참조.

지적 재산 또는 지적 소유권intellectual property
저작권, 특허, 상표권을 포함하는 법률 체계. 최근, 기업을 비롯한 이권 세력들은 저작권과 특허권과 상표권 아래서 보호받는 성과들에 대한 권리가 늘 공중에게 있었다는 사실을 무시한 채 자신들의 권리를 "재산" 형태로 묘사함으로써 전매 특허 소유권 확장을 추구해 왔다.

카피레프트copyleft
원본에 대한 어떠한 추가적 작업이라도 그것이 다른 사람들의 추가적인 공유와 재사용이 가능하도록 남아 있기만 하다면 어떤 창의적 작업 결과를 재사용하고 개선할 수 있도록 인정하는 저작권 인가의 한 형태.

커머닝commoning
공유 자원들을 관리하고 공유지를 되찾는 과정에서 공유자들이 활용하는 사회적 실천을 묘사하기 위해 역사가 피터 라인보우가 대중화한 동사형이다.

테이킹Taking
공적인 사용을 위해 개인에게서 사유재산을 압류하는 정부의 행위. 정치적 보수주의자들은 사적인 토지 소유자들의 행위를 규제할 수도 있는 환경 규제를 비롯한 정부 정책들을 규제takings로 간주한다.

토지 신탁land trust
공적 목표, 특히 자연의 보존과 알맞은 주거를 위해 민간 기구가 땅을 보존하고 관리하도록 하는 법적 기제.

피어 프로덕션peer production
공유된 정보 자원들의 생산과 유지에서 수많은 사람들의 협력을 가능하게 해 주는 경제적, 문화적 생산양식. 탁월한 사례로, 무료 소프트웨어인 위키피디아Wikipedia, 사진 공유 웹사이트 플리커가 있다. 오픈 소스 참조.

히마hima
아랍어로, 문자 그대로 "보호지protected place". 이슬람 전통에서는, 공동체 전체가 돌보는 장소를 말한다.

OER 운동open educational resources(OER) movement
교육적인 소프트웨어와 도서, 저널의 논문과 연구를 비롯한 여타의 학습 도구들을 공개적으로, 저렴하게 혹은 무료로 사용 가능할 수 있도록 하기 위해 연구소, 대학, 학자, 학생 들에 의해 시작된 다양한 프로젝트 운동.

데이비드 볼리어, 제이 월재스퍼

커먼스 101

우리가 공유하는 것들에 이르는 핵심 출처 안내

공유지 일반

Commons Rising, an On the Commons report.
www.OnTheCommons.org/content.php?id=1547

Digital library of the Commons, dlc.dlib.indiana.edu/dlc/

International Association for the Study of the Commons,
www.indiana.edu/~iascp/

Kim Klein and the Commons, KimKleinandtheCommons.blogspot.com

Manifesto to Reclaim the Commons, a report by the World Social Forum.
bienscommuns.org/signature/appel/index.php?a=appel

On the Commons, www.OnTheCommons.org

Shareable, www.shareable.net

State of the Commons, an On the Commons report.
www.OnTheCommons.org/content.php?id=1548

Who Owns the World: The Rediscovery of the Commons, a book edited by Silke Helfrich (Heinrich Böll Foundation).
www.boell.org/commons/

커뮤니티 생활

City Repair, www.cityrepair.org

Community Wealth, www.Community-Wealth.org

E.F. Schumacher Society, www.smallisbeautiful.org

Forum Organizing, www.forumorganizing.org

Ogallala Commons, www.ogallalacommons.org

Project for Public Spaces,
www.pps.org

Rebar,
www.rebargroup.org

West marin Commons,
www.westmarincommons.org

경제와 정치

In the Public Interst,
www.inthepublicinterest.org

New Economics Institute,
www.neweconomicsinstitute.org

New Rules Project,
www.newrules.org

Privatization Watch,
www.privatizationwatch.org

Wealth for the Common Good,
www.wealthforthecommongood.org

환경과 건강

Blue Planet Project,
www.blueplanetproject.net

Cap and Dividend,
www.capanddividend.org

ETC Group,
www.etcgroup.org

Food and Water Watch,
www.foodandwaterwatch.org

International Center for Technology
Assessment,
www.icta.org

Our Water Commons,
www.ourwatercommons.org

Our Water Commons, a report by
Maude Barlow.
www.onthecommons.org/content.
php?id=2328

New Mexico Acequia Association,
www.lasacequias.org

Trust for Public Land,
www.tpl.org

Waterkeeper Alliance,
www.waterkeeper.org

정보, 창의성, 문화

Creative Commons,
www.creativecommons.org

iCommons,
www.icommons.org

P2P Foundation,
p2pfoundation.net

Public Knowledge,
www.publicknoledge.org

데이비드 볼리어David Bollier
〈소리 없는 도둑: 우리의 공유 자산에 대한 알려지지 않은 약탈〉과 〈바이럴 스파이럴: 공유자들은 어떻게 그들 자신의 디지털 공화국을 세웠나〉의 저자. 2004년 이래 '온 더 커먼즈'에서 일하면서 공유지를 되찾는 전망에 관해 글을 쓰고 강연을 해 오고 있다. www.bollier.com

데이비드 모리스David Morris
'지역 자립 센터'의 부의장이고 '새로운 규칙 프로젝트'의 설립자로 지역사회와 에너지, 환경문제에 관해 광범위하게 글을 쓰고 강연하고 상담 활동을 한다. 〈뉴욕타임스〉와 〈워싱턴포스트〉, 〈월스트리트저널〉, 〈재팬타임스〉에 기고한다. www.newrules.org, www.ilsr.org

데드릭 무함마드Dedrick Muhammad
'정책 연구소'의 선임 조직가이자 연구 보좌 역으로, 〈2009 꿈의 주〉의 공동 저자이다. www.ips-dc.org

D. 메건 힐리D. Megan Healey
뉴욕 주 북부 지방의 '블루 마운틴 센터' 상근 보좌 역으로 일했고, 샌프란시스코 '모던타임스 북스'의 베스트셀러 작가이다.

래리 고닉Larry Gonick
과학과 역사를 전문으로 하는 풍자 만화가로, 2002년 최고의 그림책에 주는 하비 상을 수상한 〈만화로 보는 우주의 역사〉 3권의 저자이다. www.larrygonick.com

레이철 브린Rachel Breen
활동가로, '온 더 커먼즈'에서 일하고, 트윈 시티스의 아노카-램지 커뮤니티 칼리지 순수 예술 학부 교수이다.

로버트 B. 라이히Robert B. Reich
1993년부터 1997년까지 노동부 장관을 지냈으며, 경제와 비즈니스 및 정치에 관한 수많은 저서를 남겼다. 캘리포니아-버클리 대학의 골드만 공공 정책 대학교수이고 영향력 있는 정치 평론가이다. http://robertreich.org, http://robertreich.blogspot.com

로버트 F. 케네디 주니어Robert F. Kennedy Jr.
'물 지킴이 동맹' 의장이고, '허드슨 강 지킴이'의 검사, 자연 자원 보호 위원회의 수석 변호사로 일한다. www.waterkeeper.org

루이스 하이드Lewis Hyde
시인이자 에세이스트, 번역가, 문화 비평

가로, 크리에이티브커먼즈의 1983년 대작인 〈선물〉의 저자이다. 캰연 칼리지에서 창의적 글쓰기를 가르치면서 하버드의 '인터넷과 사회를 위한 버컨 센터' 교수이다. 최근 저서로 〈공기와 같은 공유재:혁명, 예술, 소유권〉이 있다. www.lewishyde.com

마르셀루스 앤드류스Marcellus Andrews
바나드 칼리지 경제학 교수이고 NPR National Public Radio의 비즈니스 분야 프로그램 "시장Marketplace"의 시사 문제 해설가. 〈희망과 공포의 정치경제학:미국에서 자본주의와 어두운 형세〉의 저자이다. www.econ.barnard.columbia.edu/faculty/andrews/andrews.html.

마우드 발로Maude Barlow
유엔의 수자원 부문 선임 고문이었으며, '캐나다 위원회Council of Canadians' 전국 의장이면서 '블루 플래닛 프로젝트Blue Planet Project' 설립자로, 물에 대한 사람들의 권리를 지키기 위해 국제적 차원에서 활동하고 있다. 베스트셀러 작가이면서 16권의 공동 저자이기도 한 그녀가 쓴 책 중에는 〈푸른 금:기업의 세계의 물 도둑질을 중지시키기 위한 싸움〉, 〈푸른 서약:세계적인 물 위기와 물 권리를 지키기 위한 다가오는 전투〉가 있다. www.blueplenetproject.net

마크 도위Mark Dowie
캘리포니아 주 월리오 포인트에서 살면서 조사 연구에 전념하는 역사가로, 〈마더 존스 매거진〉의 편집자였고, 퓰리처상 후보로 추천된 〈후퇴:20세기 말 미국의 환경주의〉의 저자.

베노나 하우터Wenonah Hauter
'식량과 물 감시'의 집행 위원장으로, 물, 식량, 에너지 및 환경 문제들에서 광범위하게 활동한다.

벤 프리드Ben Fried
수송 문제와 지역사회 이슈를 다루는 뉴욕의 웹사이트 스트리트블로그Streetblog의 부편집장. www.streetsblog.com

브래드 리히텐슈타인Brad Lichtenstein
영화 제작자로, 원로를 돌보는 공동체에서 살면서 일하는 사람들에 관한 PBS의 독립 다큐멘터리 〈집이나 마찬가지〉를 제작했다. 디제이 스푸키와 함께 공중에게 속하는 것들의 과도한 민영화를 다룬 다큐 픽션 영화를 준비하고 있다. http://Bradlichtenstein.wordpress.com

빌 맥키번Bill McKibben
미국의 탁월한 환경 작가이자 철학자이다. 1989년에 낸 베스트셀러인 저서 〈자연의 종말〉은 지구온난화에 대해 광범위한 대중적 관심을 끌어냈다. 미들웨이 칼리지의 상근 연구자이고 기후변화를 억제하기 위한 350 캠페인의 설립자의 한 사람이다.

션 토마스 브레이트펠드Sean Thomas-Breitfeld
'지역사회 변화를 위한 센터'의 부국장이면서 '데모스'에서 건물 운동 프로젝트에 참여하고 있다. www.communitychange.org

수전 위트Susan Witt
1980년 이래로 E. F. 슈마허 협회의 집행 위원장으로 일해 왔다. 협회는 현재 '런던 새 경제 재단'과 함께 '새 경제 기구'를 만들기 위해 활동을 벌이고 있는데, 기구가 설립되면 위트가 교육 국장으로 일하게 된다. www.neweconomicsinstitute.org

신시아 니키틴Cynthia Nikitin
시민들이 보다 활기찬 지역사회를 만들 수 있도록 지원하는 일에서 국제적으로 명성이 높은, 뉴욕 소재의 비영리 교육과 기술 지원 조직인 '공공장소 프로젝트'에서 공공 건물과 도심 문제 부의장으로 일한다. www.pps.org

알렉사 브래들리Alexa Bradley
20년 이상 저명한 교육자이자 활동가로 일해 왔고, '온 더 커먼즈'에서 일한다. 노동계 연합 단체인 '진보 행동을 위한 미네소타 연맹'에 활동한다.

애덤 데이비드슨 하덴Adam Davidson-Harden
온타리오 주 워털루의 윌프리드 로리어 대학에서 글로벌 연구 부교수로, 〈물 공유재의 지역 차원의 통제와 관리〉의 저자이다. www.onthecommons.org/media/pdf/original/WaterCommons08.pdf

앤디 싱어Andy Singer
풍자 만화 '비상구가 없다'의 창안자로, 〈퍼니 타임스〉, 〈유튼 리더〉, 〈카버스터스〉, 〈주간 유진〉과 같은 간행물들을 비롯한 여러 매체에 기고한다.

엘리너 오스트롬Elinor Ostrom
2009년 노벨 경제학상 수상자로, 아리조나 주립대학의 '다양성 연구 센터' 설립자일 뿐 아니라 인디애나 대학의 '정치 이론과 정치 분석 워크숍'의 공동 책임자이다.

위노나 라듀크Winona LaDuke
미네소타의 하얀 지구 보호 구역에 살면서 아니시나벡 부족이 원래 살던 땅을 되찾기 위한 하얀 지구 회복 프로젝트를 설립했다. 리복 국제 인권상 수상자로, 원주민 여성 네트워크의 공동 의장으로 활동한다. http://nativeharvest.com/winona_laduke

이반 일리치Ivan Illich
멕시코에서 오래 생활한 오스트리아 철학자이자 가톨릭 신부로, 〈절제의 사회〉, 〈학교 없는 사회〉, 〈행복은 자전거를 타고 온다〉와 같은 책들에서 근대 서구의 사회 제도에 대해 통찰력 있는 비판을 가했다. 2002년에 세상을 떠났다.

제레미 리프킨Jeremy Rifkin
경제 동향 연구 재단FOET 이사장으로, 경제학자이자 베스트셀러 저자이다. 펜실베이니아 대학 와튼 스쿨 교수이면서, '3차 산업혁명 글로벌 CEO 원탁회의'의 설립자이고, 유럽연합 자문 위원으로 활동한다. www.foet.org

제이 월재스퍼Jay Walljasper
'온 더 커먼즈'에서 일하면서 '공공장소 프로젝트'에서도 활동하고 있다. 〈내셔널 지오그래픽 트래블러〉 편집장으로 일하고 있으며, 〈그레이트 네이버후드 북〉의 저자, 〈선지자들:우리의 삶을 바꿔 줄 사람들과 사상들〉의 공저자이다. 데이비드 볼리어와 함께 '온 더 커먼즈'의 편집 책임을 맡고 있다. www.JayWalljasper.com

제임스 보일James Boyle
윌리엄 닐 레이놀즈 법학 교수이고 듀크 대학 로스쿨의 '퍼블릭 도메인 연구 센터'의 공동 설립자. www.james-boyle.com

조너선 로Jonathan Rowe
캘리포니아 주 포인트 레예스의 웨스트 마린 커먼즈의 공동 집행 위원장으로, 〈월간 워싱턴〉과 〈예스!〉지에서 편집장으로 일한다. '온 더 커먼즈'에서 일하고, 〈타임 달러스〉의 공저자이다. www.westmarincommons.org

조시 S. 잭슨Josh S. Jackson
캘리포니아 버클리 대학에서 환경 설계를 연구한다. 〈굿 매거진〉, 〈로스트 매거진〉, 〈넥스트 아메리칸 시티〉에 기고한다.

줄리 리스타우Julie Ristau
지역사회 조직 활동가, 저명한 교육자, 조직 발기인으로, '온 더 커먼즈'에서 일한다. 농부, 〈유튼 리더〉 지의 발행인, '농촌 유권자 연맹'의 집행 위원장, 미네소타 대학 '지속 가능 농업 기구' 의장으로 일해 왔다. 현재 시립 현지 먹거리 운동인 '미니애폴리스 생산물'의 공동 의장이다. www.onthecommons.org

척 콜린스Chuck Collins
정책 연구소Institute for Policy Studies 선임 연구원으로 '불평등과 공동선에 관한 프로그램'을 지도하면서, '온 더 커먼즈'에서 일한다. 〈나 혼자 해낸 게 아니다:개인의 부와 성공에 대한 사회의 기여〉의 저자이고, (메리 라이트와 함께) 〈경제의 도덕적 척도〉의 공동 저자이다. www.extremeinequality.org

켄 아비도르Ken Avidor
지속 가능한 도시 생활양식을 전문으로 연구하는 풍자 만화가이자 삽화가. 연재 만화 〈로드킬 빌Roadkill Bill〉의 창작자이다. www.roadkillbill.com

코리르 싱웨이Korir Sing'Oei
케냐의 인권 변호사로 CEMIRIDE(소수자 권리 개발 센터)의 공동 설립자이다.

킴 클라인Kim Klein
〈사회 변화를 위한 기금 조성〉의 저자이고 '풀뿌리 기금 조성 저널'의 공동 설립자로, 클라인&로스 컨설팅의 단위 조직에서 상담 활동을 한다. 운동 세우기 프로젝트를 통해 비영리 기구들이 사회 변화를 위한 활동을 보다 효과적으로 수행하도록 지원하는 일을 한다. 영향력 있는 블로그 '킴 클라인과 커먼즈'에 글을 쓴다. www.kimkleinandthecommons.blogspot.com

파울라 가르시아Paula Garcia
정치 활동가이자 큰 포부를 가진 농부로, 뉴멕시코 아세키아 협회 집행 위원장이다. www.lasacequias.org

피터 라인보우Peter Linebaugh
톨레도 대학 역사 교수로 〈마그나카르타 선언:모두를 위한 자유권들과 커먼즈〉의 저자. www.utoledo.edu/as/history/faculty/plinebaugh.html

피터 반스Peter Barnes
'워킹 에셋'과 태양력 기업을 설립한 기업가로, '온 더 커먼즈' 공동 설립자. 〈자본주의 3.0:공유지를 되찾기 위한 안내서〉와 〈기후 해법:시민 안내서〉의 저자. 2001년에 낸 책 〈누가 하늘을 가졌는가?〉에서 기후변화에 대한 배출 총량규제를 제안했다.

필립 크라이언Phillip Cryan
조직 활동가, 정책 분석가, 작가로, SEIU 보건 의료 미네소타의 조직 차장으로 일한다. 〈로스앤젤레스 타임스〉와 〈미니애폴리스 스타 트리뷴〉, 〈포린 폴리시 인 포커스〉와 〈터닝 휠〉에 기고한다.

해리엇 발로Harriet Barlow
여러 사회운동의 베테랑 활동가로 '온 더 커먼즈On the Commons' 공동 설립자이자 '블루 마운틴 센터Blue Mountain Center' 설립자.

이 책에 실린 다수의 글들이 On the Commons.org에 다른 형태로 실렸고, On the Commons에서 펴낸 〈부상하는 공유지〉와 〈공유지 국가〉에 담겼다. 아래 언급되지 않은 다른 글들은 〈그레이트 네이버후드 북〉(New Society Publishers, 2007), 〈오드〉, 〈노트르담〉, 〈샌프란시스코 크로니클〉, 〈미니애폴리스 스타 트리뷴〉, 〈보스턴 리뷰〉, 〈유튼 리더〉, 〈메이킹 플레이스〉, 〈공공장소 프로젝트 회보〉에 실렸다. 저자와 On the Commons는 공유 정신에 입각해 글들을 싣도록 관대하게 허락해 주신 저자 및 간행물들에 감사한다.

1장

킴 클라인의 "이 운동에는 가축이 필요한가?"는 블로그에 실린 글을 보완했다. Kimkleinandthecommons.blogspot.com

2장

"아시아의 마을들에서 미국 중심가에 이르기까지"는 〈예스!〉 지에 실린 글을 보완하였다. www.yesmagazine.org 코리르 싱웨이의 "아프리카에서 바라본 입장"은 아프리카의 사회정의에 초점을 맞추는 전자 출판물인 〈팜바주카 뉴스〉에 실린 글을 보완한 것이다. 〈팜바주카 뉴스〉는 영어, 프랑스어, 포르투갈어로 50만 독자들에게 읽힌다. www.pambazuka.org

피터 반스의 "공유지의 값어치는 얼마나 되나?"는 〈자본주의 3.0:공유지 회복을 위한 안내서〉에 실린 글이다. www.bkconnection.com

3장

제이 월재스퍼의 "필라델피아 북부에서 키우는 정원"은 '공공장소 프로젝트'의 웹사이트에 실린 글이다. www.pps.org

4장

피터 반스의 "공유지 파괴의 약사"는 〈자본주의 3.0:공유지 회복을 위한 안내서〉에 실린 글이다. www.bkconnection.com

제레미 리프킨의 "가난한 자들에 맞서 일으킨 부자들의 혁명"은 〈생활권 정치학: 새로운 세기를 위한 새로운 정신〉에 실린 글이다.

이반 일리치의 "우리의 경제적 무력함의 기원"은 1982년 도쿄에서 한 연설로 그의 강연문을 모은 책 〈과거의 거울 속에서〉에 실렸다.

마크 도위의 "고대의 법률적 원리가 어느 때보다 중요하다"는 〈계간 오리온 자연〉에 실렸다. www.orionmagazine.org

파울라 가르시아의 "만세! 관개 수로"는 〈지속 가능한 산타페:자원 안내서〉에 실렸다. www.sustainablesantafeguide.com

위노나 라듀크의 "지구상의 우리집"은 1993년 10월 예일 대학교에서 있었던 '13년차 E. F. 슈마허 강좌' 중 "하얀 지구의 목소리"의 일부를 보완한 글이다. www.smallisbeautiful.org

5장

로버트 라이히의 "공유지에 투자하지 않는다면 경제적 번영은 있을 수 없다"는 로버트 라이히의 허락을 받아 '소비자에서 공유재로'라는 제목으로 〈아메리칸 프로스펙트〉에 실린 글을 전재한 것이다. www.prospect.org

피터 반스의 "자본주의 3.0"은 〈자본주의 3.0:공유지 회복을 위한 안내서〉에 실린 글이다. www.bkconnection.com

6장

데드릭 무함마드와 척 콜린스의 "경제적으로 분리된 미국을 넘어서게 해 줄 희망"은 〈빈곤과 인종 회보〉에 실린 글이다. www.prrac.org

데이비드 볼리어의 〈시민권 2.0〉은 2008년 7월 일본 삿포로에서 열린 iCommons 정상 회담에서 한 강연 "부상하는 하나의 정치 세력으로서 공유자들"을 정리한 글이다.

7장

데이비드 볼리어의 "스페인 할렘에서 자라는 장미"는 〈소리 없는 도둑:우리의 공유 자산에 대한 알려지지 않은 약탈〉에 실린 글이다.

신시아 니키틴과 조시 잭슨의 "작은 도서관이 할 수 있는 일"은 '공공장소 프로젝트'의 온라인 회보인 〈메이킹 플레이스〉에 실린 글이다. www.pps.org

8장

로버트 F. 케네디의 "공유지 지킴이"는 〈물지킴이〉 매거진 2006년 가을 호에 실린 글이다.

모드 발로의 "모두를 위한 물"은 〈푸른 서약:세계적인 물 위기와 물 권리를 지키기 위한 다가오는 전투〉에 실린 글이다.

피터 반스의 "기후변화에 대한 공유지 해법"은 〈기후 해법:시민 안내서〉에 실린 글이다.

퍼터 반스의 "우리가 신뢰하는 신탁"은 〈자본주의 3.0:공유지 회복을 위한 안내서〉에 실린 글이다. www.bkconnection.com

9장

브래드 리히텐슈타인의 "창의성이라는 연금술"은 '미디어, 예술, 문화 전국 연합'에서 낸 발표문을 정리한 글이다. www.namac.com

데이비드 볼리어의 "지식이 사유재산이 될 때"는 2003년 캐나다 오타와에서 '캐나다 대학 강사 연합'에서 한 강연문 "지적 재산 규제:학술 공동체와 지식의 미래"를 보완한 글이다.

20쪽 twoblueday/Flickr.com

32쪽 roberto Rizzato/Flickr.com

34쪽 Robert Pernell/Dreamstime.com

40쪽 Larry Gonick (www.Laarry Gonick.com)

55쪽 Jeannell Norvell/©iStockphoto.com

65쪽 Marcel Pelletier/©iStockphoto.com

75쪽 Golf/©iStockphoto.com

87쪽 Economists for Peace and Security

108쪽 Ken Avidor form the book *Roadkill Bill* (www.RoadkillBill.com)

118쪽 Kevin Edge Photography/©iStockphoto.com

124쪽 Ken Avidor form the book *Roadkill Bill* (www.RoadkillBill.com)

135쪽 Jay Walljasper

146쪽 Amazon Watch

157쪽 Ed Yourdon

174쪽 Stefan Powell/Flickr.com

182쪽 courtesy of Northfield.org

187쪽 Andy Singer from the book *Attitude* (www.AndySinger.com)

196쪽 Marion Post Wolcott/Flickr.com

205쪽 Mark Saperstein/Courtesy of the Hyde Square Task Force

207쪽 caracter design/©iStockphoto.com

212쪽 Louise docker/Flickr.com

216쪽 Joi Ito/Flickr.com

220쪽 courtesy of Gehl Architects

231쪽 Andyrob/Flickr.com

238쪽 the Holcim Foundation

241쪽 courtesy of Project for Public
Spaces

242쪽 courtesy of Trinity Cathedral

246쪽 Andy Singer (www.Andy
Singer.com)

253쪽 Joe Crawford/San Diego
College Learning Resource City

260쪽 Prefers Salt Marsh/Flickr
.com

271쪽 Mordolff/©iStockphoto.com

275쪽 Phil Dahl-Bredine & Steve
Hickens/Courtesy of the Goldman
Environmental Prize

284쪽 pixonaut/@iStockphoto.com

290쪽 puneeth14

296쪽 courtesy of Slow Foods USA

308쪽 Lucato/©iStockphoto.com

313쪽 Larry Gonick (www.Larry
Gonick.com)

327쪽 Photo from the documentary
Hijacked Future

330쪽 Bob Dylan phto by F. Antolin
Hernandez; Woody Guthrie photo
by Al Aumuller/World Telegram/
Library of Congress

332쪽 Brad Lichtenstein from the
forthcoming movie *What We
Got: DJ Spooky's Quest for the
Commons*

337쪽 Ian David Marsden

360쪽 Ethan Kent/Project for Public
Spaces

369쪽 courtesy of the Dade City
Garden Club

373쪽 DNY 59/©iStockphoto.com

413